语文：回望与沉思

走近大师

本书获教育部
高等学校科学研究优秀成果奖
（人文社会科学）

大夏书系·与大师同行

潘新和 著

 华东师范大学出版社

ECNUP 全国百佳图书出版单位

> 不论臧否,皆为敬重。——潘新和

目 录

再版序言　|　001

语文魂、世纪梦：一个平民教育家的精神苦旅
——走近叶圣陶

- 导言：全中国孩子、语文教师的良师益友，一位纯粹的知识分子，我国语文教育史无法绕过的精神存在。为现代语文教育奠定了平民化方向，为此践履毕生。　001

- 实用主义教育家的大悲悯，平民教育理想：生活本位论和工具论。前者为本体论，后者为功能论、教学论。"应付生活论""应需论"，是20世纪语文教育的元理念。　007

- 针对"重写"倾向，提出阅读是写作的"根"，是"基础"，认为阅读还是一种独立的能力与目的，确立了"阅读本位"指导思想，形成了现代语文教育的"重读""精读"传统。　017

- 为文学教育提供鉴赏理论和方法——意义：观；态度：玩；本体：我；预备：知识、语感；途径：词句的字面和背面；凭借：生活、经验、想象、语文素养；参考：他人的评论。　025

- 精心结撰了20多套教材，周到和精致，达到了时代的极致。和夏丏尊合编的《国文百八课》，精湛的教材理念，精彩的

- "文话"和"文选",令现今编写者徒叹奈何。然而,解放后的教材远不如前期。 039

- 继承了中国和西方教育文化的精髓,倡导以学生为本位、以"求诚"为核心,引导学生自悟自求,试图建立良好的认知、人文背景。由于外部干扰,这些教育诉求尽为泡影。 046

- 主张听、说、读、写并重,培养形式感、文体感、语感,写作应以写生为主、临摹为辅,先求它"通",又望它"好"等。在应试教育背景下,涛涛宏论尽付东流。 053

- 实现了语文教育从古典向现代、贵族向平民、文言向白话、为功名向为实用的转型,建立了现代语文教育生活、阅读本位范式。时至今日,也逐渐暴露出了时代和认知局限。 062

- 结语:一个平民教育家为"为人生"的梦想竭尽全力:"工具论"未成为现实,"立诚论"终归破灭。语文教育理想终成南柯一梦,这是一个精神苦旅。但历史会记住这位语文英雄。立足于表现与存在的"言语生命论",将是 e 时代的梦想,我们也会成为"稻草人"吗? 073

语文新时代的揭幕者:语文教学新潮的弄潮儿
——走近黎锦熙

- 导言:现代语文教育的揭幕者,帅才兼实干家。以语言学家的身份研究语文教育,语文教育观引领时代新潮。是现代语文教育前期用力最专、著书最多、活动范围最大、影响人比

- 较多、工作比较持续、成绩最卓越的领军人物。_____080

- 划时代成就：打出"言文一致，国语统一"的旗号，撰就《新著国语文法》《新著国语教学法》《国语运动史纲》等，为现代国语教学立法张目。所拟"国语教学之目的"，鞭辟入里、历久弥新，比今天新课标中的"三维目标"更加深刻。_____084

- 引领时代"新潮"，推崇"设计教学法"，注重生活化、生成性、表现性，全方位达成国语教学目的。体现了师生、生生合作，自主开发教学资源，实施校本课程，打破学科界限等先进的教育理念。_____091

- 教材和读法，形式、实质并重，重视文学教育。以"自动主义"为理念，培养学生的主体性和参与性。联络互动的教学法，听、说、读、写打成一片。超前的、活泼的教育思想方法足可睥睨教坛。_____101

- 不断提出教法"改革案"。首创"话法教学新案"，认为话法比读法重要；"作文教学改革案"确立了写作重于讲读、日札优于作文等原则，开重表现、重写作之先河，堪称语文教改急先锋。_____112

- 倡用注音字母，首创国语文法。确定"现代实用"方针，主张"句本位"，倡导"图解法"，在缀法、读法中大力推广、贯彻，推动了教学科学化，也造成了语法教学的泛滥。_____121

- 结语：一个语文教育史上功成身退的传奇人物。他的开创性、学理性的贡献无与伦比。他是一位帅才、"语文先锋"，集战略家眼光和实践家才气于一身。然而，只因没有"逞才"的气候，否则，我国的语文教育也许将是另一番面貌。_____132

困窘中的坚守：学术饥荒年代的学者楷模
——走近张志公

- 导言：20世纪60年代，代表了语文学者的良知，填补了语文教育史研究的空白，80年代后引领语文教育的主流，在语文教育的科学化、语言学的实用化方面作出了历史性贡献。⋯⋯137

- 开中国语文教育史研究之先河。对传统语文教育作出了第一手的梳理，以教材研究为本，精辟地归结出了一系列的规律、方法和问题，给当代语文教育以借鉴，也奠定了自己崇高的学术地位。⋯⋯142

- 语文教育"统筹规划"——幼教：语言训练；小学：读写训练、识字、写字三条线分进合击；初中、高中：增设文学课，按照知识与实践的合理关系组织语文课。由此可见出他的继承传统的教学观。⋯⋯160

- 重视文学教育发展智力的功能，批评将文学教育等同于"读写训练"和"不能把语文课教成文学课"的观点，不讳言现实的矛盾与困惑，主张编两种读本，要读诗。⋯⋯167

- 指出传统语文教育"重文轻语"倾向，认为口语反映人的素质，倡导口语教学，书面语、口语协调发展，但陷入"推普"误区，口语教学和研究尚未得到重视。⋯⋯174

- 一直探索语文知识和技能、理论和实践的关系问题，反对排斥语文知识，倡导加紧研究有关说话、读书、写文章的科学的知识系统。由于没能走出语言学怪圈，所以未能建起科学的语文学。⋯⋯179

- 主持制订《暂拟汉语教学语法系统》和《中学教学语法系统提要》，语法教学、语文教学长期成效不彰，陷入了"语言学"困境和"语法学"难题之中。语言学给他带来最大的荣耀，也是他的滑铁卢。_____ 185

- 结语：他的"入行"和成就，时代成全了他的声名。他是一个忠厚朴实的学者，达到了那个时代的高度，然而，作为语文界的统帅，他缺少大气，繁重的事务消蚀了他的才气。他独自支撑着语文教育，勉力承当一切，终为时势和自己所累。_____ 200

永不凋萎的美：文学、写作教育理论的奠基人
——走近朱光潜

- 导言：我国现代最杰出的语文教育理论家。从未当过语文教师、没有写过语文教育学著作，但他对语文教育理论的贡献，比起同时代语文教育家的总和还要多。他学海无涯、曲径通幽的治学观，发人深省。他的研究方法代表着语文学研究的方向。_____ 208

- 开创了美感和美感教育理论，美育是为了"尽性""脱俗"与实现完美人生，是超越利害、培养"无所为而为"的心性。为文学审美教育开辟了通道、确立了价值，也为语文、文学教育打下了基础。_____ 214

- 文学是人格的流露。使文学教育回归到普遍的人格修养和趣味上。"趣味"是其核心概念。反对低级趣味，培养高尚纯正的趣味，主要途径是读诗，是"佳妙"的领悟。有所付与

才有所得。实践上兼顾写实与想象。_____ 227

- 写作教育的核心是"真诚",揭示了"四境"发展观,"四体"学习观,"四视"读者观,主张以日记为训练方式,注重模仿佳作,强调材料的选择,力倡克服心理的懒怠,以"苦思"解蔽。_____ 245

- 阅读教育倡导"本行之外下功夫",不能通就不能专,不能博就不能约,先博学而后守约。在具体读法上,强调要读得精,读得集中;读有中心,可以维持兴趣与注意。_____ 260

- 慎重讨论了思想、语文的关系。认为二者不可分先后、内外,寻思即寻言,文字含糊,即思想未透彻,情感未凝练。继而论及文、白,雅、俗,说、写,情、辞等一系列问题。_____ 266

- 结语:一个在现代语文教育中超然于语言学者之上的人文学者。他最懂得文学、写作、阅读,且深谙教育之道,他的语文学观堪称一流。他的语文学理论的非主流和边缘化,是一个不该发生的历史误会。_____ 277

再版序言

这是回顾历史,向先贤请益,与其对话的书。

与我的《语文:表现与存在》比,本书似乎微不足道,像枝繁叶茂巨树旁不起眼的蓬蒿:篇幅不到其五分之一,研究对象寥寥无几,文字随性、自由。然而,其分量也不轻。思考的力道,与篇幅大小、研究对象多寡无关。

有人甚至说本书比《语文:表现与存在》还好,我不敢苟同,如果说更好读些吧,我同意。两书定位不同,写法不一,只能说各有千秋。《语文:表现与存在》是"接着讲",《语文:回望与沉思》是"照着讲"。按说"接着讲"分量要重些,但没有"照着讲",何以"接着讲"?"照着讲"是"接着讲"的源头活水,没有源,哪有流?

因此,当毅然慨然地前行时,先须静心驻足回望、沉思,才能行稳致远。若只顾埋头向前,不看源头与来路,便会迷失方向,误入歧途——我国现代语文教育殷鉴未远。对源头与来路的回望、沉思的表达,便是"照着讲"。"照着讲"无法一劳永逸,一步到位,是一个层进式反复累积、跃升的过程。"述学"无止境,"照着讲"没有完成时。

之所以须回望与沉思,是因为一切认知皆有局限,要拉开时距才能看清。弄清前人的局限,是后来者的使命与责任。人是在历史中探究真相,超越前人,也是在历史中被后人超越——后来者也有局限,时过境迁,对自己原有的认知,也要不断反思、否定、超越。

正是基于此，本书了解、破译一个语文时代缔造者的思想密码，既为了继承、弘扬，为了探明真相，革故鼎新，给渐逝的时代画上句号，开创美好未来，也是对自己认知的刷新与重启。这是写作本书的初衷与动力。

本书研究20世纪语文界最具影响力的学者，不是单纯介绍他们的教育思想，而是以自己不断累积、深思熟虑的史识、学识，进行观照，对其评述，与其对话，作探究性、批判性解读，试图在某些方面有所提升。了解他们，反思历史，可一睹创业者筚路蓝缕之风采，得窥其理论、实践成败得失之轮廓，以便改变观念，应对当下与未来的挑战。

要特别指出的是，我对这几位前辈满怀景仰之情。不论是对他们的理论、实践的陈述，还是分析、探究、批判，目的都在于探寻历史真相，总结经验教训，得以承先启后、高瞻远瞩。在本书扉页后，我表达了对他们艰辛探索与非凡才智的钦佩、仰慕——"不论臧否，皆为敬重"。我从不为批判而批判，更不屑藉此炒作。立论崇尚实事求是、言必有据；行文遵循历史与逻辑、自由与理性结合的原则。力求在还原、反思历史中获得教益，从而正确把握、昭示未来。

本书是现代语文教育史入门的书，宗旨是尽可能平易近人：兼顾学术性与普及性，感性印象与理性认知，以期深入浅出、雅俗共赏。中小学教师可读，大学生、研究生可读，教研员、学者也可读。不同层次读者可各取所需，可以边读边思考，还可以参与进来，对大师、对我的观点，说三道四、评头论足——岂不快哉？

也许正因此，本书受到深陷现实困境的读者的欢迎，被悦纳程度不亚于《语文：表现与存在》。评论蜂起，始料未及。摘举片言，以飨读者：

小学教师胡亨康："与读其他书相比，《语文：回望与沉思——走近大师》，我读得很慢，几近'蠕动'。在今天林林总总、拉拉杂杂的语文专著中，很难找到像它一样科学、通俗，又具思想制高点的书。书中对叶圣陶、黎锦熙、张志公、朱光潜四位大师的语文思想和实践探索作第一手的资料梳理，勾勒出现代语文发展的'史识'。我以为，它是语文教师的一本'功德'读物，无论你读了多少本语文专著，它都应该是你的案头书。"（《先"照着

说",再"接着说"》)

一本述而不作的普及读物,他细嚼慢咽,也许是觉得可品味、回味。因为他读出其分量——占据"思想制高点",体现了作者的"史识",给予读者语文教育史基本素养,所以,他称之"功德"读物,将其置于诸多语文专著之上,作为"案头书"。这是我的荣耀,也颇为惶恐,怕盛名难副,误导读者。

中学教师黄朝猛:"该书……第一次以理性的姿态与其展开真正的对话,特别是第一次系统地挖掘和评价了黎锦熙与朱光潜在语文教育研究史上的无与伦比的地位、无可取代的价值,令人耳目一新;同时,又能站在学术史的高度,客观地指出由于对象自身和历史条件等的限制而出现的某些不足或缺憾,从而给后来人以借鉴。"(《面对大师:了解的同情与理性的对话》)

他看重两点,一是"理性",二是"对话"。他用两个"第一次",表明对我的"挖掘和评价"的肯定。他读懂了我的意图:从学科史视角,系统、深入地梳理与阐发,指出不足与缺憾,从中获得颖悟与启示,嘉惠后学。他给予我"了解的同情与理性的对话"的殊荣,这只能用来褒扬大师的慧眼卓识,在下愧不敢当。

进入历史与前人对话,要做到"了解的同情"殊为不易。要能置身历史语境,与研究对象——大师们心有灵犀,感同身受,思如己出,这是难以企及的治学境界。虽不能至,心向往之。

大学教师谢慧英:"一年之前,当我翻开潘先生的《语文:表现与存在》时,这本厚厚的大书中涌动的热情和理性的力量立时席卷了我……'表现与存在'的语文观带给我的强烈震撼,直到阅读了《语文:回望与沉思》之后似乎才得以缓冲。这本书中,作者以开阔的视界游走于语文教育的历史与现实之间,在他的娓娓叙谈中,领我们走进了叶圣陶、黎锦熙、张志公、朱光潜的心灵世界,历史的迷雾渐渐消散,几位大师的面影逐渐清晰起来,我也约略窥见了一个世纪以来语文教育史的沧桑变幻。"(《对话·沟通·回应》)

她的主题词是"清晰"。她感兴趣的是穿越时空,对四位大师做由外到内、由内而外的透视与洞察:以开阔的视界观照历史与现实,走进大师的心灵世界，从而拨云见日，得见其堂奥，感受认知的"沧桑变幻"——走进那一时代与大师的内心，知其然，而且知其所以然，是我孜孜以求的，也是读者希望的——能读出文字背后"直抵人心"的写作诉求，堪称知音。

尽管读者关注点不同，但都喜欢这本集资源梳理、思想碰撞与心灵交融于一体的书。是他们——拥有诚挚、深切的教育情怀，不满现状、有志变革的读者，把我这个平庸学者，推上"教育部高等学校科学研究优秀成果奖"领奖台——这是我写作时未敢奢望的意外收获。我只是秉持"学问就是目的"的信条，以学者良知，做该做之事。在我的天平上，"学问"始终是第一位的，此外，别无目的——名利于我，只是随缘。我感谢读者厚爱，读者的认可与鼓励是最高褒奖，没有比这更让我感到高兴与满足的。

并非任何付出都要有回馈。我笃信朱光潜所言：以出世的精神做入世的事业。

果能如是，失便是得。本书写作过程辛苦而又快乐，至今忆起仍是一种享受。这种精神欣悦感之美好，是在唯利是图、穷奢极欲之上的。

这是我的第二轮"述学"之作。写得极快，轻车熟路，顺遂而愉悦。可谓意到笔随、得心应手、酣畅淋漓。写这本书时，我已完成第一轮"照着讲"与"接着讲"，意犹未尽，掉头杀个回马枪，重读几位大师，又有不少新发现，同时也不断地自我否定，"觉今是而昨非"。想法纷至沓来，如鲠在喉，不吐不快。"本于内心的郁积，发乎情性的自然"——这种写作佳境可遇不可求，是治学的水到渠成。没有几十年求索垫底，难臻此境。

回想"治史"之初，胸无点墨，两眼一抹黑，"照着讲"并非易事。举步维艰的懵懂与惶惑，是写作常态。之后常为自己无知幼稚、率然断言、大言不惭而懊悔、汗颜。而今初具史识、学识，能自成机杼地"接着讲"：《语文：表现与存在》行云流水，直抒胸臆；《语文：回望与沉思》直面大师，坦诚对话……不禁窃笑——这就是乐在其中吧。在思想交锋中砥砺思维、升华认知，存在感、幸福感沛然充溢，这种如饮甘醪般的美妙体验，诚如司马迁所言："可为智者道，难为俗人言也"。

13年前写这本书的时候，没想到能再版。再版，说明其仍具生命力。

这对于作者来说，无疑是弥足珍贵的嘉赏。但我清楚，不是因为我写得多好，而是语文界泰斗提供了丰厚的思想资源与读者热情鼓励、鞭策使然。我只是在大师与读者、前人与后人之间架一座桥——得以近距离看清彼此，跂望远方的苍翠绿荫。

在本书再版之际，以这些文字向前辈与读者致谢、致敬。

自然还应感谢华东师范大学出版社，感谢朱永通君的慧眼、张思扬君的敬业。

潘新和

于闽江之滨寓所

2018 年 12 月 3 日

语文魂、世纪梦：一个平民教育家的精神苦旅
——走近叶圣陶

> 导言：全中国孩子、语文教师的良师益友，一位纯粹的知识分子，我国语文教育史无法绕过的精神存在。为现代语文教育奠定了平民化方向，为此践履毕生。

郑振铎称他是一个"秀美的男性"，这自然说的是当年，我觉得也是。看过他各个时期的照片，奇怪的是，我以为他晚年比年轻时更"有型"。在我的心目中，他就应该是靳二平为他画的那幅油画的样子，一个长着白发、白眉、白胡子，穿着墨绿色汉装，寿眉皑皑，目光炯炯，神情柔柔，身子如树般沉稳端坐着的长者。我国现代语文教育的历史，就是他主笔的，这个人就是叶圣陶。

说他主笔现代语文教育历史，丝毫没有夸张的意味。各个时期都有一些书写语文教育历史的人，这些人都很杰出，才华在叶圣陶之上的，也不乏其人，然而，叶圣陶是无与伦比的。他是不经意地、逐渐地产生了影响力的，就像水蒸气无声无息地蒸发，到了一定的时候，突然电闪雷鸣，漫天溢地，下起了倾盆大雨。他将毕生的才智都倾注在汉语教育上，他活得比同时代的那些同仁都长，加之他在这个领域特殊的地位与身份，使这种影响力在时空延伸中持续地扩大，以至终于一跃超越了那些曾经比他更优秀的人物。即便在他的身后，他

的观念作为一种传统，作为语文教育文化的一部分，还在人们的无意识中发挥着作用。他是一棵大树，盘根错节、虬髯龙须，其他人渐次都成了附着于茎上的枝叶。要破解现代语文教育之谜，我们无法回避叶圣陶，无法绕过这棵巍然屹立的百年老树。

学者（科学家也相似）和作家不同。一个三四十岁的诗人、小说家、剧作家，可能就已经走到了创作的巅峰，剩下的日子做的就是一件事：重复自己。他们是否江郎才尽不重要，他们已经把生命的光彩交付给人类，这就够了。而学者对时代和后人的影响，他所取得的学术声望，既要靠他的才华，还要靠他的地位和阅历，从某种意义上说，学者在历史上的作用的大小，不但取决于才华，而且取决于他的地位、寿命。学术成就有一个被认识、接受的过程，这个过程比文学作品的被认可要漫长得多，学术声望是需要长时间地积聚的，而学者的地位可能会缩短这个过程。一个有才华的学者，如果过早地退场，他的学术价值尚未为学术共同体所认识，那就有可能随着学者的离去，成就随之湮灭，这对于学者来说自然是大不幸。毫无疑问，在现代语文教育界，叶圣陶绝不是最顶尖的学者，但是，他的不凡的成就，加上坚韧的生命和作为教育界领导者的地位，使他成为了当之无愧的泰斗。——说句题外话，年轻的学者在展露才华的同时，也请悠着点，珍惜生命也是一种学术智慧。至于是否非要当领导，我只能说这是一把双刃剑，它助成你，也损耗你，学者的根本还在于你的学术贡献。有时欲速则不达，"企者不立，跨者不行"①，说的就是这个理。

叶圣陶（1894—1988），出生在江苏苏州，是我国现代杰出的文学家、教育家、语文教育家、编辑出版家、社会活动家。他当过小学、中学、大学教师，创作了大量的文学作品，当过《小说月报》《妇女杂志》《中学生》《国文杂志》等诸多刊物的主编或编辑，还担任过人民教育出版社社长、出版总署副署长、教育部副部长、全国政协副主席。但是，只要你对他稍有了解，就决不会把他当作"官"，也不会把他当作这个"家"，那个"家"，就只认他是一个"语文教

---

① 《老子·二十四章》，意思是踮脚想站得高，反而站不牢；两步并一步走，反而快不了。比喻"自见""自是""自伐""自矜"的后果都是不好的。

育家"。他的其他身份，他的一切秉性和才具，助成了他成为一个卓越的语文学者——一个始终眼睛向下的平民教育家。我以为这是对他的最恰当、最尊敬的认定。

当我把眼睛盯着加在他身上的这一长串的"衔头"的时候，常感到不自在，我相信叶圣陶也是不自在的。他是一个只想干实事，不愿意当官的人，却阴差阳错当了一大堆的官。他在日记中曾谈到当教育部副部长非其所愿：陈克寒来谈，"谓董纯才托其转询，教育部有意调余为副部长，主持教材编辑工作。如余同意，再设法谋其实现。余即表示不欲。余主教育出版社，实感为力不及，深冀其移归教育部主管。今彼无其人选，乃思移余入教部。余不能因名义之变更，实力即见充盈。余固无完全脱离教育出版社之想，第求缩小工作范围，限于看稿改稿，社长与总编辑之名义雅不欲居，至于改入教育部，更非所愿。余自知与出版工作尚相近，颇思于各个出版社在编辑工作上略有所助，他亦无甚可为"。[1]——只想看稿改稿，连社长、总编辑都不想当，何况当教育部副部长。他在日记中多次谈到事务太多，"颇有不胜负荷之感"，"余实无此精力，但亦不便拒绝……"他是一个谦谨实在、不图虚荣之人，一个纯粹的知识分子，偏偏就当了他并不想当的官，于他之尴尬可想而知。他在《古代英雄的石像》这篇童话中，对那高高在上的"空虚"，是那么的鄙视，他让不可一世的古代英雄的石像，倒下来，碎成千块万块，变成铺路的小石头，赞美说："咱们真平等！""咱们一点儿也不空虚！""咱们集合在一块儿，铺成真实的路，让人们在上面高高兴兴地走。"这便是他所向往的平凡真实的人生。然而，由于命运的捉弄，在后来的某一天，他居然不期然而然地成为了"石像"，尝到了由此带来的尊荣，也遭遇了身不由己的困厄，一切皆非所愿，却只有默默地承受。

其实他要的很少，我想，做一个全中国孩子、语文教师的良师益友，对于他就足够了。他的挚友夏丏尊称："只要与作者（指叶圣陶）相识的，谁都知道他是一个中心热烈而表面冷静默然寡言笑的人吧。"读他年轻时代写的作品与文章，他在我的心目中，就俨然是一个不苟言笑、谦和温厚的慈爱长者的形象。

---

[1] 商金林：《叶圣陶年谱长编》第三卷，人民教育出版社2004年版，第367页。

也许是由于创作的缘故，他把炽热燃烧着的年轻的心，雕刻得沉稳、老练而雅致。他扎根在新文学和语文教育的大地之上，岿然淡定、弘毅静穆。

作为一个杰出的作家，他在二三十年代就写了大量的白话文学作品，成绩斐然。他是"文学研究会"的一员骁将，倡导"为人生"的文学，他的长篇小说《倪焕之》，被茅盾誉为"把一篇小说的时代安放在近十年的历史过程中的，不能不说这是第一部；而有意地要表示一个人——一个富有革命性的小资产阶级知识分子，怎样地受十年来时代的壮潮所激荡，怎样地从乡镇到都市，从埋头教育到群众运动，从自由主义到集团主义，这《倪焕之》也不能不说是第一部"①。他还有许多精彩的童话和寓言，《稻草人》《古代英雄的石像》《"鸟言兽语"》等，生动而不乏深刻，不但孩子们喜欢，大人也乐读。对童话集《稻草人》，郑振铎评论说："在艺术上，我们实可以公认圣陶是现在中国二三个最成功者当中的一个。"②鲁迅称它"给中国的童话开了一条自己创作的路"。然而，他对母语的诚挚和对孩子的关爱，使他选择了将语文教育研究作为毕生的事业，从此走上了这一条不归路。他的文学和学者的才华，都倾注在了苦心孤诣地研究语文教育和为孩子编写教材上，从而成就了一位中国现代最杰出的语文教育家，我国现代语文教育之魂。

华君武在叶圣陶晚年为他画了一幅漫画。标题是：喜看草人着新装。旁题：八二年五月重读《稻草人》有感作此请圣陶前辈一笑。画的稻草人是一个小孩，和叶圣陶并排乐乐地站着，都戴着红领巾，就像祖孙，一老一少，相映成趣。叶圣陶，夸张的白眉毛、白胡子，眉毛像两瓣趴着的月亮，上唇的胡须像一幅倒挂的白扇面，细细的眼睛，很传神。在叶圣陶创作《稻草人》60年后，华君武居然闲闲地"重读"起《稻草人》，还把他们俩画在一块，"请圣陶前辈一笑"，个中含义，常让我赏玩寻味。

是的，叶圣陶一生都为了孩子，为了那处在无法摆脱的生存困境中的人们，

---

① 茅盾：《读〈倪焕之〉》，见刘国正主编：《叶圣陶教育文集》（第1卷），人民教育出版社1994年版，第479页。
② 郑振铎：《〈稻草人〉序》，见刘国正主编：《叶圣陶教育文集》（第1卷），人民教育出版社1994年版，第572页。

那些如"稻草人"般既无能助人,也无法自救的人们。他所做的,就是要给他们助人、自救的工具。他为语文教育写了那么多的文章,他为孩子编了那么多的教材,每一本都是一丝不苟地编的。有的整套教材就出自他一人之手,十二册课本,每一篇课文,都是他一个字一个字写出来的。他说:"在一九三二年,我花了整整一年时间,编写了一部《开明小学国语课本》,初小八册,高小四册,一共十二册,四百来篇课文。这四百来篇课文,内容和形式都很庞杂,大约有一半可以说是创作,另外一半是有所依据的再创作,总之没有一篇是现成的,是抄来的。"① 得知这些,先是长江不尽的感动,继而是落木无边的悲凉。今天,乃至将来,还会有这么诚心诚意的语文教育家吗?

在对叶圣陶语文教育思想的了解中,引起我兴趣和感动的,还有叶圣陶和夏丏尊两位大师的携手襄袂,演出了语文教育史上最富人情味的一幕。他们除了合作编写了多部教材外,还一起编写了《文心》《阅读和写作》《文章讲话》等,此外,当时最有影响的《中学生》杂志,也是他们共同的事业。他们观点相近,不分彼此,相知相谐,以至事过境迁,在合作的书中,连叶圣陶自己也分不清楚哪些是谁写的。试想,在他们之间,会有署名、版权之争吗?哪怕动一下这样的念头,都会无地自容!叶圣陶的儿子小墨君和夏丏尊的女儿满姑娘喜结良缘,他们合作的《文心》(开明书店1934年出版)一书,就是送给这对儿女的结婚礼物。这一双儿女,能得到这份世间最珍贵的礼物,是何等的幸运!自然,这也是送给全中国孩子的一份最好的礼物。这部以故事的形式,通俗地讲解语文知识和实践中的问题的书,即便给今天的学生读,也还是可以从中获得莫大好处的。我记得当年读《文心》是在上大学时,按说早过了该读的年龄,但是,它带给我的喜悦和收获,仍远胜过一切"语言学"课程之所赐,因为这里不只是生硬的知识、冰冷的文字,还贯注着两位父亲的浓浓的情意和祝福啊。叶圣陶与顾颉刚、朱自清、茅盾、陈望道、丰子恺、郭绍虞等人的友谊,也促成了他的也是大家共同的语文教育事业的发展。这些志同道合的朋友、知音,他们对语文教育的痴心、诚恳相待、同心同德,恐怕今天也是再难寻觅的。

---

① 商金林:《叶圣陶年谱长编》(第一卷),人民教育出版社2004年版,第476页。

我对叶圣陶的崇敬和亲近，是出自对一个纯粹的知识分子的心灵默契。这种默契，源于我们之间的神交，和我对一位真正学者、教育家的人格敬畏。他的教育观念和研究实绩，也许会被后人逾越，然而，他的豁然澄静的人格风范，是不可逾越的。

对叶圣陶的崇敬和亲近，来自我对他——这部大书的长久、反复地翻阅和解读。我曾经用十几年的时间，由系统地研究我国写作教育史，拓展到语文教育史，对其中数十位最有影响的语文教育家的教育实践和思想资料作过第一手的梳理与思考，尤其是认真研究过叶圣陶的语文教育思想和业绩。我认为较之于其他重要的学者，说叶圣陶堪称中国语文教育史上对语文研究最投入，对现代语文教育贡献卓著、影响最大的学者，甚至说是我国现代语文教育最重要的创建者和实干家，这些评价他都当之无愧。平心而论，在那个大师林立的时代，他在理论思维和学术视野上难臻一流，有些见解在敏锐和深刻上稍逊于黎锦熙、胡适、鲁迅、夏丏尊、朱自清、朱光潜等先生。可是，我始终相信，没有叶圣陶，就没有语文界学术共同体对传统语文教育的思想承传和现代语文教育基本的理论积淀。不论是在新文学运动、白话文教育草创期的筚路蓝缕，还是在各种政治运动频仍发作的五六十年代的勉力支撑，他的仁爱正直纯良的秉性，都让后辈学人由衷景仰。在 70 多年的教育生涯中，他的语文教育思想、人格力量和话语权威，对语文界和语文教育实践的影响，是无人可以相提并论的。也许可以这样认为，他对现代语文教育的"垄断"，是不幸时代之幸；很难想象，如果历史不是选择了他，没有他的披肝沥胆地忍辱负重，那艰难岁月中的语文教育会是怎样。我国现代语文教育，就是叶圣陶时代语文教育。叶圣陶代表了一个时代——整整一个世纪的荣耀与困厄。

叶圣陶的语文教育思想博大精深、宏伟厚重，给当代语文教育以巨大、长久的影响。他的语文教育思想，在我国当代语文教育中，是占主导性地位的思想，其作用主要是积极的，他的教育思想是平民化的，他的最大贡献是为语文教育奠定了现实、普及、实用的方向，他的理想是扎根于中国悠久文明的土壤之中的。尽管往往力不从心，常常受到钳制与干扰，有时不得不委曲求全，但他毕生都在竭力捍卫着这个方向。我以为，单单这一点就可谓功德无量，因为它使亿万文盲广被福泽、终身受用，摆脱了"睁眼瞎"的生存困境，获得起码的人格、文化尊严。

> 实用主义教育家的大悲悯，平民教育理想：生活本位论和工具论。前者为本体论，后者为功能论、教学论。"应付生活论""应需论"，是20世纪语文教育的元理念。

叶圣陶家境贫寒，1912年，从苏州第一公立中学堂（通称"草桥中学"）毕业，在苏州中区第三初等小学（通称"言子庙小学"）任教，初出茅庐的他不擅于组织教学，面对调皮的学生不知所措；受过他人排挤，备尝艰辛，以至"厌教"。他在日记中曾记载："教授小学事，近来渐视为患途。各种科学，诸生都未能一体明悉，模糊影响者，实居半数。学生既如此，教授者兴趣自灭矣。盖以余管理之法不善，致诸生嚣暴之风大张，同学相斗、相詈者，日必数十起。余心躁，见诸生如此，遂增其悲观。且此席至不自由，即偶有病苦，必觅人庖代，已觉极须费心思。况其所得，又至不丰耶。苟得去此，当仿佛苦鬼去地狱。"[①]最初一年的教学经历很不快乐，这也许给他终生打下了烙印："回溯此一年中，我圣亦之命运进步乎？退步乎？乐乎？忧乎？圣陶不配做小学教师，自知之，人知之，而竟低头下气，强颜以做之，不乐也可知。圣陶无止境者也，而竟自封于此，日事教授，闲荡之外他无所事，其无进步又可知也。呜呼！度此一年，我甚不乐之。我欲追而使之还，已是不及，奈何，奈何！酒醒灯昏，我欲一哭！"[②]他大约自己也不会料到，这个曾经视学生为"恶魔"的"厌教"的小子（这自然是调侃的说法），后来居然成了一代教育巨匠，成了教育部副部长；他的语文观成了一个世纪的主流观念，影响了千百万的语文教师和学生，改变了中

---

① 商金林：《叶圣陶年谱长编》（第一卷），人民教育出版社2004年版，第105页。
② 同上，第111页。

国现代语文教育的面貌。

也许正是由于初入教坛的难堪遭遇和底层挣扎的苦涩经历,在一定程度上促成了他对教育和语文教育的最初的思考。1915年,由郭绍虞介绍,到上海商务印书馆附设的尚公学校代其上课,教小学高年级国文、地理、历史、习字诸课,并为商务印书馆编小学国文课本。这年他才21岁。这就是他最早的编写教材的经历,开启了日后数十年编撰语文教材的漫长生涯。1917年,他回到苏州,后在甪直镇吴县县立第五高等小学任教,这个时期的经历是愉快的,而且还进行了教育改革。他和吴宾若、王伯祥等有进步倾向的教员一起,对教育进行改革,自编各种课本,创办生生农场、利群书店,建造礼堂、音乐室、篆刻室。每周开一次同乐会,学期中和学期末开恳亲会。辅导学生自编自演《两渔夫》《最后一课》《荆轲刺秦》等话剧,组织学生一年一次的远足。他的老同学顾颉刚曾回忆说:"他在这几年里,胸中充满希望,常常很快乐地告诉我他们学校里的改革情形。他们学校里,立农场,开商店,造戏台,设备博览馆,有几课不用书本,用语体文教授……几年内一步步的做去,到如今都成功了。这固是圣陶的一堂同事都有革新的倾向,所以进步如此其快,但圣陶是想象最锐敏的,他常常拿新的意见来提倡讨论,使全校感受他的影响。"[1]可见他是一个很有革新进取精神的教师,还那么年轻就在教改上做了那么多的事情,对教学改革充满了热情。他后来还任教于许多中学、大学:吴淞中国公学中学部、杭州第一师范学校、上海神州女校、福州协和大学、北京大学预科、上海立达学园、复旦大学、武汉大学等等,教过新文学、写作、基础国文等,不过,每次任教时间都不长,通常是一两个月、半年。1923年他29岁,进入了商务印书馆任国文部编辑,除了抗战时期偶尔仍兼点课外,基本上较少从事教学工作了。或是因为他的兴趣太广,或是觉得自己更适合于做一些文字上的案头的工作,因而无力顾及,把主要精力放在编辑教材、出版刊物和创作、研究上,放在教育研究及语文教育理念的推广上(依我浅见,他最适合做的是两件事:写童话和编教材。这两件事达到了他成就的巅峰,他也确实在编写教材上投入了最多的时间)。是

---

[1] 商金林:《叶圣陶年谱长编》(第一卷),人民教育出版社2004年版,第209页。

否因为他觉得做这些事比当一个教师，能更有效地达成他的教育理想，影响人更多，就不得而知了。——他前期的教育经历，积累起的教学经验，究竟带给他怎样的心灵震撼和感受，后来断断续续地从事的教育工作，进行文学创作和出版编辑工作，大量编写教材、写作语文教育随笔，这份经历如何孕育了他的平民化的"生活本位"的语文教育观，这大约是教育史上的一个斯芬克斯之谜。虽然他直接从事语文教育工作的时间不是太长，但是他所做的其他事多多少少都和语文教育有关，而且他所处的时代民众受教育的状况，风靡一时的西方实用主义教育思潮，五四时期和之后的文化、文学的革新等，对他都有着深刻的影响，促成了对教育的多方面的思考，使他对中国教育和语文教育的现状有了自己的了解、理解和见解。

　　叶圣陶的语文教育目的观，是针对20世纪初最广大的普通民众的。他的本体论的核心，是"应付生活""应需"，即追求语文教育的"实用""应用"价值，实行文化扶助，使语文普惠于全体国民的生活。识字读书不再是为了举业，不是为了少数人的当官、发财，而是为了普通公民的实际受用。这对于一千多年来形成的科举教育传统来说，无疑是一个翻天覆地的进步，是五四新文化运动和实用主义教育哲学的产儿，其文化悲悯意识令人感动。

　　要探讨叶圣陶的教育思想，不能不首先论及他的"应需论""生活本位论"和"工具论"。这是现代语文教育的核心范式，集中体现了叶圣陶语文教育的理想。现代语文教育范式，是指在现代语文教育百年历程中，相对稳定的、曾得到较为广泛的认同的语文教育观念和方法。在实践中，以应付生活为目的、以阅读为本位的实用——吸收型语文教育范式，也曾在不同程度上受到冲击和挑战，尤其是在解放后受到了"左倾"政治的严重干扰，但总的来说，至少在观念形态上占据着主导性的地位。这一范式的创构，可以追溯到清末民初语文教育从科举到应用的转型，叶圣陶是最终完成这一建构的集大成者（或称代表人物）。

　　在1904年清政府颁行的教育法规中，就已明确提出语文教育的"实用性"目的。如《奏定学堂章程》（即"癸卯学制"）在《奏定初等小学堂章程》的"中国文字"科目下规定："其要义在使识日用常见之字，解日用浅近之文理……

供谋生应世之要需。"在《奏定高等小学堂章程》的"中国文学"科目下规定："其要义在使通四民常用之文理，解四民常用之词句，以备应世达意之用。"《奏定中学堂章程》要求："……其作文之题目，当就各学科所授各项事理出题及日用必需各项事理出题……既可易于成篇，且能适于实用。"在《奏定学务纲要》中也规定："其中国文学一科，并宜随时试课论说文字，及教以浅显书信、记事、文法，以资官私实用。"——后来人们对"实用性"的诠释也许有所不同，但在"谋生应世之要需"这一点上的认识是共同的。民国初年的语文教育方针也同样注重实用性和应用性。如1912年11月12日教育部订定的《小学校教则及课程表》第三条规定："国文作法，宜就读本及他科目已授事项，或儿童日常闻见与处世所必需者，令记述之，其行文务求简易明了。"同年12月教育部公布的《中学校令施行细则》第三条规定："使作实用简易之文。"① 从八股教育的"代圣贤立言"，到强调应用、实用，这自是一个进步。在"把文字交给大众"上，"实用性"有其历史功绩。这一教育观念对叶圣陶的影响是显而易见的。

作为对这一教育方针的继承，在1910年代末，叶圣陶表明了这样的意见："宜以最经济之时间练成其最能切实应用之作文能力。"② 这一时期他受美国实用主义哲学家杜威的影响也是显而易见的。1920年6月26日，杜威曾到苏州游览并发表演讲，叶圣陶到车站欢迎，到场聆听，后来还以此为背景写了小说《欢迎》。在1924年出版的《作文论》中对写作的应用性作了进一步的理论阐述，指出充实的生活是写作的源头，而要"求充实"，须"训练思想与培养情感"。谈到"训练思想"时，他引用了杜威的观点"思想起于应用，终于应用"，从而将"应用"，借助"思想"与"生活"的中介，与"作文"的目的联系起来。

在1942年发表的《认识国文教学》一文中，第一次阐明了现代语文教育区别于旧式教育的本体论见解："运用国文这一种工具来应付生活"，面向"普通公民"的"平民化"定位。他说："旧式教育可以养成记诵很广博的'活书橱'，可

---

① 以上资料来源于璩鑫圭、唐良炎：《中国近代教育史资料汇编：学制演变》，上海教育出版社1991年版。
② 叶圣陶、王钟麒：《对于小学作文教授之意见》，见《叶圣陶论语文教育》，河南教育出版社1986年版，第6页。

以养成学舌很巧妙的'人型鹦鹉',可以养成或大或小的官吏以及靠教读为生的'儒学生员';可是不能养成善于运用国文这一种工具来应付生活的普通公民。"①后来在许多文章中又一再强调语文的实用性功能,他说:"尽量运用语言文字并不是生活上一种奢侈的要求,实在是现代公民所必须具有的一种生活的能力。如果没有这种能力,就是现代公民生活上的缺陷;吃亏的不只是个人,同时也影响到社会。"②总而言之,他认为语文学习是为了"应用",即"应需",是为了"应付生活"。叶圣陶认为语文教育不应以"应试"为目标,而应以"应需"为首务,这一见解可谓切中语文教育的要害。语文教育中的诸多利弊皆与此有关。

叶圣陶极为反对为了应试而脱离学生生活实际的语文训练,认为语文能力是人的一种生活能力,不是一种外在的要求,须应生活之需,切生活之用。这是一个极具现代意识的语文教育观念,叶圣陶语文教育目的论就是建立在这一认识之上,语文能力不是外加的,不是有闲阶级的奢侈品,就是一种普通的生活能力。他说:"学生为什么要练习作文,对这个问题,老师必须有正确的认识。练习作文是为了一辈子学习的需要,工作的需要,生活的需要,并不是为了应付升学考试,也不是为了当专业作家。如果说考试,人在一生中不知道要遇到多少次的作文考试,写信、写通知、写计划、写总结、写报告,等等,全是作文考试。如果升学考试通过了,写封信却辞不达意,按实说,这个人的作文考试还没有及格。从广义的考试来看,升学考试的次数极其少,一生中只不过几回,而别种考试却天天碰到,并且成绩的好坏,不但关系自己,还跟别人有关,甚至关系到整个社会。"③这就阐明了以应需为练习作文目的的重要性,应需写作比应试重要,同时,以此为目的,只要学习得法,是不会妨碍应试的:"我以为现在学生不宜存有为考试而学作文的想头。只要平时学得扎实,作得认真,临

---

① 叶圣陶:《认识国文教学》,见刘国正主编:《叶圣陶教育文集》(第3卷),人民教育出版社1994年版,第92页。
② 叶圣陶:《略谈学习国文》,见刘国正主编:《叶圣陶教育文集》(第3卷),人民教育出版社1994年版,第88页。
③ 叶圣陶:《中学作文指导实例·序》,见《叶圣陶论语文教育》,河南教育出版社1986年版,第207页。

到考试总不会差到哪里……"① 这种看法不无道理，应需写作与应试写作并不矛盾，可惜我们许多老师看不到这一点，总是被"应试"捆住了手脚。一讲起课改、素质教育，总是把"中考""高考"当挡箭牌。其实，真正高素养的语文教师，教学是并不以考试为目的的，他们是有叶圣陶的这种体认的。当然，这不能怪老师们，问题主要是出在考试的命题脱离学生的实际需求，是命题观念错误所致。

历来教学中为什么总是把应需和应试对立起来，为什么这二者会相互矛盾，这是我时常感到大惑不解的。在语文教学和考试中，为什么会和平时人们的实际语言运用分道扬镳？为什么学不能致用？生活中需要的就是写各种文章，考试为什么考了那么多乱七八糟的一辈子都用不上的选择题、解释题、论述题？按说学与用应该是一致的才对，不一致可以使它一致起来，这并不是一件特别困难的事，为什么做起来竟这么困难，难到连担任教育部副部长的叶圣陶都只能徒发议论而无可奈何？一直到今天，高考中的那些题目，仍然基本上都不是生活中需要写的。连作文都要学生去编假话来对付，假话编得好，便说明语文学得好。这么做令人百思不得其解，不是这些命题者头脑进水，就只能赖上科举"代圣贤立言"的传统了——可那会儿也没有那么多匪夷所思的语基题、阅读题啊。

叶圣陶主张不论课内外作文均应立足于"应需"，就是"应付生活"之需（而非应付自我兴趣、审美、精神之需，这一差异很重要，是带根本性的，要区分清楚）："惟练似宜通乎课内课外……课外应需而作文，固用也，而亦练也。学生能明乎此，则随时随处认真，不以课内作文为特殊事项，进步殆可较快。复次，课内作文最好令作应需之文，易言之，即令叙非叙不可之事物，令发非吐不可之议论。课内练习，固将求其应需，非欲其徒然弄笔也。"② 这阐明了写作是一件有所为而作的事，是生活中有感而发的。他将写作练习和应需二者

---

① 叶圣陶：《大力研究语文教学 尽快改进语文教学》，见刘国正主编：《叶圣陶教育文集》（第3卷），人民教育出版社1994年版，第206页。
② 叶圣陶：《语文教育书简》，见中央教育科学研究所编：《叶圣陶语文教育论集》（下册），教育科学出版社1980年版，第738页。

统一起来，这一观点对脱离实际应用的写作练习，对把写作教学变成纯学业的要求、变成应试的"敲门砖"这种状况，是有一定现实针对性的。以应生活之需为目标，叶圣陶十分注重"非文学的文字""普通文字"的教学。他说："其实国文所包的范围很宽广，文学只是其中一个较小的范围。文学之外，同样被包在国文的大范围里头的，还有非文学的文字，就是普通文字。这包括书信，宣言，报告书，说明书等等应用文，以及平正地写状一件东西载录一件事情的记叙文，条畅地阐明一个原理发挥一个意见的论说文。中学生要应付生活，阅读与写的训练，就不能不在文学之外，同时以这种普通文为对象。"① 要做好"普通文字"，他认为要把生活和作文结合起来，多多练习，作自己要做的题目，久而久之，就会觉得作文是生活的一部分，是一种发展与享受，而无所谓练习，因为这和文章产生的自然程序完全一致了。他觉得将生活和作文结合起来的一个好办法是写日记，日记的材料是个人每天的见闻、行为以及感想，概括起来说，就是整个生活，通过写日记，写作就跟生活发生了最密切的联系。②

为了使写作教育摆脱八股精神的影响，使之与学生的生活、学习的需要相沟通，叶圣陶建议教师们："……平心静气地问问自己：（一）平时对于学生的训练是不是适应他们当前所有的积蓄，不但不阻遏他们，并且多方诱导他们，使他们尽量拿出来？（二）平时出给学生作的题目是不是切近他们的见闻、理解、情感、思想等等？总而言之，是不是切近他们的生活，借以培植'立诚'的基础？（三）学生对于作文的反映是不是认为非常自然的不做不快的事，而不认为教师硬要他们去做的无谓之举？"③ 这"三问"，的确很有必要，可以起到检验写作教学究竟是以"应试"还是以"应需"为目的的作用，同时也可以衡量是以教师本位还是以学生本位为教学的出发点。在这里，叶圣陶把应需性写作训练

---

① 叶圣陶：《对于国文教学的两个基本观念》，见《国文教学》，开明书店1947年版，第7—8页。
② 叶圣陶：《日记与写作能力》，见《叶圣陶论语文教育》，河南教育出版社1986年版，第49—50页。
③ 叶圣陶：《论写作教学》，见《叶圣陶论语文教育》，河南教育出版社1986年版，第68页。

与培养"立诚"的基础二者联系起来，使写作教育的目的与写作主体的要求相统一。"应需"与"求诚"的统一，是叶圣陶写作教育思想的精髓。

值得注意的是，虽然"应试"目的论在教育实践中十分强势，但是它从来没有也不可能成为公然的语文教育目的诉求。然而，在语文教育中，实用目的论与应试目的论往往缺乏明确的分界，挂实用之名，行应试之实，似乎也是顺理成章之事。由于"实用""应用""应需"这些概念内涵的不确定性，20世纪五六十年代的"泛政治化"，"文革"中的"极端政治化"，以及八九十年代的"应试"教育和"标准化"考试等，就有了可乘之机，都可以打出"应世所需"之名，行偷换概念之实。因而，不论是在前（1949年前）的"课程标准"，还是在后的"政治性"大行其道的"教学大纲"，都堂而皇之地写上有关实用、应用的要求。即便是"应试"教育搞得轰轰烈烈之时，"教学大纲"上也还是赫然写着："……必须进行教学改革，大面积提高教学质量，为社会主义物质文明和精神文明建设服务。"[①]——尽管在语文教育实践中，对实用主义语文目的论有种种的"实用化"的理解，但是，毫无疑问，作为语文课"共识"的实用主义语文目的论，主要指的当是"谋生应世"这一社会性、物质性需要，使语文能力成为一种单纯的适应社会生活的生存能力。这关注"民生"的教育观得到人们长期认可和拥护是无可非议的。

尽管叶圣陶主张"应需"，但是，这只是停留在语文教育的观念上，在教学实践中基本上还是以"应试"为旨归，应试作文指导书满天飞，如何应试，几乎是每个毕业班教师都要教学生几手"绝招"，真可谓"八股"阴魂不散。这一点，在叶圣陶们口诛笔伐"八股"精神半个多世纪之后的今天，弥足深思：这大约和"应需"论实质上也包含了"应试"有关。生活中需要考试，"应试"，无疑也是"应生活之需"。而且，不可否认，在我国，考试之需，是最大的生活之需，只有通过了各种考试，才能满足生活之需。——这使我们不能不怀疑"应付生活""应需"的本体论的科学性。这一点将在下文作进一步说明。

人们熟知的叶圣陶的工具论，就是应需论、实用论、语文教育功能论的集

[①] 见《全日制中学语文教学大纲》（修订本），人民教育出版社1991年版，第1页。

中反映。关于"工具论",叶圣陶有一系列的阐述。他在1924年的《说话训练》一文中讲道:"……儿童的情感正在培养,同时要使他们能利用适当的工具来表于外,感受满足的快适,……所谓适当的工具,当然语言独占重要,因为它最能把人与人的心联锁起来。"①"所以训练儿童说话实在是一个总枢纽,要他们内面产生得出,又要向外面拿得出来。外界的事势虽是万变,而这是一种应付事势的万应的工具。获得了这工具,而且会使用,岂不是已满足了普通教育的期望了吗?"②这讲的还只是"说话"是一种"独占重要"的"工具"。而明确提出"国文是一种工具"则是在1942年发表的《认识国文教学》一文中,他说:"旧式教育……不能养成善于运用国文这一种工具来应付生活的普通公民。"③及至1950年代以后,叶圣陶较多的是从"语言"的角度来诠释"工具性"。1953年,他在报告《语言文学分科的问题》中说:"按照马克思列宁主义关于语言的学说,语言是'交际的工具',是'社会斗争和发展的工具'。……语言教育的一个主要任务是让学生认识语言现象,掌握语言规律,学会正确地熟练地运用语言这个工具,让他们能够在参加各种斗争的时候,参加各种共同工作的时候,正确地表达自己的思想,正确地理解别人的语言,因而能正确地执行任务,做好工作。语言是形成思想的工具,是认识世界的工具。"④1962年,他又明确地指出:"我们说语言是一种工具,就个人说,是想心思的工具,是表达思想的工具;就人与人之间说,是交际和交流思想的工具。"⑤到了1978年,他更是从提高中华民族科学文化水平的高度作了新的表述:"语文是工具,自然科学方面的天文、地理、生物、数、理、化,社会科学方面的文、史、哲、经,学习、表达和交流都要使用这个工具。要做到个个学生善于使用这个工具(说多数学生善于使

---

① 叶圣陶:《说话训练》,见刘国正主编:《叶圣陶教育文集》(第3卷),人民教育出版社1994年版,第22页。
② 同上,第25页。
③ 叶圣陶:《认识国文教学》,见刘国正主编:《叶圣陶教育文集》(第3卷),人民教育出版社1994年版,第92页。
④ 叶圣陶:《关于语言文学分科的问题》,见《人民教育》,1955年第8期。
⑤ 叶圣陶:《认真学习语文》,见刘国正主编:《叶圣陶教育文集》(第3卷),人民教育出版社1994年版,第183页。

用这个工具还不够），语文教学才算对极大地提高整个中华民族的科学文化水平尽了分内的责任，才算对实现四个现代化尽了分内的责任。"①——可以看出，叶圣陶在不同时期，对"工具论"含义的表述是较为错杂的：时而指"说话"，时而指"语言"，时而指"语文"。在今天看来，"语言"跟"说话"（"话"）、"语文"（叶圣陶认为"口头说的是'语'，笔下写的是'文'"②）当是不同的概念，"话""语文"的属性应是"言语"，而非"语言"。大约是由于当时许多人在认知上还没有达成这种区分，以至造成了误解：以为"语言"跟"语文"的属性相同。进一步的误解还表现在以为"语文"跟"语文课程""语文学科"的属性相同，认为叶圣陶说"语文"是一种工具，就等于说"语文课程""语文学科"是一种工具，其实，叶圣陶说的"国文科""语文科"才是指"语文课程""语文学科"。叶圣陶的"工具"，既指语言，也指言语，有时还指语文课程、语文学科、语文教育等，固然在特定的语境中是可以理解的，但作为科学的阐释，一旦违背了逻辑的"同一律"，便会造成谬误和混乱。

在对叶圣陶的"工具论"的认识上，语文界是存在着误解的，以为叶圣陶的工具论就是他的本体论，所以，论争的矛头只对着工具论，而不是"生活本位"的应需论、实用论。可以说，语文界对这一真正的语文本体论是视而不见的。或者论者们并不以为非，压根就没有看出什么问题，也就无从下手。从1920年代开始，一直到晚年，叶圣陶对工具论的表述虽然具体内容有所变化，但是，他反复阐明的都是一个意思，就是语文这个工具是用来应付生活之需的。语文不是外在于生活的，而就是生活的一部分，学语文就是为了应用于生活的方方面面的需要，不要将写作看作是什么了不起的事。他的工具论与实用论是统一的。他说过工具不是目的，是实现目的的手段，这是对的。工具论是语文功能论，应需论、实用论才是语文目的论，指向的是社会生活和社会实践，即培养普通公民。今天的一些论者只批判工具论，而根本没有意识到它的实质是应

---

① 叶圣陶：《大力研究语文教学　尽快改进语文教学》，见刘国正主编：《叶圣陶教育文集》（第3卷），人民教育出版社1994年版，第202页。
② 叶圣陶：《语文是一门怎样的功课》，见刘国正主编：《叶圣陶教育文集》（第3卷），人民教育出版社1994年版，第217页。

需论，应需论比工具论更为重要。一叶障目，不见泰山，舍本逐末，不得要领。是有了应需论、实用论，才有了与其相适应的工具论的。应需论、实用论思想，与杜威的实用主义教育思想和五四时期的平民主义教育思潮是一脉相承的。

从中国当时社会的实际看，这种平民教育，其实可称为贫民教育或脱盲教育。这里包含着文化先驱者的启蒙意识和拯救情怀，其目光向下的悲悯之心令人感到温暖。像叶圣陶这样的崇尚个人精神生活的文学家——他也可以蜗居于象牙塔，专心致志做自己的学问，成为一个不错的学者，却为了改善百姓生存境遇，投身于"低层次"的教育，这对自己意味着怎样的牺牲？像叶圣陶那样舍去了自己擅长的事业，而去迁就民众亟须的文化普及工作，为了全体公民掌握语文工具以应付生活，这种精神在那一代的知识分子那儿是比较普遍的，是很值得敬佩的。他们的这种悲悯意识和教化行为，为了底层民众的无私付出，大约是今天专心于经营一己之私的人们很难想象的。时代在前进，而知识分子的人文情怀却在萎靡，这无论如何也不是件好事。

> 针对"重写"倾向，提出阅读是写作的"根"，是"基础"，认为阅读还是一种独立的能力与目的，确立了"阅读本位"指导思想，形成了现代语文教育的"重读""精读"传统。

叶圣陶是受过旧教育的。他6岁就入家塾读书："先读《三字经》、《千字文》，然后是《四书》、《诗经》、《易经》。都要读熟，都要在老师跟前背诵，背得出来了，老师才教下去。每天都要理书，就是把先前背熟的书轮替温理一部分，背给老师听。"[①]"幼年习五经，背诵私塾之侧，均能上口，手掌未尝戒尺。"[②]"幼时在塾中读书，便不甚聪敏。《诗》、《易》两种，最受其苦。大人于

[①] 商金林：《叶圣陶年谱长编》（第一卷），人民教育出版社2004年版，第10页。
[②] 同上。

夜中督之，曾以弗熟而不得进膳。"①"我八九岁的时候，在书房里'开笔'，教师出的题目是《登高自卑说》，他提示道：'这应当说到为学方面去'，我依他盼咐，写了八十多字，末了说'登高尚尔，而况于学乎'。就在'尔'字'乎'字旁边，吃了他的两个双圈。"②他还参加过县试，考童生未中。可见他对旧教育是比较了解的，且受到中国古典教育思想的影响。"不学《诗》，无以言。不学礼，无以立。"他的语文教育观总体上是继承性的，是儒家的，是千年琅琅读书声的回响。虽然他对科举教育多有批评，也吸收了不少西方教育的思想，但是对传统的教育文化还是能兼容并蓄的，继承多于批判。在读写观上表现为重读、重吸收、重感悟。对阅读的重视，是他的语文教学的基石。

叶圣陶倚重于阅读，尤其是精读。他对文本解读功用执拗的信赖，显然体现了儒家学者修身为本、德行为先、注重感悟的教育观、言语观。"考据派"学者皓首穷经、不计功利的治学态度，也在相当程度上影响到他对人的言语修养形成的深刻理解。他要改变八股教育一切为了写作的急功近利倾向，从而走上了另一个极端：语文教育的重心向阅读倾斜。

在实用目的论之下，自然应培养学生的实际语文能力。语文能力一般界定为听、读、说、写四种，又主要限定于阅读与写作这两种。叶圣陶说："学习国文，事项只有两种，阅读与写作。"③"国文教学自有它独当其任的任，那就是阅读与写作的训练。"④而在阅读与写作这两种中，他以阅读为重。——这本是极深刻、稳重的认识。

从清末民初开始，语文教学便表现出逐步侧重于阅读，教材以文选为主体，教学中以对文选的讲解为主。而通常人们对学生语文能力的评价，又往往看的是他们的写作水平。20世纪20年代以来，国人对中学生国文程度低落的状况时

---

① 商金林：《叶圣陶年谱长编》（第一卷），人民教育出版社2004年版，第10页。
② 同上，第13页。
③ 叶圣陶：《国文随谈》，见刘国正主编：《叶圣陶教育文集》（第3卷），人民教育出版社1994年版，第71页。
④ 叶圣陶：《国文教学的两个基本观念》，见刘国正主编：《叶圣陶教育文集》（第3卷），人民教育出版社1994年版，第52页。

常提出强烈批评,作为"低落"的证据,往往举的是学生在考试中写的文章中存在的种种问题。叶圣陶对此是不以为然的。针对这种情况,他在 1940 年发表的《国文教学的两个基本观念》一文中,阐明了阅读与写作的功能与相互关系,指出了写作的"根"在阅读。他说:"现在一说到学生国文程度,其意等于说学生写作程度。至于与写作程度同等重要的阅读程度往往是忽视了的。因此,学生阅读程度提高了或是降低了的话也就没听人提起过。这不是没有理由的,写作程度有迹象可寻,而阅读程度比较难捉摸,有迹象可寻的被注意了,比较难捉摸的被忽视了,原是很自然的事情。然而阅读是吸收,写作是倾吐,倾吐能否合于法度,显然与吸收有密切的关系。单说写作程度如何如何是没有根的,要有根,就得追问那比较难捉摸的阅读程度。"[1] "多方面地讲求阅读方法也就是多方面地养成写作习惯。习惯渐渐养成,技术拙劣与思路不清的毛病自然渐渐减少,一直减到没有。所以说阅读与写作是一贯的,阅读程度提高了,写作程度没有不提高的。"[2] 此后,他在不同场合多次重申了这一看法。到了 1962 年,他又写出专文,对读、写关系作了进一步的确认:"有些人把阅读和写作看做不甚相干的两回事,而且特别着重写作,总是说学生的写作能力不行,好象语文程度就只看写作程度似的。阅读的基本训练不行,写作能力是不会提高的。常常有人要求出版社出版'怎样作文'之类的书,好象有了这类书指导作文,写作教学就好办了。实际上写作基于阅读。老师教得好,学生读得好,才写得好。""阅读习惯不良,一定会影响到表达,就是说,写作能力不容易提高。因此,必须好好教阅读课。譬如讲文章须有中心思想。学生听了,知道文章须有中心思想,但是他说:'我作文就是抓不住中心思想。'如果教好阅读课,引导学生逐课逐课地体会,作者怎样用心思,怎样有条有理地表达出中心思想,他们就仿佛跟作者一块儿想过考虑过,到他们自己作文的时候,所谓熟门熟路,

---

[1] 叶圣陶:《国文教学的两个基本观念》,见刘国正主编:《叶圣陶教育文集》(第 3 卷),人民教育出版社 1994 年版,第 53 页。
[2] 同上,第 54—55 页。

也就比较容易抓住中心思想了。总而言之，阅读是写作的基础。"①——由"根"论，到"基础"论，从而完成了"阅读本位"在理论上的确立。

同时，他还强调"阅读独立目的论"。张志公说："我看到最近出版的《江苏教育》第一期上，发表了叶圣陶先生过去写的一封信里面的一段话，其中有一个观点我非常同意，认为非常重要，那就是：培养学生写的能力固然是语文教学的一个目的；培养读的能力，也是一个目的，不能认为读书就是为了做文章。读书，有的时候是为了提高自己某一方面的思想认识，有的时候是为了获得某一方面的知识，有的时候是为欣赏，有的时候甚至是为了消遣。阅读能力强——理解能力强，记忆能力强，而且读得快，就可以博览群书，获得许多思想上的、知识上的启迪，那对一个人的工作、研究以至生活都是非常有好处的。一个人不善于读书，理解能力不强，或者如过眼云烟，读过就忘了，或者读得非常慢，那对他的工作、学习、研究等等，都是极端不利的。所以培养和提高读的能力，本身就是目的，读书并不就是为了写文章。"②"阅读独立目的论"，进一步强化了"阅读本位"思维。

这种看法显然是值得商榷的。从经验出发，阅读似乎也可以看作就是目的所在。因为每个人的阅读经验告诉我们有时阅读只是消遣，或者是获取信息，并不为了什么明确的其他目的而读。但是，诚如他们自己所说，读得快，对工作、研究乃至生活都是有好处的；读得慢，对工作、学习和研究都是极端不利的，这实际上说的就是阅读没有独立的目的，它的目的是为了更好地工作、学习和研究。可见，这是一种自相矛盾的说法。作为学校教育的阅读，一定是有明确的目的的。这个目的就是言语表现。就是通过阅读改善人的人格修养和言语素养，提升言语表现水平。如果没有言语表现这个目的，如何检验阅读的效果呢？尽管阅读对于表现未必能立竿见影，然而，就是潜移默化也须在未来的言语表现中见出成效。叶老错把阅读这个手段当作目的。

---

① 叶圣陶：《阅读是写作的基础》，见刘国正主编：《叶圣陶教育文集》（第3卷），人民教育出版社1994年版，第281页。
② 张志公：《提高语文教学的效率》，见《张志公自选集》（上册），北京大学出版社1998年版，第236–237页。

这虽然从表面看来只是一种对阅读功用的似是而非的看法，而且是和"阅读是写作的基础"的观念相提并论的，实际上，它一经提出，就成了主流，"独立目的论"压倒、淹没了"基础论"，因为这使阅读教学变得更容易，更随心所欲，这种情况，对阅读教学的破坏性是致命的。它导致了现代语文教育中"为读而读"倾向的产生，导致了无效阅读、伪阅读的泛滥成灾，侵夺了语文教育的最大部分的课时，最重要的是，这种与言语表现南辕北辙的阅读教学的畸形膨化，半死不活、疲惫不堪的串讲、讲读教学，终于统治了语文教坛，演化成了一场无休止蔓延开来的教育瘟疫，完全败坏了学生的语文学习的心情和阅读心理，溺毙了他们的语文兴趣和期待，使他们失去了最初的言语感觉和信念。——"阅读独立目的论"对语文教学的危害之大，我认为怎么说都不过分。因为它使语文教育成了空中楼阁，成了一个美丽诱人的陷阱。

从20世纪初迄今的语文课程，表面上似乎是读、写并重，也关注语文的运用，但是，实际上是在反对"写作为中心""写作本位"的认知基础上建立起来的，使语文教学从"重写作"逐渐向"重阅读"倾斜，总体上是"阅读本位"的。其认知背景主要是"文章学"的。从叶圣陶和夏丏尊等人编的《文章讲话》《文章作法》和教材中的《文话》等看，基本上属于文章学系统，在这个静态分析系统内，他和夏丏尊是做得最好的，在今天看来，仍然堪称精辟之论，条分缕析、深入浅出，得其要旨，但是，它主要有益于读，有益于提高对文章的认识、文章解读。主要是一个知的系统，不是行的系统，对提高写作的认识有所助益，但是对实践的、动态的写作活动、写作思维帮助不是太大，遑论对说的能力的培养了。在这个系统中，"说"的缺席，是一个不该发生的错误。这个失误一直影响至今。

"阅读本位"的课堂教学，"阅读独立目的论"对实践的渗透，使之渐渐演变为讲读教学的一统天下。阅读教学，等于"精读"教学，其要求一是"讲透"，一是"多练"。

阅读课占据了绝大部分的课时，"讲透"，是阅读课也是对语文教师教学能力的基本要求。叶圣陶说："阅读课要讲得透。叫讲得透，无非是把词句讲清楚，把全篇讲清楚，作者的思路是怎样发展的，感情是怎样表达的，诸如此类。有的老师热情有余，可是本钱不够，办法不多，对课文不能透彻理解，总希望求助于人，或是请一位高明的老师给讲讲，或是靠集体备课。这不是从根本上解决问题的办法。功夫还在自己。"①讲透是为了什么呢？是为了"求甚解"。叶圣陶反对阅读"不求甚解"："陶（指陶渊明）不求甚解，疏狂不可循。"②"陶渊明'好读书不求甚解'，从来传为美谈，因而很有效法他的。我还知道有一些少年看书，遇见不很了了的地方就一眼带过；他们自以为有一宗可靠的经验，只要多遇到几回，不很了了的自然就会了了。其实陶渊明的'好读书不求甚解'究竟是不是胡乱阅读的意思，原来就有问题。至于把不很了了的地方一眼带过，如果成了习惯，将永远不能够从阅读得到多大益处。"③"精读指导，必须纤屑不遗，发挥净尽。""'不求甚解'不是方法，反过来，'求甚解'便是方法。要做到'求甚解'，第一步，自然从逐词逐句的了解入手。仅仅翻了字典，知道这一词这一句什么意思，还不能算彻底了解，必须更进一步，知道这一词这一句在某种场合才可以用，那才是尤其到家的方法。"④"词句既已了解，第二步，便可以从头到底，看通篇讲些什么了，要看通篇讲些什么，只做到逐句解释得清楚的地步是不够的，还得辨明它的主旨在哪里，与它怎样表现它的主旨。主旨是文字的灵魂，不辨明主旨，读如未读。"⑤叶圣陶的看法自有其合理性，也有可商榷之处，因为阅读要处处求甚解，实际上是不可能的。在今天知识量激增的信息社会中更是如此。叶圣陶的这一观点对教学实践的影响主要是消极的。教师们为了"求甚解""讲透"，自然就离不开字、词、句、篇、语、修、逻、文，离不开段落大意、中心思想、艺术特点，离不开满堂灌或满堂问。由于教师本

---

① 叶圣陶：《阅读是写作的基础》，见刘国正主编：《叶圣陶教育文集》（第3卷），人民教育出版社1994年版，第279页。
② 叶圣陶：《语文教学二十韵》，见中央教育科学研究所编：《叶圣陶语文教育论集》（上册），教育科学出版社1980年版，第7页。
③ 叶圣陶：《文艺作品的鉴赏》，见中央教育科学研究所编：《叶圣陶语文教育论集》（上册），教育科学出版社1980年版，第266页。
④ 叶圣陶：《国文随谈》，见刘国正主编：《叶圣陶教育文集》（第3卷），人民教育出版社1994年版，第72页。
⑤ 同上，第73页。

身阅读素养不足，明知所讲的对学生的理解、感悟和写作无益，还是照讲不误，造成了语文教学"讲读"的泛滥成灾。

讲透、求甚解又是为了什么？是为了"吸收"，这就是阅读的功能："阅读是吸收，写作是倾吐"，阅读的功能是定位在"吸收"上的。叶圣陶说："阅读是'吸收'的事情，从阅读，咱们可以领受人家的经验，接触人家的心情；写作是'发表'的事情，从写作，咱们可以显示自己的经验，吐露自己的心情。"[①] 吸收又是为了什么？一是服务于阅读本身，一是服务于写作，由阅读的吸收而至写作的运用。阅读和写作，最终的目的都在于"应用""实用"，在于"应付生活""应需"。

从另一方面看，"阅读独立目的论"为"讲透"推波助澜："培养和提高读的能力，本身就是目的，读书并不就是为了写文章"，如此，为读而读，读便是目的，盲目地疯读、死读、烂读，便蔚为风气。——当然，这不是叶圣陶们的初衷。相信他们怎么也没有料到"讲得透"居然会使课堂演变成一个废话垃圾场。

为了"讲透"，讲着讲着就讲得不可收拾，用吕叔湘先生的话说叫作"放胖"：讲毛主席诗词《为女民兵题照》二十八个字用了两小时，一年级课本中"天安门"三个字，讲了四节课。物极必反，当"讲透"变成"滥讲"时，难免就讲烦了，就开始强调"精讲多练"，于是又走向了另一个极端。工具论与实用论，决定了将语文的运用视为"技能"，语文学习就是语言文字的技能训练，以为语言文字能力、写作能力是技能，是"练"出来的。吕叔湘先生说："使用语文是一种技能，跟游泳、打乒乓球等等技能没有什么不同的性质，不过语文活动的生理机制比游泳、打乒乓球等活动更加复杂罢了。……语文的使用是一种技能，一种习惯，只有通过正确的模仿和反复的实践才能养成。"[②] 从学以致用的目的出发，叶圣陶等是较为重视语文技能训练的（主要强调的是语言和阅读的训练），认为在语文课上，讲解是为了训练，就是通过大量的、反复的技能训

---

① 叶圣陶：《略谈国文学习》，见刘国正主编：《叶圣陶教育文集》（第3卷），人民教育出版社1994年版，第89页。
② 吕叔湘：《关于语文教学的两点基本认识》，见《吕叔湘语文论集》，商务印书馆1983年版，第331–332页。

练,以达到娴熟地掌握语文这一"工具"的目的。这也体现了实用主义和经验主义的思想方法。这种将语文视为"技能"的肤浅认识,一直贻害至今。语文能力和游泳、打乒乓球等的学习,在性质上是根本不同的。不只是比这些运动技能复杂一些,而且语文能力的形成依赖的主要是人格、学养、阅历、情感等非技能因素,甚至是非智能因素,跟其他技能只要反复练习就能提高,根本就是两回事。这一点事实已经作出了回答,天天的大量的语文训练并未奏效,培养出来的是大批文字不通、文章水平极低的学生。今天主流的教育思想仍然尊奉的是"训练为主线"的认知,完全是误入歧途、误人子弟。

语文教学以阅读为本,只要稍微有点传统文化常识的都会赞成,因为古人就是这么学过来的,没有大量经典文本的浸淫,又能写出什么呢?在这一点上,叶圣陶的见解无可厚非,多读经典作品,也是我极力主张的,而且不只是精读,也要博览,多多益善。问题出在语文界并没有领会阅读的意义,完全把它"教学化"了,变成了按部就班的机械训练——死的语言训练。或者说是因为教师既没有能力教好阅读,也无法教好写作,权衡的结果是,选择了可以照本宣科的阅读教学,以为阅读教学是比较好糊弄的。这么一来,阅读教学便不可遏止地汤汤荡荡地汹涌而来,淹没一切,满目疮痍,浮尸遍野,造成了吕叔湘所批评的2700多课时劳而无功的状况。这大约是叶圣陶始料未及的。

阅读是写作的基础,这没错,但是,写作的基础不只是阅读。写作的基础要宽广得多,真理前进一步就成了谬误。把"非产出性"的阅读视为目的,就剪断了与写作、精神创造的脐带,不但使写作和精神创造贫血,也使阅读死亡。也许是过为强烈的平民教育情结,使叶圣陶注意到许多下层劳动群众学习语文的目的,仅止于读书看报,看得懂应用书契之类,并不一定都要会写作,不必普遍要求在写上下功夫,降低语文教学的要求可以降低普及的难度。——"阅读独立目的",叶圣陶大约只是有感而发,随便说说,问题出在张志公、吕叔湘等的强调上和语文界广大教师的盲目认同上,使叶圣陶这一经不起严格推敲的原本并没有引起人们注意的感想,被强化、观念化了,并在教学实践中大受欢迎、大行其道。因为"讲读"是最省事的,读得怎样,那是天晓得,凡认得字就能教阅读,其结果是结出了"为读而读"的恶果:在语文教学和高考中,所教、所考的"阅读"与写作能力毫无关系，一概莫名其妙。高考命题者本身出题就出得流鼻血，挖空心思炮制的题目百孔千疮、不知所云，基本上没有应用价值，答题更是瞎猜、瞎掰，碰运气。"阅读独立目的论"成为"为读而读"的口实，终于不可收拾地泛滥成灾。

这种状况完全与叶圣陶的平民化、普及性、借鉴性的阅读教学的初衷背道而驰：由为写作奠基，增加学生的阅读体验、学养，学习基本的阅读本领开始，以照本宣科地讲读、一塌糊涂地滥读告终。阅读本位的教学，在过分强调阅读独立目的而失落了言语表现的目标后，在语文教材言语表现内容的严重缺失，语文教师缺乏基本的说、写教学能力的现实情境下，致使语文教学不可避免地走向了反面：阅读和写作两败俱伤。

但是，不论现实遭遇如何，也不论理念本身的科学性如何，叶圣陶的深厚的文章学背景、充满了传统文化意味和悲悯意识的阅读观，对一般民众单纯的阅读能力和随性、自由阅读的关注，还是让我们感受到将阅读视为普通人日常生活需要的温暖情怀，以及民族文化精神血脉贯注的心灵慰藉。

> 为文学教育提供鉴赏理论和方法——意义：观；态度：玩；本体：我；预备：知识、语感；途径：词句的字面和背面；凭借：生活、经验、想象、语文素养；参考：他人的评论。

叶圣陶从小就受到文艺的熏陶，那是从听书开始的。他说："我七八岁的时候起，私塾里放了学，常常跟父亲去'听书'。到十三岁进了学校才间断，这几年听的'书'真不少。小书像《珍珠塔》、《描金凤》、《三笑》、《文武香球》，'大书'像《三国志》、《金台传》、《水浒》、《英烈》，都不止听了一遍，最多的到三四遍。"① "我幼时常听书，历十几年之久。"② 对文学发生兴趣也比较早，他说："我对于文艺发生兴趣，现在回想起来，应该追溯到十二三岁的时候，在家里发现了一部《唐诗三百首》和一部《白香词谱》。拿在手里，就自己翻看；对于《三百首》中的乐府和绝句，《词谱》中的小令和中调，特别觉得新鲜有味。因为不是先生逼着读的，也就不做强记死背的工夫；只在翻开的时候，讽诵一番，再翻的时候，又讽诵一番而已。经籍史籍子籍中也有好文艺，如《诗经》、《史记》和《庄子》我都不能领会，只觉得这些书是压在肩背上的沉重的负担。"③ 听书和对诗词的喜欢，想必是他进入文艺之门的前导。他还受到一些英文书的影响："中学里读英文，用的本子是华盛顿·欧文的《见闻杂记》和古德斯密的《威克斐牧师传》，在当时几乎是英文的必读书……那富于情趣的描写，那看似平淡而实有深味的叙述，当时以为都不是读过的一些书中所有的，爱赏不已，尤其是《妻》、《睡谷》、《李迫大梦》以及叙述圣诞节和威斯明司德寺的几篇……华盛顿·欧文的文趣（现在想来，就是'风格'）很打动我。我曾经这样想过，若用这种文趣写文字，那多么好呢！这以前，我也看过了好些旧小说，如《水浒》、《三国演义》、《红楼梦》，都曾看过好几遍；但只是对故事发生兴趣而已，并不觉得写作方面有什么好处。"④ 这些经历为他的文学创作打下了基础。他19岁开始写文言小说，24岁用白话写新小说、新诗。1921年，他27岁成为文学研究会的发起人之一，支持沈雁冰革新《小说月报》，与沈雁冰、郑振铎等共同筹办文学研究会之《文学旬刊》，在《晨报副刊》发表40则《文艺谈》，在《儿童世界》发表童话。28岁那年，和同人一起创办了《诗》月刊，出版短篇集《隔膜》，与周作人、朱自清等合著出版诗集《雪朝》。29岁，出版童话集《稻草人》，短篇集《火灾》。30岁主编文学研究会会刊《文学》周刊，出版散文集《剑鞘》（与俞平伯合著）。31岁出版短篇集《线下》，出版为商务印书馆选注的《荀子》。32岁出版短篇集《城中》，出版为商务印书馆选注的《礼记》。33岁出

---

① 商金林：《叶圣陶年谱长编》（第一卷），人民教育出版社2004年版，第12页。
② 同上。
③ 同上，第21页。
④ 同上，第23页。

版为商务印书馆选注的《传习录》《苏辛集》。34岁,长篇小说《倪焕之》连载于《教育杂志》,奠定了他在文学史上的地位。从这些前期的文学创作实践,可见他深具文学禀赋和才情,且创作成就颇为丰硕。

叶圣陶既是作家又是学者,曾编有《十三经索引》,因此有较高的文学品位和研究眼光,对文学教育和文学鉴赏当是较有发言权的。他曾写过大量的文学评论,因而他的鉴赏理论有一定的实践价值,他在文学鉴赏的理论和实践上,显得得心应手、游刃有余。他对文学作品的解读有些也是较为精细和深刻的。只有他和夏丏尊会想到写《文心》这样精彩的"读写的故事",有能力写好这本有很强的可读性的语文知识普及读物,让学生在阅读快感中不知不觉地受到语文知识的熏陶。

《文心》这本书1934年出版,深受中学生喜爱,遗憾的是新中国成立后长期没有再版,直到1999年,才由生活·读书·新知三联书店再版。陈望道先生在该书初版的"序一"中说:"这部《文心》是用故事的体裁来写关于国文的全体知识。每种知识大约占了一个题目。每个题都找出一个最便于衬托的场面来,将个人和社会的大小时事穿插进去,关联地写出来。通体都把国文的抽象的知识和青年日常可以遇到的具体的事情溶成了一片。写得又生动,又周到,又都深入浅出。的确是一部好书。这部好书是丏尊和圣陶两位先生特为中学生诸君运用他们多年教导中学国文的经验写成的,什么事应该说以及怎么说才好懂,都很细心地注意到,很合中学生诸君的脾胃。我想中学生得到此书,一定好像逢着什么佳节得到亲眷特为自己备办的难得的盛餐。这里罗列的都是极新鲜的极卫生的吃食。青年诸君可以放心享用,不至于发生食古不化等病痛。假使有一向胃口不好的也可借此开胃。"[①]这的确是很中肯的评价。这部书说的是"国文的全体知识",国文常识几乎无所不包。因此,读《文心》,可提高语文知识素养,最重要的是它的故事性和可感性,使人读来饶有兴味。记得我当年读这本书就爱不释手、受益良多。

"序二"是朱自清写的:"丏尊和圣陶写下《文心》这本'读写的故事',确

[①] 夏丏尊、叶圣陶:《文心》,生活·读书·新知三联书店1999年版。

是一件功德。书中将读法与作法打成一片，而又能近取譬，切实易行。不但指点方法，而且着重训练，徒法不能自行，没有训练，怎么好的方法也是白说。书中将教学也打成了一片，师生亲切的合作才可达到教学的目的。……这本书不独是中学生的书，也是中学教师的书。再则本书是一篇故事，故事的穿插，一些不缺少；自然比那些论文式纲举目张的著作容易教人记住——换句话说，收效自然大些。至少在这一件上，这是一部空前的书。"[①] 在今天铺天盖地的教辅读物中，很难找到科学、通俗、引人入胜的读物，遑论像《文心》这种称得上"功德"的读物。

叶圣陶和夏老关于文学鉴赏方面的见解，在该书"鉴赏座谈会"部分表达得很清楚。此外，叶圣陶有一篇《文艺作品的鉴赏》的专论和大量相关文章及对具体作品的鉴赏文章，都为我们提供了文学鉴赏和解读的方法和途径，从观念到操作法均较为完备。综合起来，大约有以下七个方面：

一、鉴赏的意义：观。首先是对"鉴赏"的诠释和定位："'鉴赏'二字，粗略地解释起来只是一个'看'字。真的，所谓鉴赏，除音乐外，离不掉'看'的动作。看文章，看绘画，看风景，都是'看'。'鉴赏'的'鉴'字，就是'看'字的同义语。……同是一个看，有'见'、'视'、'观'三个阶段。我们看到别人的一篇文章或一幅画是'见'，这时只知道某人曾作过这么一篇文章或一幅画，其中曾写着什么而已。对于这一篇文章或一幅画去辨别它的结构、主旨等等是'视'，比'见'进了一步了。再进一步，身入其境地用了整个的心去和它相对，是'观'。'见'只是感觉器官上的事，'视'是知识思辨上的事，'观'是整个的心理活动。不论看文章或看绘画，要到了'观'的境界，才够得上称'鉴赏'。'观'是真实的受用，文章或绘画的真滋味，要'观'了才能亲切领略。用吃东西来作譬喻，'观'是咀嚼细尝，'见'和'视'只是食物初入口的状态而已。鉴赏是心理上的事情，本来难以用言语表达……"[②] 叶圣陶将鉴赏的意义解释为"观"：是身入其境地用了整个的心去和它相对，是整个的心理活

---

① 夏丏尊、叶圣陶：《文心》，生活·读书·新知三联书店 1999 年版。
② 同上，第 262–263 页。

动,是"真实的受用",是"咀嚼细尝"。以区别于一般的表面的感知了解,这是很精到的认识。只有全身心地投入作品之中,调动主体的一切内存,与作品进行交流,才能真正领略到文章的奥秘。

二、鉴赏的态度:玩。"玩"不是指随意、消遣、游戏,而是意味着态度要认真、投入、着迷,非如此不能有心理的亲切领略:"'玩'字很有意味,我以为可以说明鉴赏的态度。'鉴赏'有时也称'玩赏'或'玩味',可以说'玩'就是'鉴赏'。'玩'字在习惯上常被人轻视,提起'玩',都觉得有些不正经。其实,'玩'是再正经不过的,我们玩球玩棋的时候,不是忘了一切,把全副精神都放在里面吗?对于文章绘画要做到'玩'的地步,并不容易。单就文章说吧,一篇好的文章,或一本好的小说,非到全体内容前后关系明了以后,决不能'玩'。我们进中学校以来,已读过不少篇数的文章,许多本数的书了,自己觉得能够玩的实在不多。大多只是囫囵吞枣,诗不能反复地去吟,词不能低回地去诵,文不能畅适地去读,小说不能耐心地去细看。这很可惜。"[1] 鉴赏,的确有反复把玩、品味的意思,要沉浸其中,以至忘记了自己的存在。这就如叔本华所谈的审美自失:"人们自失于对象之中了,也即是说人们忘记了他的个体,忘记了他的意志;他已仅仅是作为纯粹的主体,作为客体的镜子而存在;好像仅仅只有对象的存在而没有觉知这对象的人了,所以人们也不能再把直观者(其人)和直观(本身)分开来了,而是两者已经合一了;这同时即是整个意识完全为一个单一的直观景象所充满,所占据。所以,客体如果是以这种方式走出了它对自身以外任何事物的一切关系,主体(也)摆脱了对意志的一切关系,那么,这所认识的就不再是如此这般的个别事物,而是理念,是永恒的形式,是意志在这一级别上的直接客体性。并且正是由于这一点,置身于这一直观中的同时也不再是个体的人了,因为个体的人已自失于这种直观之中了。他已是认识的主体,纯粹的、无意志的、无痛苦的、无时间的主体。"[2] 要对作品熟透,要达到入迷的地步,就要沉潜到作品语义的深层,与文本合一,久之,才能悟出

---

[1] 夏丏尊、叶圣陶:《文心》,生活·读书·新知三联书店1999年版,第264–265页。
[2] 叔本华:《作为意志和表象的世界》,石冲白译,商务印书馆1982年版,第250页。

作品的精义，才能有自己的发现。所以，全神贯注地吟诵以至背诵，认真深入地体验、揣摩，是鉴赏者必要的态度。

三、鉴赏的本体：我。这里的"本体"，不是哲学意义上的本体，说的就是"主体"——读者。这针对的是被动阅读、消极阅读："我于读文章的时候，常把我自己放入所读的文章中去，两相比较。一壁读一壁在心中自问：'如果叫我来写将怎样？'对于句中的一个字这样问，对于一句的构造和说法这样问，对于句与句的关系这样问，对于整篇文章的立意布局等也这样问。经过这样自问，文章的好坏就显出来了。那些和我写法相等的，我也能写，是平常的东西，写法比我好的就值得注意。我心中早有此意见或感想，可是写不出来，现在却由作者替我写出了，这时候我就觉到一种愉快。……文章之中，尽有写法与我全然不同，或在我看去不该如此写，读去觉得有些与我格格不相入的。我对于这种文章，如果当时未曾发现它的错处，常自己反省，暂时不加判断，留待将来再读。我以为鉴赏是作者与读者之间的共鸣作用，读者的程度如果和作者相差太远了，鉴赏的作用就无从成立。这就是所谓'仁者见仁，智者见智'了。……我想，鉴赏的本体是'我'，我们应把这'我'来努力修养锻炼才好。"[①]这主张的是主体介入的鉴赏。这种方法可称为"自问"法，或还原法，还原到写作过程的可能性中去，这很有实践意义，可以在教学中实行，把自己虚拟的写法和作品的写法进行比较，区分作品写法的四种情况：和我相等的；比我好的；我心中早有此意见或感想，可是写不出来的；与我格格不相入的。当然，一、四两种，不在鉴赏之列；二、三两种，则是鉴赏的内容。

区分是否鉴赏，应如何鉴赏，读者主动与否是一个重要的要求。叶圣陶认为，鉴赏不是被动的感动，而是应该处于主动的地位，要研究、考察。它为什么能够感动我们呢？同样讲到这些事物，如果说法变更一下，是不是也能够感动我们呢？他举例说，在电影场中，往往有人为着电影中生离死别的场面而流泪。但是另外一些人觉得这些场面只是全部情节中的片段，并没有什么了不起的，反而对于某景物的一个特写、某角色的一个动作点头赞叹不已。这两种人

[①] 夏丏尊、叶圣陶：《文心》，生活·读书·新知三联书店1999年版，第265–266页。

中，显然是后一种人的鉴赏程度比较高。"文艺鉴赏并不是摊开了两只手，专等文艺给我们一些什么。也不是单凭一时的印象，给文艺加上一些形容词语。文艺中间讲到一些事物，我们就得问：作者为什么要讲到这些事物？文艺中间描写风景，表达情感，我们就得问：作者这样描写和表达是不是最为有效？我们不但说了个'好'就算，还要说得出好在哪里，不但说了个'不好'就算，还要说得出不好在哪里。这样，才够得上称为文艺鉴赏。这样，从好的文艺得到的感动自然更深切。文艺方面如果有什么不完美的地方，也会觉察出来，不至于一味照单全收。"[1] 是被动接受，粗糙地感觉，还是主动考察，认真地分析，这就是一般地感受和文艺鉴赏的区别。

"主动"的鉴赏，也会使主体从中获得好处："……文艺鉴赏犹如采矿，你不动手，自然一无所得，只要你动手去采，随时会发现一些晶莹的宝石。这些晶莹的宝石岂但给你一点赏美的兴趣，并将扩大你的眼光，充实你的经验，使你的思想、情感、意志往更深更高的方面发展。"[2] "认真阅读的结果，不但随时会发现晶莹的宝石，也随时会发现粗劣的瓦砾。于是吸取那些值得取的，排除那些无足取的，自己才会逐渐地成长起来。"[3] 积极认真的鉴赏活动，也是主体的提高、成长、发展的过程，因此，在教学中，培养学生良好的鉴赏态度和习惯，对主体建构十分必要。

四、鉴赏的预备：知识、语感。鉴赏不是一种单纯的技术，需要一定的知识基础："鉴赏本来是知解以上的事情，但预备知识却不可没有。一首好诗或一首好词，大概都有它的本事与历史事实，我们如果不知道它的本事与历史事实，往往不能充分领会到它的好处。……对于一篇作品，如果要好好地鉴赏，预备知识是必要的。作者的生平，作品的缘起，以及其他种种与这作品有关联的事件，最好能先知道一些，至少也该临时翻检或询问别人。这种知识本身原不是

---

[1] 叶圣陶：《文艺作品的鉴赏》，见中央教育科学研究所编：《叶圣陶语文教育论集》（上册），教育科学出版社1980年版，第259页。
[2] 同上，第259–260页。
[3] 同上，第260–261页。

鉴赏，却能作我们鉴赏上的帮助，不可轻视的。"①这说的是读者必要的知识建构，以形成良好的认知背景。知人论世，有助于对作品意思的理解。

　　文学作品是以语言为媒介的，要很好地鉴赏，须从语言入手，因此，读者除了需要一定的知识，还要具备良好的语感："鉴赏文艺的人如果对于语言文字的意义和情味不很了了，那就如入宝山空手回，结果将一无所得。"②"所以，文艺鉴赏还得从透切地了解语言文字入手。这件事看来似乎浅近，但是最基本的。基本没有弄好，任何高妙的话都谈不到。……文艺作品跟寻常读物不同，是非辨出真滋味来不可的。读者必须把捉住语言文字的意义和情味，才有辨出真滋味来——也就是接近作者的旨趣的希望。"③"不了解一个字一个辞的意义和情味，单靠翻查字典是不够的。必须在日常生活中随时留意，得到真实的经验，对语言文字才会有正确丰富的了解力，换句话说，对于语言文字才会有灵敏的感觉。这种感觉通常叫做'语感'。"④他引了一段夏丏尊先生的话，进一步说明什么是敏锐的语感："在语感敏锐的人的心里，'赤'不但解作红色，'夜'不但解作昼的反对吧。'田园'不但解作种菜的地方，'春雨'不但解作春天的雨吧。见了'新绿'二字，就会感到希望、自然的化工、少年的气概等等说不尽的旨趣，见了'落叶'二字，就会感到无常、寂寥等等说不尽的意味吧。真的生活在此，真的文学也在此。"⑤接着指出："夏先生这篇文章提及的那些例子，如果单靠翻查字典，就得不到什么深切的语感。惟有从生活方面去体验，把生活所得的一点一点积聚起来，积聚得越多，了解就越深切。直到自己的语感和作者不相上下，那时候去鉴赏作品，就真能够接近作者的旨趣了。"⑥叶圣陶认为，有了语感的准备，语感的水平与作者接近，才可望通过文字的桥梁，与作者的心情相契合。可见，文学鉴赏，需要培养良好的文学语感。教师在平时讲读教学中，要引导学生去领会词语在不同语境中的各种引申义和象征义，最重要的是，要唤起学

---

① 夏丏尊、叶圣陶：《文心》，生活·读书·新知三联书店1999年版，第266—267页。
② 叶圣陶：《文艺作品的鉴赏》，见中央教育科学研究所编：《叶圣陶语文教育论集》（上册），教育科学出版社1980年版，第265页。
③ 同上，第266页。
④⑤⑥ 同上，第267页。

生的情感经历和情绪记忆,调动起他们的生活感受,去体验文本的意思和旨趣,久而久之,语感就会逐渐敏锐起来。

五、鉴赏的途径:词句的字面和背面。叶圣陶很注重文本分析,他认为读一篇文章,首先要弄清楚它说的是什么。这有两方面的事要做:

第一,自然要理解词句。词句是社会间"约定俗成"的东西。作者与读者之间的感情就只靠词句。遵守约定俗成的规范来运用词句,是作者的本分。遵守约定俗成的规范来理解词句,是读者的本分。对于某一个词,某一种句式,社会间是这样理解的,你因为不熟习,却那样理解了,这就是错误。对于一篇文章,必须完全没有这种错误,才算通体理解了它的词句。

第二,作者为什么要这样说,不那样说,那是不在文章里说明的;可是读者必须问个明白。明白了,才可以摸清作者思想的途径,辨明作者发言吐语的格调,对文章作进一步的理解。要做这一层工夫,凭借的仍然是摊在面前的那篇文章;但是,单从词句的字面去理解他还嫌不够,必须依据自己和旁人说话、想心思的经验,从词句的背面去理解它。换句话说,理解了词句所表明的意思还嫌不够,要进一步理解它为什么这么表明;含蓄在话里的意思和情趣,都要把它体会出来。①

——由字面义的理解,进而深入到背面义的领悟。

叶圣陶曾经就《孔乙己》中似乎不起眼的一句话"孔乙己是这样的使人快活,可是没有他,别人也便这么过",写了一篇赏析文章,可作为品味作品语言文字和小说鉴赏方法的范例。他说:"就小说写作的理想说,一句话该有一句话的必要和效果。若是可有可无的话,就不必写。要判定某一句话是否可有可无,不妨就从必要和效果着眼。不必要的,不增加什么效果的,就是可有可无的话;非有不可的,能够增加效果的,就是决不该漏掉的话。"② 据此,他对《孔乙己》中的这句话作四个方面的分析:

---

① 叶圣陶:《读〈飞〉》,见中央教育科学研究所编:《叶圣陶语文教育论集》(上册),教育科学出版社 1980 年版,第 300 页。
② 叶圣陶:《未厌居文谈·〈孔乙己〉中的一句话》,见中央教育科学研究所编:《叶圣陶语文教育论集》(上册),教育科学出版社 1980 年版,第 274 页。

首先是从上下文的关系上看它的效果。《孔乙己》前一部分是平叙（没有时间关系），后一部分是直叙（有时间关系）。"从平叙转到直叙，插入前面提出的那句话，一方面把以前的平叙总结一下（那句话本身也还是平叙），一方面又给前后两部分立一个明显的界限。"

再从那句话的上半句"孔乙己是那样的使人快活"和前面的"只有孔乙己到店，才可以笑几声，所以至今还记得"的相应关系上，看它的效果：补充了前面的话的意思。进一步看，作者在篇幅背后蕴藏着深刻的批判和无限的同情。从作为叙说者的小伙计看来，孔乙己只是一件可以取笑的引人发笑的资料。就在这一层上，也暗示出作者的批判和同情。

接着分析下半句"可是没有他，别人也便这么过"的效果：见得别人从孔乙己得到快活，不过是偶然的凑趣，并非必不可缺少的事。既非必不可缺少的事，岂不是孔乙己这个人物就在"使人快活"这一点上，也只是无关重要的吗？岂不是他的存在与不存在对于别人都毫无关系的吗？不幸的人在一般人的心里这样的没有地位，这意思从插在前后两部分中间的那句话传达出来。读者若能细心体味，自然可以理会。

最后分析那句话里"别人"这个词的效果，这是鉴赏的高潮，是最见功力的妙悟：

……"别人"，当然包括小伙计自己在内；而且自指的成分比兼指他人的成分多。小伙计因孔乙己"这样的使人快活"，对他感到兴味；虽然感到兴味，可是不一定需要他。"别人也便这么过"，意即"我便这么过"，无异自叙的口气。假如认为自叙的口气，就与前面所说"专管温酒"是"一种无聊职务"，在店里任事"虽然没有什么失职，但总觉有些单调，有些无聊"等话相应。"也便这么过"，换句话说，就是耐着单调和无聊，还是每天站在柜台里温酒而已。这话里透露着深深的寂寞之感。它与末后掌柜取下粉板来说"孔乙己还欠十九个钱呢"的寂寞情景相配合，它与篇中凡孔乙己引人哄笑的情节骨子里都蕴蓄着人生的寂寞相配合，构成了全篇的寂寞的空气。①

叶圣陶对潜藏于字句背后的"全篇的寂寞的空气"的发现，包含了自己对人生的深刻体验，没有自己的体验，就很难有所发现。读者的悲悯和作者的同情的默契，形成了敏锐的语感。

在文章结尾，叶圣陶总结提醒说：有些人说语体文没有什么讲头。像这里所提出的《孔乙己》中那句话，简单明白，当然更没有什么讲头。殊不知如果把那句话轻易滑过，就会毫无所得。要细心研读，才有以上几层意思可说（而且未必就此说尽）。从这几层意思看，就会明白那句插进去的话并不是可有可无的，它在结构上是必要的，在作用上是能够增加效果的。就是说，在品读字句时，要放在篇章整体联系中，才能读出深刻的意蕴。而在整体联系中品读文本的"佳妙"，是今天阅读教学最为薄弱的，而不联系整体的解读，着眼的是语言层面，不是言语层面，因而往往是无效的表层感知。这种倾向是亟待改变的。如果能随时联系整体的意思，常常就能有所发现。

六、鉴赏的凭借：生活、经验、想象、语文素养。对文本的理解和领悟，需要凭借经验和想象："作者与我们不相识，大多数是古人，不会来和我们共鸣，所谓共鸣，无非是我们自己要去和作者共鸣罢了。作者在作品中所描写的，有些是生活经验，有些是想象所得。我们的生活经验与作者不同，不能一一从生活经验去领会作品，所靠的大半是想象。对于作者的想象的记录固然要用想象去领略，对于作者生活经验的记录也只好用想象去领略。文章是无形的东西，只是白纸上的黑字，我们读了这白纸上的黑字，所以会感到悲欢，觉得人物如画者，全是想象的结果。作者把经验或想象所得的具体的事物翻译成白纸上的黑字，我们读者却要倒翻过去，把白纸上的黑字再依旧翻译为具体的事物。这工作完全要靠想象来帮助。譬如说吧，'山高月小，水落石出'，是好句子，但这八个字的所以好，并非白纸上写着的这八个字特有好处，乃是它所表托的景色好的缘故。我们读这八个字的时候，如果同时不在头脑里描出它所表托的景

---

① 叶圣陶：《未厌居文谈·〈孔乙己〉中的一句话》，见中央教育科学研究所编：《叶圣陶语文教育论集》（上册），教育科学出版社1980年版，第275页。

色，就根本不会感到它的好处了。想象是鉴赏的重要条件，想象力不发达，鉴赏力也无法使之发达的。"① "我们鉴赏文艺，最大目的无非是接受美感的经验，得到人生的受用。要达到这个目的，不能够拘泥于文字。必须驱遣我们的想象，才能够通过文字，达到这个目的。"② 鉴赏，首先必须调动已有的生活经验，去感受、理解，这就是体验；经验不足的，就需要借助想象，去再造出作品文字所提供的形象、意象、意境。读者的经验是很有限的，而文学作品中的内容，来自作者的生活经验的往往也不多，最大量的是作者想象与虚构的产物，从这个意义上说，要很好地进行鉴赏，读者的想象力甚至比生活经验还要重要。

"文艺作品往往不是倾筐倒箧地说的，说出来的只是一部分罢了。还有一部分所谓言外之意，弦外之音，没有说出来，必须驱遣我们的想象，才能够领会它。如果拘于有迹象的文字，而抛荒了言外之意、弦外之音，至多只能够鉴赏一半；有时连一半也鉴赏不到，因为那没有说出来的一部分反而是极关重要的一部分。"③ 由于文学作品所描写的事物，大量是作者不曾经历过的，而且，文学作品本来就为读者预留了大量的想象空间。所以，在鉴赏活动中，想象力的参与就是不可或缺的了。否则，就只能鉴赏到皮毛，或根本无法鉴赏。

在文学教育中，培养学生的想象力至关重要。想象力是人的创造力的重要表征，所以，培养想象力，不但为了鉴赏，也为了学生的精神发育。可以认为，学校教育的最重要的目的之一，就是培养想象力。

叶圣陶对立志成为文学家的学生提出这样的要求："愿把文艺作为终身事业，立志作文学家，这是表示一种志向，当然是非常好的。可是单有志向不成，要达到志向，必须切实地干。就文艺说，切实地干分两方面。研究文艺是一方面，创作文艺又是一方面。这两方面要干得到家，都得靠充实的生活，广博的经验，以及超过一般水准的语文素养。……一个青年既然对文艺抱有志向，就得在生

---

① 夏丏尊、叶圣陶：《文心》，生活·读书·新知三联书店1999年版，第267-268页。
② 叶圣陶：《文艺作品的鉴赏》，见中央教育科学研究所编：《叶圣陶语文教育论集》（上册），教育科学出版社1980年版，第265页。
③ 同上。

活、经验、语文素养上多多着力,那才是探到了根源。"①——这讲的是"文艺事业",自然也适用于"文学鉴赏"。这是叶圣陶在1947年说的,半个多世纪前提出的"语文素养"概念,2001年才终于被接纳作为"核心概念",体现在了《全日制义务教育语文课程标准》中。——从故纸堆中翻搜出来的,还以为是新课程的新理念呢。

七、鉴赏的参考:他人的评论。个人的鉴赏总是有各种局限,这样,就有必要引入参照系,从他人的鉴赏中获得启示。"鉴赏文艺,要和作者的心情相契合,要通过作者的文字去认识世界,体会人生,当然要靠读者自己的努力。有时候也不妨听听别人的话。别人鉴赏以后的心得不一定就可以转变为我的心得;也许它根本不成为心得,而只是一种错误的见解。可是只要抱着参考的态度,听听别人的话,总不会有什么坏处。抱着参考的态度,采取不采取,信从不信从,权柄还是在自己的手里。即使别人的话只是一种错误的见解,我们不妨把它搁在一旁;而别人有几句话搔着了痒处,我就从此得到了启发,好比推开一扇窗,放眼望出去可以看见许多新鲜的事物。阅读文艺,也应该阅读批评文章,理由就在这里。"②"诗话文话是前人鉴赏所得的记录,它会告诉我们某几句诗某几句文的好处所在。我们可由它间接地得到鉴赏的指示。……这种书的体裁是一条一条的随笔,每条都很简短,而且逐条独立,分条看或接连看都可以。"③这说的是鉴赏的辅助方式。鉴赏固然是读者自己的事,但是,读读别人精辟的见解,也能开阔视野,起到启发思维的效果。只是要特别注意,不能被别人的意见遮蔽、淹没了自己的感觉。最好自己先阅读,形成对作品的个人的"初感",有了自己的发现,就不易受到先入之见的干扰。在教学中,在学生发表自己的鉴赏意见后,适当选一些他人的相关评论文章让学生阅读,是一种极好的互动形式。

---

① 叶圣陶:《关于〈中学生与文艺〉笔谈会》,见刘国正主编:《叶圣陶教育文集》(第2卷),人民教育出版社1994年版,第388页。
② 叶圣陶:《文艺作品的鉴赏》,见中央教育科学研究所编:《叶圣陶语文教育论集》(上册),教育科学出版社1980年版,第268页。
③ 夏丏尊、叶圣陶:《文心》,生活·读书·新知三联书店1999年版,第269–270页。

今天，培养文学审美和鉴赏能力，是语文课程标准一以贯之的要求。在高中课标"课程的基本理念"中，对"审美教育"有着特殊的强调："审美教育有助于促进人的知、情、意全面发展。文学艺术的鉴赏和创作是重要的审美活动……语文具有重要的审美教育功能，高中语文课程应关注学生情感的发展，让学生受到美的熏陶，培养自觉的审美意识和高尚的审美情趣，培养审美感知和审美创造的能力。"[①] 这一要求在"选修课"部分又得到了进一步的强化。如何上好文学鉴赏课，提高学生的文学审美、鉴赏能力，我们可以从叶圣陶以上论述中，获得基本的旨趣和方法的启示。

当然，叶圣陶所说的未必全面，例如当今文学解读一些新的理念，就是处于那个时代的人们所不知道的。例如文化批评、结构主义、解构批评等，这些都可以为我们所用。比如"互文性"解读方法就很有效。文本的意思，是在相关文本的参照中显示出来的。教师可以将学生曾经学过的相关的文本，联系着读，或适当、选择补充一些相关的文本，让学生放在一起比较着读，会收到事半功倍的效果。

此外，比照其他一些鉴赏理论也会拓展我们的视野。例如与我们后面所谈到的朱光潜先生的文学鉴赏观加以比较，我们就会发现作为作家的叶圣陶，与作为文艺理论家的朱光潜的差异。叶圣陶较注重知人论世和文字揣摩中的感性体验等，从解读方法论看，主要是以"作者理论""文本理论"为背景；朱光潜则较注重理性分析，他关注的是对作品"佳妙"的颖悟和对趣味的把握，注重读者在欣赏中的再创造，常读常新，主要是以"读者理论"为背景。这体现了阅读鉴赏的两种价值取向。

---

① 中华人民共和国教育部制定：《普通高中语文课程标准》，人民教育出版社2003年版，第2页。

> 精心结撰了 20 多套教材，周到和精致，达到了时代的极致。和夏丏尊合编的《国文百八课》，精湛的教材理念，精彩的"文话"和"文选"，令现今编写者徒叹奈何。然而，解放后的教材远不如前期。

叶圣陶一生中下了最大功夫的是编写、出版教材。他是通过教材去影响语文教育实践的。通过教材，千百万学生在无意识中接受他的教育意识，语文教师则从中直观地感受他的教育思想。

编教材的感觉真是太好了，我在参与语文教材编写后，才算真正理解了叶圣陶为什么倾心于此。没有什么能比教材影响的人更多，对人的影响更大。一部学术专著一般发行 1000 册，而一部教材的发行量动辄以百万计，甚至能影响几代人。对人才的培养，一个时代教育文化的形成，均非教材莫属。当然，这也表明了编教材是最不能马虎的事，如果你不想作践自己与学生的话。

白话文教材的建构，也是现代语文教育成型的标志。在这方面叶圣陶是用力最勤、贡献最大的一个。他编写的语文教材种类之多、数量之大、质量之高、用心之专，迄今无人可及。翻阅他当年编撰的教材，稍作浏览，不禁油然而生对他学养、才情的敬佩，而且为他虔诚敬业的态度所感动。我们前面说到，1932 年，叶圣陶以一人之力，撰写了 12 册《开明小学国语课本》（丰子恺配的插图），今天，恐怕再也没有人有能力也有爱心和耐性这样做。他在《〈开明国语课本〉编辑要旨》中说：本书内容以儿童生活为中心。取材从儿童周围开始，随着儿童生活的进展，逐渐拓张到整个社会。与社会、自然、艺术等科企图作充分的联络，但本身仍是文学的；本书尽量容纳儿童文学及日常生活上需要的各种文体；词、句、语调力求与儿童切近，同时又和标准语相吻合，适于儿童诵读或吟咏。黎锦熙评论说："此书价值，可谓'珠联璧合'，盖叶先生之文格与丰先生之画品，竟能使儿童化，而表现于此课本中，实小学教育前途之一异彩。"[①] 何

---

① 商金林：《叶圣陶年谱长编》（第一卷），人民教育出版社 2004 年版，第 475 页。

竞业说:"叶绍钧先生所编的《国语》,比一般的国语教科书的特点颇多。叶先生之取材,多根据《常识课本》。国语与常识联络,实是教材上之大改进。叶先生是素负盛名之作家,如今他编的《国语》,内容十分新颖。依据社会生活与自然生活,编写童话、寓言、故事,每课中动物的或植物的人物的特长,均与人类生活相吻合。这样的结构与内容,在一般儿童读物中,实是不曾多见。"[1] 这样的教材,对今天的编撰者仍有借鉴价值。

其他的教材,纵然不是全由自己来写,但也是一丝不苟、呕心沥血。其中最为典范的是他与夏丏尊合编的《国文百八课》。他们在谈到该书的编写时说:"本书在编辑上自信是极认真的,仅仅每课文话话题的写定,就费去了不少的时间。本书预定一百零八课,每课各说述文章上的一个项目。哪些项目需要,哪些项目可略,颇费推敲。至于前后的排列,也大费过心思。文话的话题决定以后,次之是选文了。……选文每课两篇,共计二百十六篇。要把每一篇选文用各种各样的视角去看,使排列成一个系统,既要适合又要有变化,这是一件难得讨好的事。我们在这点上颇费了不少的苦心。最感麻烦的是文法、修辞的例句的搜集。关于文法和修辞的每一法则,如果凭空造例,或随举前人的文句为例,是很容易的,可是要在限定的几篇选文中去找寻,却比较费事了,我们为了找寻例句,记忆翻检,费尽工夫,非不得已,不自己造句或随取前人文句。"[2] 他的细心、严谨、负责由此可见一斑。奇中先生在《介绍〈国文百八课〉》一文中也谈到了该书的特点,"笼统说本书的好"有三点:第一,"本书每课以讲文章理法之文话为主体,按文话之题材而配以范例之文选,再就文选中取例,来阐述文法与修辞,各方面能够连络,教学之困难点自然减少,良好的成绩也就容易获到"。第二,"本书每课有自具的系统,而全书各课,又按着次序成一个完全的系统"。第三,"因为前有文话,讲述文章理法,后有练习,可以将所学复习考验,故自修国文,亦甚适用。自习国文者,采用此书,比只单读一告选文

---

[1] 商金林:《叶圣陶年谱长编》(第一卷),人民教育出版社2004年版,第476页。
[2] 叶圣陶、夏丏尊:《关于〈国文百八课〉》,见刘国正主编:《叶圣陶教育文集》(第5卷),人民教育出版社1994年版,第404页。

而暗中摸索,其进步之神速,自可预言"。① 这些好处的确显而易见。

我以为从编辑理念上看,有四点至今仍有借鉴价值:

首先,对实用文、应用文的关注。吕叔湘评论《国文百八课》时说:"《国文百八课》里的文选有两大特色,一是语体文比文言文多,二是应用文和说明文比较多。……《国文百八课》里的应用文有十多篇,其中有书信,有调查报告,有宣言,有仪式上的演说词,有出版物前面的凡例,有公文标点与款式。说明文有二十来篇,……篇数之多,方面之广,也都胜过同时的别种课本。"② 这两大特色,的确是代表了夏、叶独特的语文教材编辑意识。

由"应付生活""应需"本体论出发,叶圣陶的编撰理念首要的就是要关注儿童的需要,关注普通文字和应用文。他说:"本书尽量容纳儿童文学及日常生活中需用的各种文体,文字力求正确、明晰、洁净、畅达;词、句、语调力求与儿童切近,同时与标准语密合:以养成儿童运用语言文字的优良习惯。"③ "现在青年往往喜欢读文艺,也喜欢写文艺,可是读普通文字的能力还不够,写普通文字的能力还欠缺,只是胡读胡写。这里大多数是些普通文字,我们以为青年必须能够了解像这样的普通文字,必须能够下笔写出像这样的普通文字,然后去追求文艺,才不是徒劳。"④ "我们实际生活上,为了事务的逼迫而写作文章的时候很多,文人以外的一般人,毕生写作的差不多全是应付事务的文章。我们有事情要向不在眼前的朋友接洽,就得写书信;向别人赁房屋或田地,就得写租契;和别人有法律交涉,就得做状子;和别人合作一桩事业,就得订议约或合同;此外如官吏的批公文,草法规,工商界的写单据,做广告,都是应付当前事务的工作,并非自己有意要写文章,然而不得不写。这种文章特别叫做应用文。

---

① 商金林:《叶圣陶年谱长编》(第二卷),人民教育出版社2004年版,第32页。
② 吕叔湘:《国文百八课》,见刘国正主编:《叶圣陶教育文集》(第5卷),人民教育出版社1994年版,第410页。
③ 叶圣陶:《普益国语课本·编辑要旨》,见刘国正主编:《叶圣陶教育文集》(第4卷),人民教育出版社1994年版,第33页。
④ 叶圣陶:《教材与教法——〈中学精读文选〉序》,见刘国正主编:《叶圣陶教育文集》(第4卷),人民教育出版社1994年版,第155页。

对于应用文而言，其余的文章都叫做普通文。"① 对应用文、普通文的重视，扭转以往青年喜欢读、写"文艺"——文学作品的片面性，最能体现叶圣陶对改善民众的文化窘境、提高他们的生活能力所作出的努力。

其次，追求选文"文质兼美"。不论哪一种文体，所选的都必须兼顾内容与形式的完美。他说："国文教材的选取，关于内容，不能不有个限制，须是使学生在积极方面受益的，才可以作为教材；如表达荒谬见解的文字，虽也可以使学生在消极方面受益，却绝对不用。同样的理由，关于技法，也以具有优良之点的为限，而排斥技法拙劣的文字。"② "我人首须措意者，所选为语文教材，务求其文质兼美，堪为模式，于学生阅读能力写作能力之增长确有助益。……以故我谓今后选文，绝不宜问其文出自何人，流行何若，而唯以文质兼美为准。小有疵类，必为加工，视力所及，期于尽善。不胜其加工者，弃之弗惜。据实言之，苟至于不胜其加工，其质亦必非精英矣。"③ "选文之际，眼光宜有异于随便浏览，必反复讽诵，潜心领会，质文兼顾，毫不含糊。……我人选文，似当坚持一义，非欲凑成一册篇数足够之汇编，而欲一册之中无篇不精，咸为学生营养之资也。请诸公观之，此义如何？选定之文，或不免须与加工。加工者，非过为挑剔，俾作者难堪也。盖欲示学生以文章之范，期于文质兼美，则文中疏漏之处，自当为之修补润色。"④——叶圣陶并不怎么强调"经典性"（比较注重的是"当代性"），而被反复强调的是"文质兼美"，以"文质兼美"为选文的首要原则。也就是说，叶圣陶所要求的是"范文"，是精品，能让学生奉为楷模。

第三，教材在编辑上主张以形式为重。固然要求选文文质兼美，但是选文的组织和教学的重点则在于形式，这也是叶圣陶的一个重要的语文教学观。《国

---

① 夏丏尊、叶圣陶：《国文百八课·文话六 应用文》，见刘国正主编：《叶圣陶教育文集》（第5卷），人民教育出版社1994年版，第55–56页。
② 叶圣陶：《教材与教法——〈中学精读文选〉序》，见刘国正主编：《叶圣陶教育文集》（第4卷），人民教育出版社1994年版，第154页。
③ 叶圣陶：《课文的选编》，见刘国正主编：《叶圣陶教育文集》（第5卷），人民教育出版社1994年版，第717–718页。
④ 同上，第719页。

文百八课》就是一个典型："这是一部侧重文章形式的书。所选取的文章虽也顾到内容的纯正和性质的变化，但文章的处置全由形式上着眼。"[1] 理由是："依我们的信念，国文科和别的学科性质不同，除了文法、修辞等部分以外，是拿不出独立固定的材料来的。凡是在白纸上写着黑字的东西，当作文章来阅读、来玩索的时候，什么都是国文科的工作，否则不是。一篇《项羽本纪》是历史科的材料，要当作文章去求理解，去学习章句间的法则的时候，才算是国文科的工作。所以在国文科里读《项羽本纪》，所当着眼的不应只是故事的开端、发展和结局，应是生字难句的理解和文章方法的摄取。……不论国文、英文，凡是学习语言文字如不着眼于形式方面，只在内容上去寻求，结果是劳力多而收获少，竟有许多青年在学校里学过好几年国文，而文章还写不通的。其原因也许就在学习未得要领。他们每日在教室里对着书或油印的文选，听教师讲故事，故事是记得了，而对于那表现故事的方法仍旧茫然。难怪他们表现能力缺乏了。"[2] 他因此批评说："时下颇有好几种国文课本是以内容分类的。把内容相类似的古今现成文章几篇合成一组，题材关于家庭的合在一处，题材关于爱国的合在一处。这种办法，一方面侵犯了公民科的范围，一方面失去了国文科的立场，我们未敢赞同。"[3] 认为语文能力是纯形式技巧的掌握，以此区别于其他学科，追求"文"，淡化"质"，固然似乎突出了语文的特点，但也不无本末倒置之嫌。"道是根本，文是枝叶"，没有道、质，皮之不存，毛将焉附？也许叶圣陶觉得鱼和熊掌不可得兼，牺牲"质"成全"文"是必要的吧。

第四，以"文话"统领单元。这是叶氏教材最出色、成功之处。《国文百八课》的内容安排，用书前边编辑大意里的话来说，就是"每课为一单元，有一定的目标，内含文话、文选、文法或修辞、习问四项，各项打成一片"。其中文话是编排的纲领，文选配合文话，文法修辞又取材于文选，这样就不但是让每一课成为一个单元，并且让全书成为一个有机的整体。文话是全书的纲领，是

---

[1] 叶圣陶、夏丏尊：《关于〈国文百八课〉》，见刘国正主编：《叶圣陶教育文集》（第5卷），人民教育出版社1994年版，第403页。
[2] 同上。
[3] 同上，第405页。

全书成败所系，因而也是编者用力最多的部分。这四册里边有文话七十二篇，有系统而又不拘泥于形式上的整齐。第五册和第六册没有编出来，不知计划之中这两册的三十六篇文话准备怎么分配。单就前四册来看，大纲目仍然是按记叙文、说明文、议论文的顺序讲解，可是在这三部分之内和之外都是提出若干小题目，一次讲一个小题目，既有联系，又不呆板，很少出现"一、二、三"或"甲、乙、丙"。给读者的整个印象是生动活泼，文话本身就可以作为文章来学习。吕叔湘说："《国文百八课》的最大特色是他的文话。现在也有以作文为中心按文体组成单元的实验课本，但往往是大开大合，作文讲解和选文各自成为段落，很少是分成小题目互相配合，能够做到丝丝入扣的。"[①]"《国文百八课》之所以颇有特色，是因为两位编者夏丏尊先生和叶圣陶先生都当过多年的语文教师，又都有丰富的写作经验。他们两位曾经合作写过几种讲学习语文的书，其中最有名的是《文心》，现在六十多岁的同志很多是曾经从这本书得到教益的。除《文心》外，还有一本《阅读和写作》，一本《文章讲话》，也是他们二位合作的；另外，叶先生还写过一本《文章例话》，夏先生还跟刘薰宇先生合写过一本《文章作法》。把积聚在这些著作里边的学习语文的经验拿来系列化，再配合相应的选文，这就成了《国文百八课》。"[②]这的确说在了点子上。我以为叶、夏的文话的好处，在于既有文章学知识的系统，和自身长期的相关研究的支撑，又有自己丰富的阅读、写作经验，而且能配合文选的内容来谈，所以能阐述得翔实、具体、不落空。

在品读叶氏教材时，我深深地感受到贯注其中的人格魅力和精神气质。叶圣陶的敬业，集中表现在朴实无华的无所不在的"认真"二字上。他的选文"文质兼美"的原则，"无篇不精"的追求，以及对选文的加工、作注等精益求精的要求——"加工之事，良非易为。必反复讽诵，熟谙作者之思路，深味作者之意旨。然后能辨其所长所短，然后能就其所短者而加工焉。……我以为作

---

① 吕叔湘：《国文百八课》，见刘国正主编：《叶圣陶教育文集》(第5卷)，人民教育出版社1994年版，第411页。
② 同上，第408页。

注之事，略同于上堂教课，我人虽伏案命笔于编辑室，而意想之中必有一班学生在焉，凡教课之际宜令学生明晓者，注之务期简要明确。……总之，我人不宜抱多一事不如少一事之想，凡有裨于学生者，正当不避多事"[1]，这些都体现了他对教育事业的虔敬和对孩子的厚爱。而今天的教材，何止于"粗糙"二字言得？这使我感慨万端，并由此生出了无尽的悲观。现在还有像叶圣陶、夏丏尊这么专注投入地为孩子编教材的人吗？我也编过几套教材，扪心自问，做事何曾如此认真，态度可有如此虔敬？

如果一定要说《国文百八课》有什么缺点的话，叶圣陶自己说过："……缺点有一端是太严整、太系统化了些。本书所采的是直进的编制法，步骤的完密是其长处，平板是其毛病。……但本书是彻头彻尾采取'文章学'的系统的，不愿了为变化兴味自乱其步骤。为补救平板计，也曾于可能的范围内力求变化。例如第三册里所列的大半虽为说明文的材料，但着眼的方面却各自不同。"[2] 我以为这些是非尚可讨论，问题主要是出在他们遵循的"文章学"的系统，偏于静态地讲文章知识，而不是立足于动态的言语表现，因而，缺乏操作性、演练性，还未能和学生读、写、说的实践很好地结合起来，缺乏具体案例的分析检讨和教学互动，这样，文话的作用就不能不受到削弱。"文话"构造的知识系统偏向于阅读鉴赏。由于他们继承的是我国文章学的传统，采用"文话"来统领单元也就是顺理成章的事。文章学毕竟侧重于文本研究，是与阅读相对应的。建构起的是阅读本位的教材体系。言语表现未居于主导地位，虽有"作法"部分，但是处于附庸的地位。这自然是教学理念上的分歧，不应苛求。

尽管如此，平心而论，大半个世纪后的今天，几套新课程实验教材，还没有一套在总体上超过《国文百八课》的。原因很简单，就是当今的教材编写者不具备叶、夏两先生的素养。今天的语文教材编写者，主要是三种人：出版社专业编辑，大学教师，中学教师（含教研员）。专业编辑除了极个别外，往往缺

---

[1] 叶圣陶：《课文的选编》，见刘国正主编：《叶圣陶教育文集》（第5卷），人民教育出版社1994年版，第719–720页。
[2] 叶圣陶、夏丏尊：《关于〈国文百八课〉》，见刘国正主编：《叶圣陶教育文集》（第5卷），人民教育出版社1994年版，第406页。

教育思想、教学经验和学养，几头都不挨，能胜任的主要工作是校对选文、查核资料等。大学教师缺中学教学经验和对中学语文教学的研究，虽然不乏学养，但是大多拥有的只是本专业的学养，对中学语文教育的规律、方法和听、说、读、写的要求并不了了。中学教师大多缺教育观念和学养，只能敲敲边鼓，谈谈教材使用上的意见。这些，固然有种种客观因素的制约，但从根本上、主观上说，就是我们缺乏像叶圣陶那样倾心母语教育的博大情怀。

夏丏尊、叶圣陶的《国文百八课》，是我国母语教材的一座丰碑。我认为所有的语文教材编写者和语文教师都可以从中学到很多东西，可以说，没有仔细研究过《国文百八课》，就不配编语文教材。叶圣陶牺牲了自己创作和学术上的发展，将卓越的才华倾注于平凡的教材编写工作上。他编著的20多部教材，我辈无以逾越，唯望洋兴叹；他的一切为了孩子的人品德行，尤令后学无上景仰和终生追随。

> 继承了中国和西方教育文化的精髓，倡导以学生为本位、以"求诚"为核心，引导学生自悟自求，试图建立良好的认知、人文背景。由于外部干扰，这些教育诉求尽为泡影。

叶圣陶和那个时代的学人一样，都既接受了传统文化的熏陶，又受到了西方当代思潮的浸淫。他的教育观是以儿童为中心的，能从学生本位思考问题；十分注重"文德"的培养，把文德培养放在首要位置，认为德行高于语文技能；在教学上，他推崇"教是为了不需要教"的观念，认为语文教学从根本上说，是一种"自悟""自求"。这些，是在传统与现代的视界融合中把握住了语文教育的方向，切中语文教育的肯綮。

叶圣陶从早期到晚年的论述，在教学实践层面，都十分尊重学生，能处处为学生着想。这一点，从他的平民教育的"应付生活论""工具论"认知，一切都为了学生的实际受用，到教材的编写处处为学生学习的方便考虑，加大应用文、普通文字的比重，再到把教学中要求作文命题须和学生的生活相一致，把教学的目的定位在学生学习方法的掌握上，为他们终生学习打好基础，等等，都反映出了他对学习主体的关切和热爱。但是，由于他把学生的生存性需要看得过重，要改善他们生存处境的愿望过于迫切，实用需求被放在了最重要的位置，文学、审美教育被相对弱化，在一定程度上忽略了学生多样化的生命需求，审美、精神需求。这种状况，在叶圣陶身后，由于应试教育愈演愈烈，"应需论""工具论"随之发生了严重变形和扭曲，应试，成了教育的最高准则，学生完全沦为考试机器，儿童中心、学生本位思维消失殆尽。当以实用、实利诉求作为"儿童中心""学生本位"基本的思维背景和价值取向时，这种从为科举、功名，到为生活、应世，再到为应试、功利的轮回，从"儿童中心"到"教师主导"、从"生活教育"到"教育生活"的位移，最终导致学生主体的名存实亡，导致学生言语生命、精神创造力的残废和死亡，是否有着某种内在的必然？叶圣陶如果健在，看到他"为人生""为孩子"的教育理想尽付东流，看到他挚爱的语文教育为学生所厌弃、为千夫所指责，看到沦为考试机器的孩子死心塌地地坦陈甘愿成为考试机器，该会怎么想？

当我们再注意到叶圣陶是如此注重言语主体的文德修养时，心头不免再次为之一震。他的言语主体论的核心是"求诚"。早在1924年发表的《作文论》中，叶圣陶就将"我们作文，要写出诚实的、自己的话"，作为他的作文论的首要的也是最基本的观点提出来。他认为，从写作本体的价值取向上来看，写作不但应"写出自己的东西"，而且"要求所写的必须是美好的"，具体地说，就是："假若有所表白，这当是有关于人间事情的，则必须合于事理的真际，切乎生活的实况；假若有所感兴，这当是不倾吐不舒快的，则必须本于内心的郁积，发乎情性的自然。这种要求可以称为'求诚'。"[①] 他在对种种不诚实的现象作了分析之后，进一步把"作文上的求诚"界定为"从原材料讲，要是真实的、深厚的，不说那些不可征验、浮游无着的话；从写作讲，要是诚恳的、严

---

① 叶圣陶：《作文论》，见刘国正主编：《叶圣陶教育文集》（第3卷），人民教育出版社1994年版，第299页。

肃的，不取那些油滑、轻薄、卑鄙的态度"。这实际上把"求诚"分为"外求"和"内求"两个方面，"外求"即对客体对象的真切把握，"内求"即对主体的严格自律，所求皆是对"作文""文德"而言，而不是指一般意义上的"做人""修德"。

这一点，我们还可以从叶圣陶谈及如何"求诚"中清楚地看出。他认为"求诚"的关键在于"生活充实"，"生活充实的涵义，应是阅历得广，明白得多，有发现的能力，有推断的方法，情性丰厚，兴趣饶富，内外合一，即知即行，等等"[1]，接着，他将此归纳为："要使生活向着求充实的路，有两个致力的目标，就是训练思想与培养情感。"[2] 从生活、从经验出发，训练思想培养情感，做到内外同致，知行合一，做到真情实感，便能"写出诚实的话"来，这里说的"求诚"的途径和目标，仍是围绕着"作文""文德"而言。

他在《论写作教学》一文中，从教学的角度，进一步阐明对"求诚"的看法："写作所以同衣食一样，成为生活上不可缺少的一个项目，原在表白内心，与他人相感通。如果将无作有，强不知以为知，徒然说一番花言巧语，实际上却没有表白内心的什么：写作到此地步，便与生活脱离关系，又何必去学习它？训练学生写作，必须注重于倾吐他们的积蓄，无非要他们生活上终身受用的意思。同时，这便是'修辞立诚'的基础。"[3] 也就是说，写作教学必须为学生创造"立诚"的条件，让他们有积蓄可倾吐，才不致弄虚作假、言不由衷，与生活脱离关系。这强调的依然是在"作文""文德"的范围之内。

叶圣陶自己就是"修辞立诚"的典范。对待写作的态度就是极其真诚、严肃、谨慎、谦虚、克己的。有一位评论家为了研究叶圣陶的创作，给他去了一封信讨教，第二天，叶圣陶就回信说："大札昨日转到，诵悉种种。我所作素不自满，听人谈起，常觉汗颜。足下乃欲综论之，虽不敢劝阻，私心总以为似可

---

[1] 叶圣陶：《作文论》，见刘国正主编：《叶圣陶教育文集》（第3卷），人民教育出版社1994年版，第300页。
[2] 同上，第301页。
[3] 叶圣陶：《论写作教学》，见刘国正主编：《叶圣陶教育文集》（第3卷），人民教育出版社1994年版，第371–372页。

无须。"这种想法和态度在后来与这位学者的通信中还反复地表述过。如："我本人惟觉殊少特色，平平而已。此非谦辞，希幸亮察。""评论拙作，成稿十七万字，闻之感愧。我总觉拙作浅薄，不值研讨，偶见赞许，辄为汗颜。""我以为我作大都平常，不值得批评家重视。足下以为是谦辞，其实乃我之真实想头也。"① 叶圣陶也算是"五四"以后颇有成就的作家，竟能如此真诚地向他人表白对自己的创作"素不自满""常觉汗颜"的心情，还怕别人以为是谦辞，一再重申自己的态度，这种求实、求是、求诚的精神，令人敬佩。

在倡导文德上，最典型的是叶圣陶对高考作文说的一席话：

品德教育重在实做，不在于能说会道。

譬如去年高考作文题是《先天下之忧而忧，后天下之乐而乐》，要是有一位考生写得头头是道，有理论、有发挥，准能得高分数。但是当他离开考场，挤上公共汽车，就抢着靠窗坐下，明明有一位白发老太太提着菜筐挤在他膝前，他只当没瞧见。你说这位考生的作文卷子该不该得高分数？依我看，莫说高分数，我一分也不给。他连给老太太让个座的起码的好习惯都没养成，还有资格谈什么"先天下之忧而忧，后天下之乐而乐"吗？

也许有人说，你太认真了，那是作文，那是考试。对，是考试，在公共汽车上给不给老太太让座，这才是真正的考试，他一分也得不到。

文当然要作的，但是要紧的在乎做人。②

这是发人深省的。对文德的强调，似乎和他的语文教学注重文章形式的观点有抵触，其实不然。叶圣陶并非置一般性的思想品德教育于不顾，而是认为要求得人的全面素养的提高，这是语文课所无法胜任的。他说："至于求作文之更好，则在政治之提高，思想方法之有进，社会实践之深入，固非写作一课之事。"③"道德必须求其能够见诸践履，意识必须求其能够化为行动。……国文诚

---

① 金梅：《谦和平易的叶圣陶先生》，《文学自由谈》，2003年第6期。
② 叶圣陶：《作文与做人》，《中国青年报》，1983年1月4日。
③ 叶圣陶：《语文教育书简》，见中央教育科学研究所编：《叶圣陶语文教育论集》（下册），教育科学出版社1980年版，第739页。

然是这方面的有关学科,却不是独当其任的惟一学科。"① 可见,叶圣陶不是无视一般性的"做人"的教育,他是从语文教育的特殊性出发,把一般性的"做人"教育和以"求诚"为核心的文德教育,有意识地区别开来。至于这么做是否合适,自然是可以讨论的。

对于叶圣陶的这一区别,语文教育界许多同志缺乏认识。只看到叶圣陶主张"作文与做人的统一",却不去深究他的主体论的核心内涵在于"求诚"。这在语文教育实践中就形成两种偏差:一是泛泛而论"修德""做人""为人""人品"的重要,把政治思想、道德品质教育,统统看作是写作教育的任务,即所谓"要做好文先做好人";一是片面强调写作的"思想性",倡导趋迎时势、牵强附会、胡编滥造、任意拔高。前者大多还只是停留在"理论"上,后者则已经在写作教育实践中泛滥成灾。片面强调文章"立意要高""主题要深",而不顾学生的真情实感,这实际上是"求伪"而不是"求诚",这就完全背离了叶圣陶的言语主体观的基本精神。此外,也许还有第三种偏差,这就是把"求诚"简单理解为写"真人真事",把创造性的想象和虚构完全排斥出写作教学,把生活中亲身经历和见闻,作为写作的唯一的材料,从而严重窒息了学生的言语创造性和想象力的发展。

当然,最令人悲哀的是,当今高考之文,在大量的时政化、伪圣化命题的导向下,根本就没有文德可言。面对"先天下之忧而忧,后天下之乐而乐""答案是丰富多彩的""诚信""心灵的选择"等这样的话题,学生不胡编乱造讲假话,简直就是弱智,等于自毁前程。像前面叶圣陶所批评的考生言行不一,窃以为其实更要反思的倒是命题者,是这些假道学先生逼着学生讲假话的。对几代孩子的纯洁心灵的荼毒和戕害,命题者难道可以心安理得?

叶圣陶语文教学论的一个基本观点是"自悟""自求",这是很有认识论价值的。在语文教学中他不赞成"授知",主张"亲知",注重的是教、学双方的认知实践。

---

① 叶圣陶:《国文教学的两个基本观念》,见《叶圣陶论语文教育》,河南教育出版社 1986 年版,第 54 页。

他对"读"而"知"持否定的态度。他说:"看看文章作法之类只是'知'的事情,虽然不一定有什么害处,但是无益于写作的'行'是显然的。"①"现在有好些作文法一类的书……,这些书大半从现成文章里归纳出一些法则来……,所以作文法一类书……对于增强我们写文章的腕力只有间接的帮助。所以光看看这一类书未必就能把文章写好。如果临到作文而去翻查这些书,那更是毫无实益的傻事。"②

他对"讲"而"知"也同样持否定的态度,强调"自悟"。他说:"写作知识短文不列在单元末尾,甚好。写作系技能,不宜视作知识,宜于实践中练习,自悟其理法,不能空讲知识。或以为多讲知识即有裨于写作能力之长进,殊为不切实际之想。"③"来书谓在一年级系统的集中的结合学生作文例子讲写作基础知识,此言我大体赞同。……'讲'字我不甚赞同,而以为须令学生自求得之。"④让学生"自悟其理法""自求得之",就是说,教师不能直接将写作知识传授给学生,只能引导帮助学生自己通过阅读去获得写作知识:"国文教本中排列着一篇篇的文章……更使学生试着去揣摩它们,意念要怎样地结构和表达,才正确而精密,揣摩不出的,由教师给与帮助;从这里,学生得到了写作的知识。"⑤

这种注重个体感悟的思想,也表现在对教师的要求上,他非常注重教师的练笔,称之为"教师下水"。他说:"'下水'是从游泳方面借过来的。教游泳当然要讲一些游泳的道理,但是教的人熟谙水性,跳下水去游几阵给学的人看,对学的人好处更多。语文老师教学生作文,要是老师自己经常动动笔,或者作

---

① 叶圣陶:《写作漫谈》,见《叶圣陶集》(卷九),江苏教育出版社1990年版,第266页。
② 叶圣陶:《怎样写作》,见中央教育科学研究所编:《叶圣陶语文教育论集》(下册),教育科学出版社1980年版,第416页。
③ 叶圣陶:《答朱泳燚》,见刘国正主编:《叶圣陶教育文集》(第3卷),人民教育出版社1994年版,第514页。
④ 叶圣陶:《语文教育书简》,见中央教育科学研究所编:《叶圣陶语文教育论集》(下册),教育科学出版社1980年版,第739页。
⑤ 叶圣陶:《略谈学习国文》,见《叶圣陶论语文教育》,河南教育出版社1986年版,第93页。

跟学生相同的题目，或者另外写些什么，就能更有效地帮助学生，加快学生的进步。"① 关于"教师下水"问题，他多次和中学语文教师交换看法，力陈己见，指明语文教师通过亲身的写作实践获得的体会，对学生的写作最有帮助。他说："……老师深知作文的甘苦，无论取材布局，遣词造句，知其然又知其所以然，而且非常熟练，具有敏感，几乎不假思索，而自然能左右逢源。这样的时候，随时给学生引导一下，指点几句，全是最有益的启发，最切用的经验。"② 他把教师的写作经验与教学效果等量齐观："凡是有关作文的事，老师实践越多，经验越丰富，给学生的帮助就越大。"③ 从而对"亲知"的重要性给予了充分强调。

叶圣陶认为"写作系技能，不宜视作知识，宜于实践中练习"，这说对了一半，写作是不应看作知识，须于实践中练习，却不只是"技能"，写作如果只是技能，那就是操作、训练的事，其实不然，写作更是智能、阅历、情感、感受、想象等的综合，把写作看作是技能，是造成现代语文教育技术化、训练化偏差的思想根源。"看看文章作法之类只是'知'的事情，虽然不一定有什么害处，但是无益于写作的'行'是显然的"，这种轻"知"重"行"的看法也是可以商榷的。问题在于是不是"真知"，如果是"真知"怎么会无益于"行"呢？写作的"知"，能够"自悟"自然不错，但如果认为一定要彻头彻尾的"自悟"，这不论对教师还是对学生来说，都是不现实的。学生不可能个个都能很快"自悟"，教师也未必就能够启发所有的学生"自悟"，这就把许多学生拒于写作理论指导的大门之外。应当承认在写作教学中，引导学生自悟自求写作规律是十分必要的，但这和理论知识的传授并不矛盾。在这一点上，叶圣陶有点高估了所有孩子的悟性，同时，也高估了语文教师的悟性，对写作理论知识学习的排斥也不无经验主义之嫌，夏丏尊"法则加练习"的观点似乎更为可取。夏丏尊是这么看知识和自悟的关系的："渔父的儿子虽然善于游泳，但比之于有正当知识，再经过练习的专门家，究竟相差很远。而跟着渔父的儿子去学游泳，比之

---

① 叶圣陶：《"教师下水"》，见《叶圣陶论语文教育》，河南教育出版社1986年版，第146页。
② 同上。
③ 同上，第148页。

于跟着专门家去练习也不同，后者总比前者来得正确快速。法则对于技术是必要而不充足的条件，真正凭着练习成功的，必是暗合于法则而不自知的。法则没用而有用，就在这一点，作文法的真价值，也就在这一点。"[①] 但是，无论如何，叶圣陶的"自悟其理法""自求得之"的认识，揭示了言语学习的基本途径，没有大量的言语实践，没有实践中的感悟和自觉的摸索，不可能开启言语之门，窥其堂奥。

遗憾的是，叶圣陶这个深切的体认，从来就没能在语文教学中实现。原因之一是多数教师本身语文实践和教育素养不足，只会拾人牙慧，未能自悟、自求，缺乏言语表现的自觉，又如何能引导学生自悟、自求？

> 主张听、说、读、写并重，培养形式感、文体感、语感，写作应以写生为主、临摹为辅，先求它"通"，又望它"好"等。在应试教育背景下，涛涛宏论尽付东流。

叶圣陶在教法上的思考，如果说未必都是深刻、独到的，也可谓较全面、丰富。一个睿智的学者，竭其一生的经验和学养而阐示的学习规律，读来备觉亲切，感通神会。和一位深厚的学人交谈，不仅茅塞顿开，而且幸福感油然而生。"游于圣人之门者难为言"，反观时下大量所谓大师、专家的无根无本的浮游之论，顿生鄙视厌弃之心。这大约是读书人的一种负面心态吧。

从语文教学的面上说，叶圣陶固然注重阅读，反对只看写作，把阅读置于最重要的位置，指出阅读对写作的基础作用和阅读能力也是一般人所必需的。但是，通常他是听、说、读、写四者并重的，把听、读归为一类，作用是吸收、理解；说、写归为一类，是倾吐、表达。有时候特别强调其中的两种：阅读和写作能力的培养。认为四种能力中，读和写最重要："颇有问一问国文科的目的到

[①] 夏丏尊、刘薰宇：《文章作法》，浙江文艺出版社1983年版，绪言第2页。

底是什么的必要。我们的回答是'整个的对于本国文字的阅读和写作的教养'。换一句话说,就是'养成阅读能力'、'养成写作能力'两项。"① 这些见解很朴素,也很实用,有一定的合理性(在今天看来似要加上一条"养成口头表达能力")。

在阅读教学方面,与他对语文特殊性的理解一致的是,特别注重文章形式的感受和探究,并提出了非常具体明确的要求:

中学里国文科的目的,说起来很多,可是最重要的目的只有两个,就是阅读的学习和写作的学习。这两种学习,彼此的关系很密切,都非从形式的探究着手不可。

从古到今,文章不知有多少,读也读不尽这许多。取少数的文章来精读,学得文章学上的一切,这才是经济的办法。你读一篇文章的时候,除内容的领受以外,有许多形式上的项目应当留意;对于各个项目能够逐一留意到,结果就会得到文章学的各部门的知识。

一、这篇文章属于那一类?和那一篇性质相似或互异?这类文章有什么特性和共通式样?(文章的体制)

二、文章里用着的词类,有否你所未见的或和你所知道的某词大同小异的?(语汇的搜集)

三、文章里词和词或句和句的结合方式有否特别的地方?你能否一一辨认,并且说出所以然的缘故?(文法)

四、文章里对于某一个意思用着怎样的说法?那种说法有什么效力,和别种说法又有什么不同?(修辞)

五、文章里有什么好的部分?好在那一点?有什么坏的部分?坏在那一点?(鉴赏与批评)

六、这篇文章和别人所写的同类的东西有什么不同?你读了起什么感觉?(风格)

---

① 叶圣陶:《国文科之目的》,见刘国正主编:《叶圣陶教育文集》(第3卷),人民教育出版社1994年版,第33页。

七、从开端到结尾有什么脉络可循？有否前后相关联的部分？那一部分是主干？那些部分是旁枝？（章法布局）

别的项目当然还有，以上所举的是最重要的几个，每个项目代表文章的探究的一个方面。能从多方面切实留意，才会得到文章上的真实知识，有益于阅读和写作。[①]

这种阅读观念和思维方法，是"工具论"视野下的认知，是后来注重字、词、句、篇、语、修、逻、文的语文教学的前奏。

叶圣陶还很关注阅读的文体感。他说，有些书籍，阅读它的目的在从中吸收知识，增加自身的经验；那就须运用思考与判断，认清全书的要点，不歪曲也不遗漏，才得如愿。……又如小说或剧本，一般读者往往只注意它的故事；故事变化曲折，就感到兴趣，读过以后，也只记住它的故事。其实凡是好的小说和剧本，故事仅是迹象；凭着那迹象，作者发挥他的人生经验或社会批判，那些才是精魂。……又如诗集，若是个人的专集，按写作年月，顺次看诗人意境的扩大或转换，风格的确立或变易，是一种读法。按题材归类，看诗人对于某一题材如何立意，如何发抒，又是一种读法。按体式归类，比较诗人对于某一类体式最能运用如意，倾吐诗心，又是一种读法。……又如古书，阅读它而要得到真切的了解，必须明了古人所处的环境和所怀的抱负。

对于诗歌的读法，他是这样看的："……而文学这东西，尤其是诗歌，不但要分析地研究，还得要综合地感受。所谓感受，就是读者的心与诗人的心起了共鸣，仿佛诗人说的正是读者自己的话，诗人宣泄的正是读者自己的情感似的。阅读诗歌的最大受用在此。通常说诗歌足以陶冶性情，就因为深美玄妙的诗歌能使读者与诗人同其怀抱。但是这种受用不是没有素养的人所能得到的；素养不会凭空而至，还得从分析的研究入手。研究愈精，理解愈多，才见得纸面的文字——是诗人心情动荡的表现；读它的时候，心情也起了动荡，几乎分不清那诗

[①] 叶圣陶、夏丏尊：《国文百八课·文话一 文章面面观》，见刘国正主编：《叶圣陶教育文集》（第5卷），人民教育出版社1994年版，第12—13页。

是诗人的还是读者自己的。"① 可惜的是，在今天的阅读教学中还是全无章法、不得要领地乱读，只作字面上的孤立的理解，高考居然可以几乎不考虑文体的特点读诗，如2004年高考全国卷的古诗鉴赏：

16.阅读下面一首宋词，完成后面的题目。（6分）

木兰花

宋祁

东城渐觉风光好，縠皱波纹迎客棹。
绿杨烟外晓寒轻，红杏枝头春意闹。
浮生长恨欢娱少，肯爱千金轻一笑？
为君持酒劝斜阳，且向花间留晚照。

[注] 縠皱：绉纱。此处比喻水的波纹。

这首词的上半阕是如何描写春色的？试对此进行分析。对词中"红杏枝头春意闹"的"闹"字，你认为写得好不好？为什么？

参考答案：

春天美景富有层次感：首先看到了东风乍起，春波绿水，波面生纹，如细绉纱縠；然后是杨柳初醒，嫩绿浅碧，遥望一片青烟薄雾；再望去杏花怒放，如喷火蒸霞。春的风光正是这样一层一层展开，故用了"渐觉"一语。

作者用一"闹"字，不仅使人觉得杏花绽放得热烈，甚至还让人联想到花丛中蜂蝶飞舞，春鸟和鸣，把一派春意盎然、生机勃勃的景色表现得淋漓尽致。

由于缺乏"文体感"，这道古诗鉴赏题，从设题到"参考答案"都"错"了。诗歌这一文体是主"情"的，"一切景语皆情语"，而命题者居然把着眼点放在解"景"上，要学生说出作者"是如何描写春色的"，并对"闹"字进行评论，所要求答的完全与作者的心情、情感毫无关系。这首诗变成了纯粹的写景

---

① 叶圣陶：《略读的指导——〈略读指导举隅〉前言》，见刘国正主编：《叶圣陶教育文集》（第3卷），人民教育出版社1994年版，第264—265页。

诗，鉴赏的不是意象美，不是"整体感悟"，而是将一首词肢解开来，孤立地欣赏这首词上阕用词的巧妙。这样的阅读岂不害人？

叶圣陶也注重语感的培养，指出："语言文字的训练，我以为最要紧的是训练语感，就是对于语文的敏锐的感觉。"[①]他在《文艺作品的鉴赏》一文中说："……要求语感的敏锐，不能单从语言文字上揣摩，而要把生活经验联系到语言文字上去。"[②]"经常留心自己的语言，经常观摩人家口头说的笔下写的语言，哪是好的对的，哪是不好的不对的，都仔细辨别，这样可以提高对语言的敏感。"[③]连同夏丏尊等人40年代的关于语感的论述，可以看作是今天"语感中心论"的一个源头。20世纪末的"语感论""语感中心论"等，不能不追溯到这个源头。区别是，叶圣陶是在"语言文字的训练"，语感的培养应注重联系读者自身的生活经验，以及听、读感受这个意义上说的，今天的语感中心论者是放在整个语文教学的中心位置上说的，将其视为语文教学的唯一目的。从对"知识中心""语言知识"教学的反拨来看，是有意义的，但是将语感能力的培养提高到了语文教学"中心"和"目的"的高度，贬低、排除了其他的语文能力，如文体感、感受力、思维力、构思力、想象力、创造力等，而且使主体情感、阅历、经验和语文意识、态度、价值观等的培养置于附庸的地位，这也许是值得检讨的。要研究语感，就不能不注意到这些前辈对语感作用的限制，客观地界定语感的功能。此外，应该注意到今天的语感论者，都是从阅读中讲语感的培养，完全置写作于不顾，这种片面性，是与叶圣陶的阅读本位思维一脉相承的，叶圣陶讲语感的培养基本上讲的就是阅读。由此可以看出超越前人之不易，有时一不小心就走过头了，有时以为一个筋斗十万八千里，其实还在如来佛的掌心。

叶圣陶尽管极为重视阅读对写作的作用，但是，他重视阅读，只是着眼于从中体悟写作的法度和技巧，而并不赞赏通过阅读加以摹仿，推崇的是写生的

---

① 叶圣陶:《叶圣陶论创作》，上海文艺出版社1982年版，第163–164页。
② 叶圣陶:《文艺作品的鉴赏》，见中央教育科学研究所编:《叶圣陶语文教育论集》(上册)，教育科学出版社1980年版，第268页。
③ 叶圣陶:《语文教育书简》，见中央教育科学研究所编:《叶圣陶语文教育论集》(下册)，教育科学出版社1980年版，第721页。

方法，他的阅读、写作学习观的基本精神是培养学生的借鉴力、创造力。

他用习画的临摹和写生这两种方法来比喻习作："学写文章也有临摹的办法，熟读若干篇范文，然后动手试作，这是临摹。在准备动手的时候，翻着一些范文作参考，也是临摹。另外一个办法是不管读过什么文章，直接写出自己的所见所闻所感所思。所见怎么样就怎么样写，所闻怎么样就怎么样写，其余类推。这是写生的办法。"[①]他虽然不是绝对不赞成临摹，可是他认为采用写生的办法更有益处，"至少应该做到写生为主，临摹为辅"，因为临摹的东西是名家眼中之物，不是临摹的人的眼中之物，名家可能有着不透彻的地方，可能有表现得不够的地方，临摹的人只好跟着他，没法写得更好。写生就不一样了，物象摆在面前，作者可以眼看脑想手动，样样都直接。开始的时候也许成绩不如临摹，但久而久之，功夫用多了，眼光逐渐提高，手腕逐渐熟练，达到得心应手的地步，对任何物象都能描绘自如，而惯于临摹的人就做不到这一点。简而言之，就是说临摹训练的是模仿力，写生训练的是创造力。

他还进一步指出临摹的弊端："学写文章从临摹的方法入手，搞得不好，可能跟一个人的整个生活脱离，在观念上和实践上都成了为写作而学习写作。还有，在实践上容易引导到陈词滥调的路子，阻碍自己的独立思考和创意铸语。通常说的公式化的毛病，一部分就是从临摹来的。"这就深刻地揭示了临摹的方法对习作者可能带来的消极影响，其严重性是不容忽视的。针对人们对阅读作用的偏颇理解，他说："阅读的文章并不是写作材料的仓库，尤其不是写作方法的程式。在写作的时候，愈不把阅读的文章放在心上愈好。……遇到任何题目，不管能说不能说，要说不要说，只要运用胸中所记得的一些程式来对付过去就行。为对付题目而作文，不凭发表积蓄而作文；根据程式而决定形式，不根据内容而决定形式：这正是道地的八股精神。"[②]叶圣陶一方面强调阅读教学的重要，把阅读作为写作的基础，另一方面又提醒大家"在写作的时候，愈不把阅读的

[①] 叶圣陶：《临摹和写生》，见《叶圣陶论语文教育》，河南教育出版社1986年版，第134页。

[②] 叶圣陶：《论写作教学》，见《叶圣陶论语文教育》，河南教育出版社1986年版，第68–69页。

文章放在心上愈好"，就是说既要能入乎其内，又要能出乎其外，既要从阅读中取法，又不要为某种程式所囿，要从固定的程式中超越出来。

基于这一看法，叶圣陶很注意将"借鉴"和"榜样"或"范例"这些提法加以区别。他说："如果死死咬定，一切要以人家的表达方法为榜样或是范例，很可能走上形式主义的道路，结果人家的表达方法是学象了，却不能恰当地表达出自己的思想感情。以人家的表达方法为借鉴就不然。借鉴就是自己处于主动的地位，活用人家的方法而不为人家的方法所拘。为了恰当地表达思想感情的需要，利用人家的方法不妨斟酌损益，取长去短，还可以创立自己的方法。"[①]的确，在写作学习中，习作者处于主动地位是至关重要的，只有处于主动的地位，才能有选择地吸收别人的长处，并有所突破和发展，真正发挥自己的写作才能和个性。

在阅读、写作教学中，摹仿、借鉴、创新的关系问题要处理好，是立足于摹仿还是立足于借鉴、创新，这是一个观念性的问题。当前，写作教学的程式化、学生作文的雷同化倾向，已经到了十分严重的地步，这就是由于读、写教学只是停留在摹仿上。高考作文中表现出的学生想象力、创造力低下的状况，令人震惊。写作教学方法由摹仿性、求同性向借鉴性、创新性、求异性转型，确立学生写作学习的主动地位应是当务之急。

对学生作文程度应作何要求，叶圣陶关于作文"通"和"好"的见解，对今天的作文教学也有重要的参考价值。

关于"通"，他是这样说的："一篇文章怎样才算得'通'？'词'使用得适合，'篇章'组织得调顺，便是'通'。反过来，'词'使用得乖谬，'篇章'组织得错乱，便是'不通'。""怎样叫作适合呢。我们内面所想的是这样一件东西，所感的是这样一种情况，而所用的'词'刚好代表这样一件东西，这样一种情况，让别人看了不致感到两歧的意义，这就叫适合。……怎样叫作调顺呢？内面的意思情感是浑凝的，有如球，在同一瞬间可以感知整个的含蕴；而语言

[①] 叶圣陶：《评〈读和写〉，兼论读和写的关系》，见《叶圣陶论语文教育》，河南教育出版社1986年版，第164页。

文字是联续的，有如线，须一贯而下，方能表达全体的内容。作文同说话一样，是将线表球的工夫，能够经营到通体妥帖，让别人看了便感知我们内面的意思情感，这就叫作调顺。"[1] 他认为："这里说的'通'与'不通'，专就文字而言，是假定内面的思想情感没有什么毛病了的。其实思想情感方面的毛病尤其要避免。"[2] 可见，这个"通"的标准，虽然表面上似乎说的是文字形式，实际上也包容了"内面的意思情感"，而思想情感方面的毛病则是"尤其要避免"的。

叶圣陶认为，写作不但要求"通"，还要求"好"。他继《"通"与"不通"》一文之后，又写了《"好"与"不好"》一文，指出"前此所说的'通'，只是作文最低度的条件。文而'不通'，犹如一件没制造完成的东西，拿不出去的。'通'了，这其间又可以分作两路：一是仅仅'通'而已，这像一件平常的东西，虽没毛病，却不出色；一是'通'而且'好'，这才像一件精美的物品，能引起观赏者的感兴，并给制作者以创造的喜悦。认真不肯苟且的人，写一篇文章必求它'通'，又望它能'好'，是极自然的心理"。他的"好"的标准是指"诚实"和"精密"。"诚实"，是就作者的态度和文章的内容来讲的："'诚实'是'有什么说什么'，或者是'内面怎么想怎么感，笔下便怎样写'。""精密"，主要是从表达方面说的："文字里要有由写作者深至地发见出的、亲切地感受到的意思情感，而写出时又能不漏失它们的本真，这才当得起'精密'二字，同时这便是'好'的文章。""要求'诚实'地观察外物，'精密'地表达情意"，有"诚实"，才有"精密"可言，即"诚于中而形于外"的意思。

叶圣陶对"通"与"好"这两个层次写作程度的理解，是以他对语言形式与思想内容二者的关系的认识为基础的，不论是"通"，还是"好"，他都是以语言形式与思想内容二者相统一的观点来制定标准的。他虽然十分重视写作中的语言问题，但是，他从来不把语言和思想割裂开，孤立地看待语言问题，而是认为二者是不可分的。他说："要是我的语言杂乱无章，人家决不会承认我的

---

[1] 叶圣陶：《"通"与"不通"》，见中央教育科学研究所编：《叶圣陶语文教育论集》（下册），教育科学出版社1980版，第399–400页。
[2] 同上，第403页。

思想有条有理，因为语言杂乱无章正就是思想杂乱无章。要是我的语言含糊蒙胧，人家决不会承认我的思想清楚明确，因为语言含糊蒙胧正就是思想含糊蒙胧……"①这是从语言看思想。再从思想看语言："思想不能空无依傍，思想依傍语言。思想是脑子里在说话——说那不出声的话，如果说出来，就是语言，如果写出来，就是文字。蒙胧的思想是零零碎碎不成片断的语言，清晰的思想是有条有理组织完密的语言。……说他说得好写得好，不如说他想得好尤其贴切。"②基于这种认识，叶圣陶对写作程度所确定的标准注意到语言形式与思想内容两个方面不可分，并认为二者之中尤其要避免"思想情感方面的毛病"，这对于建立科学的写作测评标准至关重要。

说得好写得好，就是想得好；想得好，也就会说得好写得好。思维和表达是统一的。语文教育界在对学生写作水平的测评标准上，与叶圣陶的上述认识完全相左。长期以来，高考作文的评分标准被分解为内容、语言、篇章三项，其中"语言"项又是权重最大的项目，明确规定要达到一、二类卷的基准分，必须"具备语言项和另一项条件"，要获得一、二类卷的最高分，必须是"语言项突出的""语言项较好的"。这就等于说内容、语言、篇章不是"一样"，而是可以截然分立的"三样"，可以有"语言"很好，而"内容""篇章"不好的文章，反之，也可以有"内容""篇章"很好，而"语言"不好的文章。在这"三样"中，最重要的不是"内容"（主题和材料）怎样，而是"语言"怎样。在这一评分标准的导向作用下，许多教师便把写作程度的标准放在"文从字顺"上，把叶圣陶的求"通"的观点，曲解为过"语言关"，把写作没有错别字和语病、文句通顺，作为写作教学的理想的目标，"以语言训练为中心"的教学体系应运而生。这就把写作这一创造性的精神活动和情感思想的艺术化过程，变为一种简单的文字符号的"编码"技能，把写作训练变成文字训练，这不能不说是写作教学科学化进程中的一个严重的迷失。这是在评价的科学化目标下的误入歧

---

① 叶圣陶：《语言和语言教育》，见中央教育科学研究所编：《叶圣陶语文教育论集》（下册），教育科学出版社1980年版，第638页。
② 叶圣陶：《谈文章的修改》，见中央教育科学研究所编：《叶圣陶语文教育论集》（下册），教育科学出版社1980年版，第448—449页。

途，而且执迷不悟。

> 实现了语文教育从古典向现代、贵族向平民、文言向白话、为功名向为实用的转型，建立了现代语文教育生活、阅读本位范式。时至今日，也逐渐暴露出了时代和认知局限。

就像五四时期的前辈们没有对古代教育——科举教育的利弊进行认真透彻的思考一样，他们大张旗鼓地声讨过，但没有条分缕析地检讨过，今天的语文界也没有对现代语文教育进行过认真透彻的思考。一切都是糊涂和苟且，却又不断地匆忙地提出一些"新鲜"的教育理念，摆出我们在改革在进步的姿态。——正是由于对科举教育的得失未有科学的评估，未有系统的梳理、批判和扬弃，所以现代语文教育刚刚走上贫民教育、文化救济之路，就驾轻就熟地回归到了应试老路上去。历史的经验值得注意，我们对叶圣陶的研究，就是为了破解现代语文教育从成效不彰到"贻误苍生"之谜，否则，不论怎么提倡素质教育、课改理念，怎么轰轰烈烈、革故鼎新，也只能是竹篮打水一场空。

不论现代语文教育有多少可以检讨、批评之处，叶圣陶们依然功不可没。

我国现代语文教育范式，作为对古典的、科举的语文教育范式的消解与反拨，在20世纪语文教育实践中曾发挥过积极的作用，其最显著的特征便是平民化、实用性。这一教育范式的历史功绩主要是：

一、语文教育的对象，不再是少数贵族或文化精英，语文教育不再成为科举的附庸，不再以语文为踏上仕途的敲门砖，而是面向多数人、造就现代公民的普及教育，以使广大的普通劳动者掌握、运用最基本的语文工具为目的。

二、语文教育的内容从为"功名"转向为"生活"、为"实用"。对"八股"教育的弊害作了否定和批判，倡言实用、应用、求真、立诚，语文教育开始从旧式文人教育向新式公民教育转变，面向平民百姓的实际生活，在一定程度上改善了国民的生存处境和社会地位。

三、白话文教育取代了文言文教育的主导性地位。追求"言文一致""国语统一",以言语形式的变革为突破口,使语文教育从形式到内容都具有了现代性。国文界着力于白话文教育的学科建设,语体文进入教材,编制了注音字母,尝试建立"国语"的语音、词汇、语法系统,编辑了多种形式的"国语""国文"文选类教材,实现了以白话取代文言教育的转型。

四、确立了"阅读本位"取代科举教育"为写择读"的教学范式。清末民初的语文教学,一反"八股文"教学写什么模仿什么的"为写择读"法,对从"揣摩依仿"到"穿凿附会"的急功近利的教学观作了批判,对"阅读"的重要性重新加以确认,这对于增加学生的学养有积极的一面。

这一教学范式的具体内容是:

一、从本体论看,以"生活本位"取代"知识本位",认为语文是"应付生活"的"工具","工具"是手段,"应付生活"是目的。

二、从功能论看,"工具"便是听、读、说、写能力,主要是阅读和写作两种。而写作"倾吐"(实用)得如何,则是由阅读"吸收"(讲透和多练两种途径)情况决定,即由"吸收"而致"应用""实用",简化为"实用吸收"型。

三、从教学论看,写作的基础是阅读,阅读决定了写作,阅读本身也是目的;写作的"根"在阅读,写作只是"根"上抽出的"枝叶",确立"阅读本位"教学观。

上述可称为"以应付生活为目的""以阅读为本位"的以读带(促)写的语文教育规范。或称"生活、阅读本位"的"实用吸收"型语文教育范式。其中的"实用",指的是注重"应用""实用"的"应付生活""应需"语文教育目的论,是语文教育的终极指向。这一范式在语文界多数人的观念上是得到认同的,在语文教育实践的宏观上也是清晰可见的,堪称我国现代语文教育的主流教育范式。

在一个文盲充斥的大国,能做到这些实在是很不容易的事,叶圣陶和那一时代的文化精英们是值得赞佩的。但是,历史并没有止步,肯定功绩并不意味着可以一劳永逸。我们不能不看到,即便在掌握语文"工具"的层面,这一目的也没有完全实现。多数人仍然语文能力"不过关"。更可怕的是,语文能力

"过关"的，多数人言语人格"不过关"。这是叶圣陶也意识到的，否则，他不会不断地鼓吹"立诚"，倡导"做人"的重要，批评口是心非、言不由衷。

"应需""实用"的语文本体论，曾经有过辉煌的历史功绩，它所起到的扫盲和文化救济的作用功不可没，极大地改变了国民的生存处境和社会地位。其局限也是明显的，这种局限主要是时代性、体制性的。在一个世纪后的今天看来，由于"实用"目的本身的功利属性，也由于政治、教育机制上的种种负面因素的惯性与导向作用，与教师本身认知上的偏颇，使面向"应需""实用"的变革"名至而实未归"，并未真正达成向为生活，为实用、应用的转变，而是逐渐向着为"应试""功名"逆转。由于对"重写"的"矫枉过正"，把阅读的重要性强调得过分，未能辩证地认识读、写的关系和语文教育的主要矛盾，未能正确认识阅读与写作各自的内在机制和规律，将写作教学置于阅读教学附庸地位，并被逐渐边缘化、空洞化，使之处于事实上的可有可无的地位，处于无序、放任的状态。为了实用、应用之需，20世纪初直至三四十年代，独立的白话文写作教材的编写曾盛极一时，"国语"的作文教学法研究也随之兴起，但是随着"阅读本位"范式的确立，写作教材销声匿迹，写作教学一蹶不振；由于对言说、写作的忽视，汉语语言学应用研究与教学始终不得其门而入，语基、阅读教学与言语表现完全脱节，致使语文教育成效低迷，学生语文能力屡受责难，语文教学长期在低谷徘徊。

随着时间的推移和社会文化教育的进步，其基本理念的陈旧性及其在实践中产生的负面效应日益明显，以及僵化的教育体制、教育观念、高考制度、语文高考命题等，与当今和未来教育的需求以及人的本体发展的需要不相适应的状况日益严重。——一个"普济苍生"的教育理想，在各种观念性、体制性、制度性因素的掣肘下，最终以"误尽苍生"的结局收场，这是叶圣陶当初怎么也想不到的。

今天语文教育的时代背景已经发生了根本的变化。20世纪初，中国社会正处于封建社会向半封建、半殖民地社会转型，政治经济上积弱积贫，民不聊生，文盲充斥，人民大众尚无普遍受教育的条件，未受基本的教育者十有八九，在西方民主教育、实用主义教育思想的影响下，在五四新文化运动的推动下，平民的、大众的、普及的教育思潮应运而生。平民教育、普及教育成了教育的新潮，开设平民学校，"使全中国人都受到教育"成为教育界先进的梦想。陶行知先生认为，平民教育的宗旨是要用最少的时间、最少的经费，教导年长失学之人读书学文化、爱国做主人。其最直接的目的是教一般人民读书识字做好人，让他们具有初步的文化知识。这是培养"公民生活的能力"和增进"个人生活的工具"的教育。在这样的社会背景下，语文教育作为生活教育的一种手段，将语文能力视为一种生活能力，使学生学了语文能更好地应付生活的需要、社会的需要，做一个合格的"国民"，这样的教育目标是有其合理性的。而百年后的今天，时代发生了天翻地覆的变化，我国进入了全面建设小康社会的新时期，教育也已经有了更广阔丰富的内涵，教育的目标不只是扫盲或读书识字做好人，不是只应付生活上的需要，而是促成人的发展，尤其是精神上、个性上的发展，知识经济、数字化时代和信息社会对教育的要求是发展教育、英才教育、创新教育，是继续教育、终身教育，追求真正意义上的人本主义、人文主义的教育（在政治经济文化落后的社会中，是不可能有真正的人本主义、人文主义教育的），语文教育的目标自然也不应仍停留在"应付生活"的应用、实用上，应该有一个符合AI时代潮流的大变革。

　　从本体论看，以往语文教育的应用、实用、应需这一类的目的，并未全面地反映出人的言语活动的目的。它主要体现的是物质性、功利性和社会性需求。对于人来说，物质性、功利性和社会性需求是人的不可或缺的基本需求，它满足人的生存需要，但是，它同时也是人的异己化力量，是外部世界对人这一主体的规范与强制，使人在融入社会和环境的同时也在一定程度上销蚀、压抑了自我的某些积极的生命欲求。显然，言语活动除了应学习、工作、生活之需，获取基本的物质满足和应付日常社会交往外，还应有超功利的一面，如陶冶情性、发挥潜能、施展禀赋、张扬个性、培育心智、愉悦身心，以及作为人的一种存在性选择，达成言语上的自我实现，等等。只注意到言语活动的生存性功能，忽略了它的存在性功能，这至少是一种片面。人本主义、人文主义的要义就是个性解放、自由平等、尊重人性和张扬人的主体性，把人作为世界的中心，万物的主宰。在语文教育中，人首先是作为依存于符号世界的"语言人"加以体认的，发展其言语生命意识，使之形成言语生命自觉，在言语创造中培养全面发展的、心理健康的"自我实现的人"，实现人的存在性价值，成为具有良好的言语人格和言语生命意识的"言语人"，成就"立言者"。语文教育本体论，将"人"放在什么位置上，如何认识言语活动的意义，是一个根本性的问题。是将人只作为"社会动物""环境动物""物质动物"，还是将人视为超越了一般动物性的"符号动物""语言动物""情感动物""理性动物""精神动物"；人的言语活动是消极被动地"应付生活""应实际生活之需"，使人仅仅作为自然人、社会人、物质人"生存着""活着"，还是积极能动地"表达自我、实现自我、完善自我"，作为心灵丰盈、思想自由的言语人、精神人，诗意地创造着，自由地有意识地"存在着"，这是我与现代语文教育本体论的最主要的分歧。

语文学科，作为一门综合性的人文学科，在成全人、促进人的"一般发展""全面发展"方面，虽不是负有全部的责任，但无疑地应当负有比其他学科更为重大的责任。语言、文学、写作教育，不仅是学习语言和言语，而且有着其他任何学科所不可替代的人文熏陶、人文关怀的功能，如果没有健全的人格、良好的文化素养和人生价值的追求，没有崇高的理想、信念和信仰等，也不可能有高层次的应用性和实用性，谈不上具有较强的"应付生活""应需"的言语能力，只能培养出物质需求膨胀、精神需求萎缩的畸形人。在当今应试、应世教育环境下，学生在校，眼中只有分数，走上社会，眼中只有钱，忽视人文理想的培植，使他们言语人格不健全，缺乏精神追求，成为人文不一、锱铢必较、唯利是图、巧言令色之徒，这也绝不是社会所需要的人。

把语文教育的目的，定位在应用、实用上，从认识论上看，是缺乏辩证观的。也就是只把语文学习看作应外部世界的需要，而没有看到其实它更多的是应了人的内部即本体存在与发展的需要，是人的生理、心理、精神、情感和思想的需要，是人的自我表现、自我实现的需要，是人对言语——符号具有的"本能"的需要，是对自身本质力量的一种确认方式，使人之为人。一个听、读、说、写能力都很强的人，也得是一个情感丰富、思维敏捷、气足神完、具有深厚的文化内蕴和依存于"符号宇宙"的人。人对内部世界的"发展性"需要，显然并不亚于来自外部世界的"实用性"需要；从某种程度上说，人的发展性、精神性、存在性需要，在制约着"实用性"需要。诚如德国哲学家恩斯特·卡西尔所言："人不可能逃避他自己的成就，而只能接受他自己的生活状况。人不再生活在一个单纯的物理宇宙之中，而是生活在一个符号宇宙之中。……人的符号活动能力（Symbolic activity）进展多少，物理实在似乎也就相应地退却多少。在某种意义上说，人是在不断地与自身打交道而不是在应付事物本身。"[①] 基于这一认识，他把"人"定义为"符号的动物"，指出"符号化的思维和符号化的行为是人类生活中最富于代表性的特征。"[②] 人的言语能力，是卡西尔所说的"符号活动能力"之一，而且是最重要的"符号活动能力"。语言活动，是人这一物种的特殊属性，是人之所以为人的表征；语言能力的进展，主要便是以集体的人类与个体的人的内在"发展性""存在性"需要为动力的。

人的言语活动，固然有"应付生活"的社会性需求，为了活着，为了工作，为了与他人交往，必须听和读，说和写。这些需求在不同的人那儿，有程度上的不同。言语活动是知识阶层主要的谋生手段。在文盲充斥的社会，能将民众教育成拥有一定文化，能用语言文字作为谋生应世的"工具"，使之摆脱愚昧，免遭愚弄，获得自尊，增强生存能力，改善生存处境，这自然是很了不起的事了，这就是叶圣陶们的功绩，也是"应付生活论""应需论"的合理性所在。但是，人的言语学习、言语创造，并不只是为了"应付生活"，不是只为了解决现实的生存问题，为了实用价值。这种实用主义、实利主义价值观对人的言语生命意识的成长至少是片面的，从长远来看，甚至是极其有害的。

首先，这是一种言语生命的短视。它使语文课程时刻以"有用"性为取舍的标准，没有了审美，没有了想象，也失去了前瞻和未来，一切言语行为只为了眼前的功利，以至唯用是取、唯利是图，使人成了只看到巴掌大的天的井蛙。从根本上说，自我实现的言语生命的价值取向是向着理想、未来的，是利他的，否则，人类就没有情感家园、精神家园，就没有明天。

其次，造成了语文教育实践中对"生活"理解上的错觉。一切的语文活动

---

① [德]恩斯特·卡西尔:《人论》，上海译文出版社1985年版，第33页。
② 同上，第35页。

都以所谓的现实生活、生活真实为指向,严重脱离了言语真实、文学真实。在阅读中最关注的是思想意义、现实意义,在写作中,最关注的是反映生活、写真实。无视言语、文学教育的超现实性、审美性、哲思性和历史感——诗性,造成了语文教育的片面性、低俗化和低层次。语文教育中的重要内容:文学和诗意教育,基本上被扫地出门。阅读教学不管文学非文学,写作教学只讲实用不讲审美。教师和学生对言语和生活的关系,生活真实和艺术真实的关系基本上处于蒙昧无知的状态。英国著名的历史学家汤因比说:"毫无疑问,社会环境是决定一个艺术作品的形式与内容的首要因素,就此而言,艺术家是所属时代和所属阶级的囚徒;但是,我们的亲身经验告诉我们,无论我们的分析是如何精细,艺术中的人为因素和意外因素总是难以严格地确定和分类的,因为艺术所表现的人与现实的关系完全不同于其他人类活动领域所确立的人与现实的关系。艺术综合了人的感知和思考,因此,无论在艺术创作中时间和空间起了什么作用,艺术中所包含见识的效力却会超越创作时的历史时空的暂时性和地域性。虽然人们能够根据风格和主题而迅速准确地判断一个艺术作品的历史背景,甚至能十拿九稳地把它当作确定某一社会状况的一个象征标志,但是艺术的最基本因素却是超出其时代的那部分东西,那是永远能够被人们理解、对人们有所启示甚至神秘的'真实'。"① 就是说,艺术并不等于现实的"真实"。在语文教育中,以反映现实生活的名义,强调写"真实",这实际上是对人的言语表现的一种曲解。——以"应付生活""应需"为目的的现代语文教育,以其实利主义的"工具"观,剪断了历史人文的血脉,遮蔽了学生的审美感知,混乱了文学艺术中人与现实的关系,使教师和学生均无缘得窥文学作品和艺术创造中那永恒、神秘的"真实",使语文教育丢失了崇高、博大、深邃和空灵。

在社会经济文化得到较大发展的今天以至将来,来自物质上的生存压力相对减轻,人们的物质需求会逐渐淡化,精神需求将逐渐成为强势需求,从第二位上升到第一位。语言文字主要作为谋生应世的"工具"的属性,"应付生活""应需"的社会性需求,势必将为主要作为发展人的智慧、抚慰人的心灵、

---

① [英]阿诺德·汤因比:《历史研究》,上海人民出版社2000年版,第407页。

丰富人的情感、提升人的精神品位和建构精神家园的理想所取代，为"自我实现"的存在性需求所取代。数十年前，法国哲学家萨特在《辩证理性批判》中讲到，物质匮乏是人与人之间过去和现在的对抗的根源。在今天，我们可以预言，精神匮乏将是人与人之间现在与未来的对抗的根源。张扬言语生命欲求、尽显言语生命智慧、构筑思想精神殿堂，将是未来人类的普遍的信仰。

言语活动基本功能的转换，使人进一步从外部物质生活和人事纷扰中解脱出来，返回到内心和自我，返回到本体的符号生命意识，追求心灵的丰盈和思想的自由，追求以言语创造这一生命活动来表现自我、完善自我、实现自我，追求内在精神生命力的强健和伟岸。言语活动，从为了生存，到为了存在，为了言语生命的承传和张扬，为了实现人的个体生命和人的类主体的存在价值。人，从作为一个简单的生物过程、一个与其他生命形态别无二致的生物体，加入自然生态系统的链条中，无声无息地完成生命的轮回，到借助语言符号，真正作为一个有独立的思想、丰富的情感、富有物质创造力和精神创造力的人，成为灵和肉高度统一的言语人，使生命留痕，精神不灭，实现人生价值。这就是"语文"——"表现和存在"的要义。从动物性到基本的人性（满足基本的生理需要和社会需要），再升华为人自由自觉的言语生命的创造个性，这是人类史的必然，也是话语史的必然。

语文教育关注人的物质生活处境，提高人的基本的生存能力和生存质量，这不论是现在还是将来都是必要的，然而又是不够的。语文教育，既是教育，就不能不关注人的言语生命欲求，关注言语活动与人的情感和思想、精神世界和精神生活的关系，提升人的精神品位，使人摆脱生存困境，从根本上改善人的生存处境，给予学生以更具人性和人文性的终极关怀。这种终极关怀，主要体现在它不再仅仅把眼睛盯在外部世界对人的合乎社会规范的期待上，在文字技能的习得和应用上，先掌握语言文字这一"工具"，然后把自己也变成一种符合外部期待的"应付生活""工具"，而是在关注人的生存和社会需求的同时，将言语创造作为人的生命力张扬和对自身之所以为人的证明，是对人的生命意义的体认，使言语活动意义与人的生命意义、存在价值同一，与人本体的发展、精神需求同一。语文教育，不应只指向人的生理需要和社会需要，而应指向人的生命本体的人性、人心、人格的养育，顺应人的言语本性，发展人的言语天性，指向表现、创造、发展的言语人生、诗意人生。

对于人的发展和自我实现来说，毫无疑问，顺应人的言语生命本性，发展人的言语潜能、禀性、天性的"应性"动机和在此基础上发展起来的"存在性"动机是内因，是矛盾的主要方面，是言语学习和表现的基本动力源。适应外界需要的"应世""应需"动机是言语学习和表现的外因、诱因，是矛盾的次要方面，它必须通过对"应性""存在性"动机的诱发，才能对人的言语行为产生积极持久的作用。传统语文教育正是由于过分强调"应世""应需"动机，忽视"应性""存在性"动机，动机的错位，导致了语文教育与人的本体发展需要的背离，使学习主体长期处于"异己"性、被动性心理状态，即通常说的"要我写"而不是"我要写"。要使学生的言语学习状况发生根本的转变，使之在言语表现上能积极主动地施展禀赋、张扬个性，唯有适当淡化强制性的"应世"（包括"应试"）、"应需"动机，强化自发性的"应性""存在性"动机，将对学生言语学习的发展性、精神性需要的培植摆在首位。

在哲学、心理学、文艺学、美学等领域，对人本身的内在生命力、符号生命力和精神创造力的关注，将人置于世界、万物的中心，给予人的情性、理性和智性以尊重和褒扬，不论是在过去还是现在，都是人文精神和人文关怀的体现，都是作为文化专制主义、工具主义、实用主义的对立面加以倡导的。存在主义哲学、人本主义心理学、生命美学及文艺学人文主义思潮和文艺阐释学，等等，无一不是在对人的内部与外部世界关系的摩擦碰撞的思考中，最终都趋向于将视点聚焦在人身上，将人作为思维和行动的起源语境。后现代文化思想，虽然在理论上是对传统文化的解构，但是，它所表现出的两大特征——"不确定性"（含混、不连续、异端、多元性、随意性、变态、变形、反创造、分裂、解构、离心移位、差异、分离、分解、解定义、解密、解合法化等等）和"内在性"（强调人的心灵的能力，通过符号来概括他自身，通过抽象对自身产生作用,通过散布、传播、交流,来表现他的智性倾向)①,也依然是以人为本位的思考,"不确定性"是人的思维特征,"内在性"讲的是人的符号生命特征,也是人的存在性的一个重要特征。而人的内在的"符号"表现特征(通过散布、传播、交流,来表现他的智性倾向),是其本体性特征。强调"内在性"的符号"表现"特征,对强调"吸收"功能的现代语文教育的"阅读本位"思维也是一个挑战。

从教学论看,"阅读本位"的教学框架,是建立在"吸收"功能之上的(叶圣陶说"阅读是吸收"),就是通过阅读吸收他人的知识和思想。然而,"吸收"功能,绝不是语文教育的基本功能。因为人不可能为"吸收"而"吸收",这样的无谓的吸收是浪费生命,不以消费为目的的"占有"和"囤积",只是满足人的原始占有欲罢了,就像守财奴聚敛财物似的。吸收的目的应是将他人的创造作成自己生命发展的营养,使自己变得更充实和美好,也能进行有价值的言语表现和创造,并将自己的言语创造回馈于他人和社会,把生命托付给言语,用言语展开、延续生命,这才是"存在"意义上的言语行为。从这个意义上说,叶圣陶、吕叔湘先生的"阅读是一种能力,是教学目的"的命题的正确性是很可疑的。"培养和提高读的能力,本身就是目的,读书并不就是为了写文章",这似乎有道理,但是由这一观点必然导致的"为读而读"的语文教学实践,就表明了这一认知存在偏颇。"读书"自然"不就是为了写文章",却也不是为了"烂"在心里,读书的效用总得要借助不同的方式或途径"表现"出来,"表现"的主要方式和途径就是说和写。自然,不是说每一次的阅读活动,都要直接反映在言语表现上,都要立竿见影,然而,它迟早是要反映在言语表现上的。它是经过消化之后,积淀、内化、陶洗为一种修养、气质,在适当的时候,或有意或无意地外化为人的行为,表现在或高雅或低俗、或深厚或浅薄的言语中。阅读,不论是否你意识到,它终究都是会"表现"出来的。问题在于,是否意

---

① [美]依哈布·哈桑:《后现代转向》,时报文化出版企业有限公司1993年版,第155—156页。转引自钱中文:《全球化语境与文学理论的前景》,载《文学评论》,2001年第3期。

识到这一点，对教学目的如何定位，其教学效能是大相径庭的。把阅读教学目的定位为"吸收"，学生阅读的所获也是会表现出来的，但是，这种不自觉的表现和自觉的指向表现，教学实践的运作是截然不同的，效果也是不可同日而语的。——毫无疑问，语文教育的天平，应由"吸收"倾向"表现"。

此外，在语文教育活动中，平等"对话"、互动的教学形态，师生的课堂行为的主要方式不正是说和写吗？从阅读中"吸收"的，如果没有经过思维的"内化"和"意化"，通过言语"表现"来呈现，又如何证明或检验学生的阅读"能力"是否达到了"应用"的目的呢？在以往的语文教学中，为了证明阅读是一种独立的能力和目的，只好把师生的生命耗在讲透读烂上，设置了许多无聊至极、繁难偏深的"标准题"和"知识题"来考查学生，阅读能力和目的就体现在这些对学生不论是"应世"或是"应性"都毫无用处的答题上。翻开语文试卷的阅读题和语基题，这些题目只是为考试而设，平时生活中一无所用，将来一辈子也用不上。这就是"阅读独立目的论"结出的苦果。就好像政府机构膨胀，每一个机构和冗员，为了表示自己的不可或缺，体现自己都有能力，都是目的，只好架床叠屋、因人设事、无事生非。为读而读，把阅读作为一种孤立的能力和目的，它只能是一种"伪能力""伪目的"。语文教育的基本功能应指向言语"表现"。只有放在说和写的言语表现中，听和读才有"能力"和"目的"可言，它的"吸收"才是有意义的。人的"发展的需要"的终极目标，是要成为一个"自我实现"的人[①]，即潜能、个性和价值得到充分体现的人。人的发展和自我实现的表征，不应是消极被动的"吸收"，而应是积极能动的"表现"。为了"表现"的"吸收"，才是有意义的"吸收"。

语文教育目的除了应用、实用外，还应有超功利的人的发展需要，言语上自我实现的需要；"吸收"既非"阅读"的功能，也非语文教育的功能，阅读只能作为"表现"的过程或手段之一；基于吸收、占有认知上的"阅读本位"教学范式，较之于以言语创造、言语生命的自我实现为目的的"表现（说、写）本

[①] [美] 弗兰克·戈布尔：《第三思潮：马斯洛心理学》，吕明、陈红雯译，上海译文出版社1987年版，第57页。

位"教学范式劣势明显,未能体现优化的课程形态和教学效果,更无法达成培育健康言语人格心理和言语悟性的培养目标。

> 结语:一个平民教育家为"为人生"的梦想竭尽全力:"工具论"未成为现实,"立诚论"终归破灭。语文教育理想终成南柯一梦,这是一个精神苦旅。但历史会记住这位语文英雄。立足于表现与存在的"言语生命论",将是 e 时代的梦想,我们也会成为"稻草人"吗?

再次从文本中与叶圣陶倾心请益交流,就像读《论语》一样,每次都能感受到颖悟的快乐,叶圣陶也是可以百读不厌、历久弥新的。当我在写这篇文章时,感受到重读的快乐时,一些问题一直萦回在我的脑际:叶圣陶快乐吗?语文带给他的是什么?他的语文教育理想实现了吗?现代语文教育范式是否还适用?

我相信他在编教材时,想到全中国的孩子们在读他编的教材,他是快乐的。但是,现实又不容他快乐。他的曾经的乐观只是一厢情愿,因为现代语文教育的实践之途始终是暗淡的。从 20 世纪初新语文发轫以来,中学生国文程度低落的批评声始终不绝于耳。例如《教育公报》第六年第一期《拟请教育部召集国文教授会议,议定国文教法建议案》中说:"中等学校国文退化殆为教育界所公认。以本校招考经验而论,考生文理多不通,甚者至于字体讹误,国文考卷真可入选者什无一二。根柢既弱,及毕业时程度仍虞其不够,数年而后,凡高等师范之毕业生将无有能教国文者,至为可虑。"不少专家也取否定的意见。如王森然说:"现在的中学国文教育,糟,是糟透了。"[①] 叶圣陶在前是不愿意承认"低落"的状况,因为这等于说新语文教育的失败,这是他难以接受的。1934 年 11 月到 1935 年 6 月,他在《中学生》杂志发起过一场历时 8 个月的"中学生国文

---

① 王森然:《中学国文教学概要》,上海商务印书馆 1929 年版。

程度的讨论",他在发起讨论时,曾以"编者"的身份写了一篇《中学生的国文程度低落吗?》,对前途表示乐观:"记者编辑本志,有幸读到各地中学生投来的文篇,大概所选题目类似课艺式的,往往是陈语滥调,而写一点亲历的经验跟实有的感想,虽然不见得怎样纯粹,但一篇里总有多少部分是出色的。如刊载在《青年论坛》跟《青年文艺》两栏里的就是。……从这一点推想开去,前途的光明似乎并不微弱,所以记者不是'不行''不行'的悲观论者。"①及至1935年5月,这场讨论行将结束时,他在《欢迎国文教师的意见》中仍说:"我们固然没有什么真凭实据可以证明一般学生的国文程度并不弱,可是我们接触好些学校的教师和学生,凡是教师对国文教学的认识比较高明的,教学能力比较强的,学生的国文程度就不致太坏。"②到了1942年,外界一片"低落"呼声的状况没有什么改变,叶圣陶在《国文杂志》上又进行了一场关于国文程度的论争。这次他终于接受了这样一个残酷的现实:"在各科教学方面,若问哪一科有特殊优良的成绩,似乎一科也指不出来。……而国文教学尤其成问题。他科教学的成绩虽然不见得优良,总还有些平常的成绩;国文教学却不在成绩优良还是平常,而是成绩到底有没有。如果多多和学校接触,熟悉学校里国文教学的情形,就会有一种感想,国文教学几乎没有成绩可说。这并不是说现在学生的国文程度低落到不成样子的地步了,像一些感叹家所想的那样;而是说现在学生能够看书,能够作文,都是他们自己在暗中摸索,渐渐达到的;他们没有从国文课程得到多少帮助,他们能看能作当然不能算是国文教学的成绩。另有一部分学生虽然在学校里修习了国文课程,可是看书不能了了,作文不能通顺;国文教学的目标原在看书能够了了,作文能够通顺,现在实效和目标不符,当然是国文教学没有成绩。"③可以想见,承认这一点,对于一个倾其生命于其中的人来说,是一件多么难过悲哀的事,简直就是一个残忍的自我判决。这也足见其直面失败的勇气和坦荡的胸襟,无论如何是值得敬佩的。

---

① 见《中学生》第49号(1934年11月)。
② 见《中学生》第55号(1935年5月)。
③ 叶圣陶:《认识国文教学——〈国文杂志〉发刊辞》,见刘国正主编:《叶圣陶教育文集》(第3卷),人民教育出版社1994年版,第91页。

这种状况并不因为解放后的历次教改而有所改观,而是每况愈下。20世纪五六十年代一个运动接一个运动的瞎折腾,"大跃进"实际上是"大倒退","文革"彻底地"反文化",这些就不必说了。"文革"后,一直到20世纪末,语文教育也不见有什么好转,而是向着应试、"伪科学"急转直下。1978年,吕叔湘在《人民日报》撰文说:"十年的时间,两千七百多课时,用来学本国语文,却是大多数不过关,岂非咄咄怪事!""少数语文水平较好的学生,你要问他的经验,异口同声说得益于课外看书。"[1] 1995年,张志公在写给国家教委基础教育司的信中也坦承:"一个中学生,在接受了基础教育以后,还不能达到听、说、读、写的要求,中国人学自己的语文甚至比学外语还要难,这是说不过去的事!我们这些搞语文的人是要承担责任的。"[2] 这种状况,我想就连一个普通的语文教师都乐观不起来,何况是叶圣陶、吕叔湘、张志公这些语文界的元老们?叶圣陶直到去世前,也没有看到语文教育的春暖花开,看到语文教育使孩子们"看书能够了了,作文能够通顺",仍忧虑着作文上写着"先天下之忧而忧,后天下之乐而乐",而在公共汽车上与老太太抢座位的考生。不论他身上承载了多少的赞誉,我想他是不会快乐的。

这种全局性的、长期性的学生语文程度的低迷,就不能不使我们对语文教育的指导思想和思路(教育范式)产生怀疑。从20世纪20年代开始,叶圣陶的语文教育观就逐渐产生了较大的影响。他的语文教育思想,上承中国儒家古典教育之传统,外接西方现代哲学、社会学、教育学之精要,近取"五四"新文学"为人生""普罗文学"的理想,成一家之言。解放后,虽有种种不可抗力的干扰,但他的语文教育观在语文界依然独领风骚。他的语文教育思想的精髓,如工具论、应付生活论、立诚论,人、文关系论,"教是为了不教"说、"教师下水"说,阅读是写作的基础,生活是写作的源头,以"应需"性写作为目标,语言与思想不可分,注重写作素质、习惯的培养,强调创造力的训练等,无疑

---

[1] 吕叔湘:《当前语文教学中两个迫切问题》,《人民日报》,1978年3月16日。
[2] 宋祥瑞:《张志公自选集·写在前面的话》,见《张志公自选集》,北京大学出版社1998年版,第4页。

使语文教育界受益匪浅。但由于当代语文教育仍以"应试"为旨归,其基本精神仍摆脱不了"八股"之窠臼,这就使人们往往从实用的、功利的目的出发,对叶圣陶的观点作片面的理解和引申,其结果是貌合神离,相去甚远。与这种各取所需的做法殊途同归的是盲目迷信,将叶圣陶的语文教育思想奉为圭臬,不作分析地全盘接受,视其为理论禁区。这些,显然都不是真正科学的态度,势必将阻碍对语文教育规律的探索和语文教改进程。

由于历史、现实和教师个人等错综复杂的原因,人们在对叶圣陶的语文教育思想的理解和领会上,在正确地继承的同时,难免产生了种种的误解和偏差。也由于叶圣陶本身对语文教育的认识,势必也存在着某些个人和时代的局限,这些偏颇的理解和局限,同样都极其"权威"地影响着语文教育。最为重要的是,今天的教育环境和一个世纪前已迥然不同,教育观念已有根本的变革,语文教育观念、目标和方法也应该随之发生变革,须作重新定位。要顺应时代和课改的大潮,要更好地继承和发展叶圣陶的语文教育思想,就有必要结合语文教育的历史、现状和问题,对他的一些基本观点加以梳理和澄清,使其科学精神得到真正的弘扬,使语文教育走出误区,开创知识经济时代、e时代、全球化时代的新语文教育。这是摆在我们这一代学人面前的历史责任,就像在20世纪初,叶圣陶们面对西学东渐、新教育、文学革命潮流的挑战那样。

叶圣陶的语文教育思想,与任何伟大的思想一样,在给我们带来无尽的受用的同时,也不无缺陷。如他的工具论认知,重自悟轻理论知识,重训练轻自主探究,重语文"形式"轻"内容",重读轻写等。这些观点,就局部来说,都不无合理性,有的甚至还很深刻,如重"自悟其理法""自求得知",这强调的都是语文的实践性、感悟性,语文学习归根结底要靠自己从言语实践中体认。但是,将其放在与"作文法"的学习相对立的位置上,否定知识传授的作用,重"行"轻"知",这就不无经验主义之嫌。他还断言"作文不是一个独立的学科"[①],高校"大一语文""写作"课程的"补课论""取消论"等,都失之于

---

① 叶圣陶:《改进语文教学,提高语文教学的质量》,转引自《语文学习》,1979年第4期。

片面，可能导致语文和语文教育的宏观研究被忽视，造成语文教育理论、学科知识的贫瘠，最终造成语文教育实践的困窘，使语文教学在某种程度上仍重蹈"神而明之""听天由命"的老路。

叶圣陶作为一个语文教育家，一个支撑着中国母语教育的人，他的贡献是无与伦比的，他的力量也是有限的。尽管他知道语文教育一直处于政治的干预之下，他尽其所能进行抵抗，他的"应需论""工具论""形式论"等见解，不无以学术对抗外力干扰的作用，但是外部的压迫实在太强大了，不是他可以抗衡的，他不可能与整个大气候作对；而且，母语教育也确实太难，至今仍是一个世界性难题，他无力回天。

他的平民教育的世纪之梦没有完全实现，或者说只实现了一小半。他为许多人揭开了美丽人生的帷幕，但是，他的教育理想在现实的困窘中被无情地消解。一个以心血付之的人，不得不咽下失败的苦果，其内心的痛楚可想而知。解放后，语文教育的成绩和问题，谁也没有他看得透，但是，他这个语文教育界拥有最大话语权的人，连对语文教育是否有成绩，都只能讳莫如深，无法像过去那样畅所欲言。面对"反右""大跃进""文化大革命"的折腾，一筹莫展。他不得不说语文是"参加各种斗争"的工具，不得不照搬苏联搞《文学》《汉语》分家教学，不得不以种种违心的说辞为语文政治化买单，不得不放任语文教学"放卫星"搞荒谬至极的形式主义，不得不看着《文汇报》上对中学生作文《茉莉花》持续了将近一年的无厘头"讨论"……他不得不一次又一次地否定自己，几乎把自己原先坚持的教育理念一一推翻。当我们读到以下的文字时，难道不会为叶圣陶掬一把辛酸泪？

关于语文教材的几个问题：
一、语文教学的任务问题

语文教学的任务，在这次研究会中引起了热烈的讨论，大家一致同意语文教学和其他一切工作一样，应该政治挂帅，以毛泽东思想为指针。语文是思想性政治性很强的一门课程，必须高举马克思列宁主义的红旗，反对帝国主义，反对现代修正主义，肃清资产阶级的思想影响，培养学生的共产主义世界观，极大地提高学生的共产主义思想觉悟和道德品质。这是极其重要的政治任务，必须很好地完成。语言文字又是学习和工作中不可缺少的工具。语文课应该培养学生的马克思列宁主义的文风和正确运用祖国语言文字的能力。语文课还应该给学生一定的阶级斗争和生产斗争的知识，同时培养学生正确的思想方法。这些同样是无产阶级的政治所需要的，也必须很好地完成。

思想政治教育和语文教育是不可分割的统一体。"为语文而语文"，把语文课技术化，忽视政治，那是资产阶级的白专道路，十分危险，必须坚决反对和防止。但是对政治的理解也不容狭隘化，把语文课变成政治理论课和时事政策课，而忽视培养读写能力的任务。

二、语文教材的选材问题

选材标准应当是"以政治标准放在第一位，以艺术标准放在第二位"。"我们的要求则是政治和艺术的统一，革命的政治内容和尽可能完美的艺术形式的统一。"内容应当是革命的、正确的、健康的。表达形式应当具有准确性、鲜明性、生动性。语文教材应当根据以上标准精选经过考验的好文章（包括政治论文、文学作品、科学小品等等），深浅要适合学生的程度。报刊上的好文章和新民歌可以选，但是要求要严，抉择要精，不宜选得过多。

语文教材应该贯穿着马克思列宁主义的思想观点，例如：集体观点，劳动观点，阶级观点，群众观点和辩证唯物主义观点等。教材内容应该包括社会生活、政治斗争、生产劳动、历史、地理、文学、思想方法（形式逻辑和辩证法）等方面的知识，并且结合课文，教学简明切用的语法修辞的知识。文章的体裁要多种多样，古今中外的文章要有一定的比例。此外，选材要注意保密的要求，还要注意作者的政治情况。[①]

这是1960年6月教育部召开的教材研究会会议纪要中的内容，是由叶圣陶统稿的。试想，这里有多少是他的真心话？遑论"文化大革命"中的黑白颠倒，大革"资产阶级、修正主义教育路线"的命了。可以想见，这对一生坦坦荡荡

---

① 商金林：《叶圣陶年谱长编》（第三卷），人民教育出版社2004年版，第643页。

做人、老境颓唐的他是一种怎样的煎熬。幸好他没有看到上个世纪末中国语文教育的惨境，没有看到他当年深恶痛绝的八股教育回潮，没有看到他的"为人生"的文化救济的理想为政治性命题、标准化考试的心灵屠戮所玷污，也许，这是上苍对这个世纪老人的垂悯吧。——尽管他的教育理想没能得到实现，尽管他执导并参与了这一场语文悲剧的演出，但是，他身不由己，力不从心，有太多的"非语文"因素的干扰。他已经尽责尽力了，这个时代，没有谁能比他做得更好。他仍然是一个值得纪念的语文英雄，悲剧英雄。

当今语文教育又处在一个转型关头，和100年前的那场提倡平民扫盲、普及教育和白话文转向的语文革命一样，历史又把人的言语价值观建构、表现-存在论转向的语文革命，摆在了语文界面前。今天大多数孩子都可以接受大学教育，相当数量还可以接受研究生教育，语文教育不再是仅仅为了使劳动者脱盲，能应付生活中最基本的文字需求，而是为了在真正意义上获得对自我归属的确证，为了人本、人性、精神家园的回归，为了人的生命、人类的永续存在。这是一个更大、更辽远的梦想，不论她是否能实现，我相信叶圣陶如得而闻之当含笑九泉。

我想，叶圣陶原来就是一个童话家，也许他当童话家最好，他应生活在童话中，像张天翼那样多好！他误当了语文教育家，从此幸与不幸就结伴追随着他，他或许不以幸为幸，却不能以不幸为幸。小时候读《稻草人》，读到最后稻草人目睹了世间一幕幕的惨剧，自己一步也不能动，没法帮助他们，最后昏过去了，第二天早上，人们"……看见稻草人倒在田地中间"时，心里悲悲的，觉得他太真诚、善良，太可怜了。现在重读，觉得稻草人很了不起，很伟大。华君武画中的稻草人和叶圣陶渐渐重合在一起，变为一个。温厚慈爱的稻草人——莫非就是叶圣陶自己？

语文新时代的揭幕者：语文教学新潮的弄潮儿
——走近黎锦熙

> 导言：现代语文教育的揭幕者，帅才兼实干家。以语言学家的身份研究语文教育，语文教育观引领时代新潮。是现代语文教育前期用力最专、著书最多、活动范围最大、影响人比较多、工作比较持续、成绩最卓越的领军人物。

20世纪的新语文教育是和一个名字紧紧联系在一起的，他就是黎锦熙。

当我写下这些文字时，不由得一种酸楚涌上了心头："山回路转不见君，雪上空留马行处。"当年掀起我国现代语文教育滔天巨浪的弄潮儿，白话语法学、国语运动、语文教育学的鼻祖，今天已经没有几个语文教师知道他的名字，更不用说了解他为语文教育所建树的功勋了。你不能不深切地感受到这种惊人的智慧浪费和文化断裂的悲哀。黎锦熙是语文教育领域中最不该遗忘而被遗忘的学者之一。今天从事语文教改的老师们，不知道梁启超、胡适、鲁迅等人的贡献也许还情有可原，因为他们的贡献，多少带有"客串"性质，虽然是很高明的猎手，枪枪见血，但是他们往往打一枪换一个地方，他们是作为公共知识分子干预社会生活各个领域的事务；而不知道曾为现代语文教育冲锋陷阵的骁将黎锦熙，就不能不说是一桩莫大的憾事，在同时代的那些大学者中，黎锦熙是最专心致志的语文教育改革家之一,他精心构筑起的现代语文教育的城堡,气象万千,历经世纪风雨,历久弥新。

黎锦熙(1890—1978),字劭西,我国语文教育史上的风云人物,现代语文教育最重要的开创者之一。在我的印象中,他应是一位披坚执锐、攻城略地、勇不可当的统帅兼猛士。但是,他真实的形象与这个心目中的印象落差实在太大了。他比一般的文人还要文弱许多,眉清目秀,戴一副圆眼镜,鼻梁尖细,嘴线柔和,形态清癯,看上去弱不禁风,纸糊的似的。真难以想象,在文质彬彬的外表下,居然蕴藏着如此巨大的能量,能开辟、统驭一个时代的语文教育文化精神。

没有见过他年轻时的照片,我想,他一定曾经健壮过,生气勃勃,但他注定将羸弱干枯,他天生是"为伊消得人憔悴""人比黄花瘦"那种人。他那么沉迷于事业,专注、投入、忘我,不憔悴、不瘦不行,不憔悴、不瘦就不像黎锦熙。有学者这样描述他:黎锦熙长身颀立,温文尔雅,从无疾言遽色,永远使人感到春风化雨的浸润。他说话慢而有条理有力量,做事稳扎稳打,动必有功,处必能久。他是学人而兼事业家,能知人能组织团体,以群策群力,在平地起楼台,在无可为处找出路。在基本修养上,斡旋气运,"打通后壁说话,竖起脊梁做人",是和钱玄同先生一样的。不矜才不使气,在拈花微笑里,点化群伦,在机锋棒喝里,旋转乾坤,是张子房李邺侯的化身,有王阳明程明道的力量。具体说,他没有不适应的时候,没有不能消化的饮食,没有不能合作的人员,没有不能克服的困难,没有不能适应的环境。他所到处就有新学问,他所读书就有新见解,他所见人就有新用处。他能从朋友里找同志,从敌人里找朋友,所以他的天地永远是宽大的。①——在这番描述中,我便很容易地理解了黎锦熙何以能作出大事业、大贡献。文弱是表,强韧是里。没有这样的帅才兼实干家的气质和才能,是无法担起为现代语文教育奠基之重任的。

他天资聪颖,属早慧型少年才俊。4岁以《诗经》启蒙,9岁爱好作诗、绘

---

① 梁容若:《黎锦熙先生与国语运动》,见张鸿苓、李桐华编:《黎锦熙论语文教育》,河南教育出版社1990年版,第342页。

画、刻印、吹洞箫，师从齐白石习画刻印。10 岁读完"十三经"，《昭明文选》读完了一半，诸子及唐宋文熟读数百篇，古今体诗读至万首，并进习八股文，每晚作一篇。12 岁看时务、洋务之类的书并自学算术、世界地理等。15 岁考中最后一届秀才。以这样的资质和勤谨，研究什么不会成就一番大事业？从 20 世纪初开始，他把他的智慧都放在了"国语运动"中，全身心地投入了那一场革故鼎新、声势浩大的语文革命，从某种意义上说，是他的加盟，使这场"国语运动"变得前所未有的轰轰烈烈。

在他近 70 年的研究生涯中，出版 40 余部著作，发表数百篇论文，其中大部分是关于语文和语文教育研究方面的。他 21 岁从湖南优级师范史地部以第一名毕业，22 岁创办《湖南公报》，任总编辑，23 岁出版《教育学讲义》，24 岁与同人合作编辑出版了多部中小学教材，25 岁应聘赴北京担任教育部教科书特约编纂员（后为编审员及文科主任），26 岁即发起成立"国语研究会"，积极投身于以"国语统一""言文一致"为目标的"国语运动"，为推广普通话、汉语拼音、文字改革等，作了许多开创性的工作。有人认为他在当时那些名人中，"单就国语运动说，要算是用力最专，著书最多，活动范围最大，影响人比较多，工作比较持续，成就最卓越的了"[①]。我以为这种评价并不为过。

早在 1915 年，黎锦熙就和几位同仁一道反对小学读经，大力倡导将国文科改为国语科，为语体文教学争取合法地位。终于在 1920 年促使教育部将小学的"国文科"改为"国语科"，这一历史功绩是应该彪炳史册的。1924 年，应国语教学之需，他出版了我国现代第一部语体文法书——《新著国语文法》和第一部国语教学法书——《新著国语教学法》（二书均由商务印书馆 1924 年出版）。从 1921 年到 1924 年的四年间，相继发表了《国语的"读法"教学法》（1921 年《中华教育界》第十一卷第二期），《国语的话法教学新案》（1922 年《教育杂志》第十四卷第四期），《国语的"作文"教学法》（1924 年《教育杂志》第十六

[①] 梁容若：《黎锦熙先生与国语运动》，见张鸿苓、李桐华编：《黎锦熙论语文教育》，河南教育出版社 1990 年版，第 334 页。

卷第二期），从此，一发不可收，著作、论文铺天盖地而来。[①] 他爆发出的创造力，令人惊叹。可贵的是，这一切工作都是开创性的。可以肯定，在新语文教育学科建设上，还没有什么人的贡献，可以跟他相提并论。读着黎锦熙的学术成就，让我这个在圈内也许还不算最差的教授直感羞愧。——有人称道"学富五车""著作等身"云云，也曾自以为是，飘飘然，在他的面前，真是无地自容。那只配用来称道黎锦熙，与他相比，我辈只能说"著作等脚踝"。学者，是靠一流的学识、著述让人敬畏的。在我国现代语文教育界，在学术成就上，黎锦熙是我第一敬畏的人。

　　黎锦熙无疑是最具现代意识、努力追求时代"新潮"的语文教育改革家。他是我国现代语文教育的倡导者和奠基人。这些地位不是可以靠什么人"封赐"的，是从他的著作中读出来的。不论多少年之后，只要他的书在，他的功勋就在，我们都会对他的成就肃然起敬，都会对他的地位和贡献作出中肯的评价。他的语文教育观富有建设性和挑战性。他的"非作文的作文""作文的艺术化""作文与读法教学联络之点""写作重于讲读""日札优于作文"观点都是引领潮流标新立异之论。作为一个语言学家，他的"读法"研究，他的有关写作的见解，表现了对语言、文法的特殊关注；他的国语作文教学法的研究，不但弥补了梁启超研究的不足，对小学作文教学作了深入的探讨，而且在具体的构想上，更具可操作性。他的"话法"研究更是慧心独运。不论在语文教育的基础理论还是在应用理论方面，黎锦熙无疑均是最为杰出的。研究现代语文教育，他的著述，特别让人感受到我国新语文教育开创者筚路蓝缕、以启山林的那份执著和艰辛。

[①] 上述黎锦熙生平、著述资料，主要参考黎泽渝的《黎锦熙先生年谱》，见黎泽渝、马啸风、李乐毅编：《黎锦熙语文教育论著选》，人民教育出版社1996年版，第596–610页。

> 划时代成就：打出"言文一致，国语统一"的旗号，撰就《新著国语文法》《新著国语教学法》《国语运动史纲》等，为现代国语教学立法张目。所拟"国语教学之目的"，鞭辟入里、历久弥新，比今天新课标中的"三维目标"更加深刻。

一个人成材的经历有时是很奇怪的，他的职业、事业和所学的专业可以完全不同，更奇怪的是，他居然在事业上远远胜过学习本专业的人。上个世纪初成长起来的一批大师就是如此，鲁迅、郭沫若是这样，黎锦熙也是这样。他先就读于北京铁路专修科，后毕业于湖南优级师范史地部，曾任小学和中学地理教员。不知他可曾想到，自己后来所做的竟和"铁路""史地"毫不相干，居然成了国文系教授、语言学家、语文教育的一代宗师。

他这一生，即使只办成了一件事——改学校国文科为国语科，倡导"言文一致，国语统一"，实现国文教育的转型，也是一件留名青史的大功业了。即使只有前期的《新著国语文法》《新著国语教学法》《国语运动史纲》这三部大著之一，就弥足告慰了。这三部书在语文教育史和汉语语法史上，都是开创性的，可以说，是这三部著作，揭开了中国现代语文教育的大幕。黎锦熙不但把这些事都办了，而且还撰写了一大批相关论著，几乎把这个时代语文界该办的事，不声不响地都给办了，可谓功盖群伦、独领风骚。

在文学界，都把白话文运动作为现代文学发端的标志，不忘胡适、陈独秀、鲁迅等的功绩；而在语文教育界，改小学国文科为国语科（现代白话文教育），同样是一个新时代发端的标志。从某种意义上说，语文革命比起文学革命的重要性，可谓有过之而无不及！它影响人更多，作用更长久，是造福后代的千秋功业，我们又怎能忘记黎锦熙们这"开天辟地"的大贡献？"微管仲，吾其被发左衽矣！"没有他们，就没有文化普及、平民教育，也就没有今天文化科学的昌明。——今天的孩子，乃至语文教师，哪里知道我们读写白话文，很方便地学语文，原来是拜黎锦熙们所赐？

黎锦熙和同仁致力于白话文转向。是他明确提出"言文一致、国语统一"的口号，同时以此为作文的原则。他在《新著国语教学法》中阐明了之所以这样做的两条理由："（一）要使文字和语言一致。文字以语言为背景，才是真正确切的符号，才能作普通实用的工具，才能成有生命有活气的艺术。（二）要使全国的语言统一。第（一）件果然办到了；若是国语不统一，那文字不也就跟着它不统一——分裂了吗？"据此，他提出作文的两个原则："一个是作文必须以语言为背景，一个是作文的背景要用统一的标准语；换句话说，一个就是言文一致，一个就是国语统一。"他进而将国语的作文教学法的根本问题，概括为两点："（一）儿童先学注音字母——要以'音字'济汉字之穷，便须先以'音字'代汉字之用，然后作文教学，才能免除种种无谓的障碍，以求深合教学的原理，而尽量运用教学上的新方法。（二）教师深究国语文法——要使作文教学的指导、矫正、批评、测验等都有一定的标准与把握，便须随时将文法精确而彻底的研究。若只讲求那些枝节上的方法，终于无济而徒劳。""儿童先学注音字母"，作文才能以语言为背景；"教师深究国语文法"，作文教学才能以统一的标准语为背景。这两点，对处于转型期的国文教学来说，具有开创性意义。

由此出发，黎锦熙对小学六年的国语作文教学作了全面规划。他认为小学的初年级（第一学年）关键是要建设一个练习运用注音字母的课程，读本的第一、二册全用注音字母拼写确定的"音字"编成，已熟的儿歌、谜语和校名、教室名牌、学校地段、课程表、学校布告、家庭通知簿等，也一律用注音字母，通过阅读掌握注音字母，作为作文的基础。正式的作文，是实行设计令儿童用纸片自行标记教室等处的物名人名等，以练习单词的写法；教师的命令先用口说，次即令儿童用听写法笔记其简短的语句；一切容易遗忘的事件，都随时指导儿童作简单的记录，使亲自获得文字"持久"的好处；设计令儿童书写一切用文字代语言之条幅标帜、通信、报告等简单的语句，使共同获得文字"行远"的好处。第二学年以后，读法和作文，为应付社会事实上不得已的需要起见，只好暂以"汉字的增多与熟练"为一个教学的目标。好在"音字"已经熟练了，作文时，记得汉字，就用汉字；忘了汉字的写法，马上就可以代以"音字"，同时学习运用标点符号。第三、四两学年主要有两项任务，一是通信、条告、记录的设计，二是实用文、说明文的作法研究、练习。这就开始涉及国语文法，主要是指教师要有国语文法的修养。教学中应注意两点，一是"真切"，就是运用设计法从实际上引起作文的动机，或计划、或报告、或通知、或记录，借这些机会教学作文，自然都有目的，都有兴趣，能真切地发表，而不是对着凌空而来的题目绞出一篇肤廓塞责的东西了；二是"迅速"，因为儿童作文太慢，完全是写字耽搁了工夫，将作文时敏活的灵机完全打断。所以初期作文，白字连篇，是当然的事实，万不可视为"厉禁"。通行的俗体减笔字是应该提倡的；行书是早该练习的。高级小学的作文也有两个要点，一是实用文、记叙文、说明文、议论文的作法研究、练习、设计，应先辨明这四种文体练习的历程和要求；二是四种文体的要点和所谓"练习、设计"的方法，关键仍旧是"国语文法"。

这些观念和方法，在今天看来似乎已习以为常了，但是，在那个时候，都是新事物，迈出的每一步都不容易，都是需要经过大量的宣传、鼓吹和争取的，无疑都是划时代的贡献。

《新著国语文法》，是白话文语法研究的第一部专著，"文法之学，肇自《文通》。语法之学，建于黎翁"[①]。这不但是白话文语文研究的奠基之作，也是中学语法教学体系的源头。其得失自然另有评说，但开山之功不可没。《国语运动史纲》，则详尽地汇述了自清末以来文字改革、注音字母、国语罗马字及大众语等的始末、性质、范围、目的、理论方法和纲领，是国语运动史上一部重要著作。

在今天，尤值得语文界关注的是《新著国语教学法》。这是白话文教学论的第一部专著，称它为现代语文教学"立法"之作，大约并不为过。这也是黎锦熙的精心之作。他在该书"序"中说："我这书可又近于'结集'了。民七（1918）在武昌、民八（1919）在山西视察讲演的结果，出了一本《国语学讲义》；民九（1920）在江浙一带调查讲演，同游的朋友又替我结集了一部《国语讲坛》。民十（1921）至今，整整的过了三个年头，我的光阴和精力，仍旧是全部供献作宣传国语的牺牲——这牺牲乃是自己心甘情愿的，所以虽常常感着精

---

① 郭绍虞：《黎劭西先生赞》，见张鸿苓、李桐华编：《黎锦熙论语文教育》，河南教育出版社1990年版，第346页。

神上和学业上的大不满足,但一咀嚼牺牲两字的真滋味,便自然而然的得到一种慰安。"①可以看出,这部教学法专著,是在《国语学讲义》《国语讲坛》的基础上,又经过三年的时间写成的。1920年,教育部刚刚将小学、初中的国文科改成了国语科,在这前后,他就迫不及待地相继推出了几部国语教育专著,这使我们真切地感受到了"牺牲"的含义和无与伦比的热忱。

不可思议的是,《新著国语教学法》虽属草创,但无论是从思考的广度和深度来说,都在一个很高的起点上。其中一些见解,至今还未过时,认识的全面性和深刻性,超过了同时代和当代的学者。单就其中第一章"国语教学之目的"看,就有振聋发聩的意义:

先问:语言文字有什么用处?

单就文字讲来。杜威(John Dewey)说:"一切文字及数目,都是符号(symbol);都是拿他来代表事物和思想的。把这种符号习熟以后,(一)就是得到了研究学问的工具(即我们施行教育的一种工具);(二)就是得到了种族中历代所积聚下来之知识的钥匙(因为他能记载人类生活的过去经验):这真是一件重要的东西。"

语言的用处:(一)表情达意;(二)是人类共同生活的唯一媒介物。他产生在文字之先;文字就是帮助他能"行远"而"持久"的。

所以文字和语言,都是代表事物和思想的符号:文字这种符号,是用手写、用眼看的;语言这种符号,是用口说、用耳听的;不过我们运用的官能有不同罢了。所以文字和语言的用处,虽然各有所长,但这四项用处可看作共通的。

再问:为什么要改国文为国语?

(一)要使文字和语言一致。文字以语言为背景,才是真正确切的符号,才能作普通实用的工具,才能成有生命有活气的艺术。

(二)要使全国的语言统一。第(一)件果然办到了;若是国语不统一,那文字不也跟着它不统一——分裂了吗?所以一国的语言,要有一定的标准语法、

---

① 黎锦熙:《新著国语教学法·序》,见黎泽渝、马啸风、李乐毅编:《黎锦熙语文教育论著选》,人民教育出版社1996年版,第398页。

语词和语音。今列表如下：

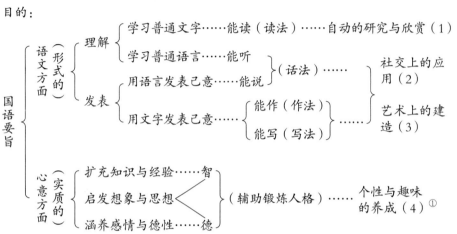

这可以说是全书的总纲。

黎锦熙讲国语教学目的，先问语言文字的用处，将文字与语言分开讨论，区分它们的异同和相互关系，最后将其归结为都是符号，指出语言和文字的差别只是运用的官能不同，四个方面的用处是共通的，将其特点和重要性简洁扼要地讲清楚了。——文字就是帮助语言能"行远"而"持久"的，表明了文字是语言的提升。

紧接着探讨为什么要改国文为国语，为推行白话文教育、推广普通话张目。言文一致、国语统一，这是新语文教育的两面旗帜，体现了现代语文教育区别于古代、文言教育的特性。写白话文，讲普通话，在今天看来再平常不过了，但在当年是语文教育转型的标志，是现代语文教育得以建构的基石。

---

① 黎锦熙：《新著国语教学法》，见黎泽渝、马啸风、李乐毅编：《黎锦熙语文教育论著选》，人民教育出版社1996年版，第408—409页。

国音（标准音）、标准语词、国语文法，是国语统一的三大要素。黎锦熙从一开始就注意到"国语文法"的重要。因为先前我国的语法专著，只有马建忠的《马氏文通》，是研究文言文语法的。白话文兴起，白话文教育迫切需要"国语文法"，于是，他敏锐地将国语文法纳入新的语文学构架中，并亲自完成了《新著国语文法》一书，以备教学之需。由此可见，他的研究，是着眼于建构一个严整"语文学"系统。

在此基础上提出的"国语要旨"的两方面、五能、四法、四目的，都很有见地。

两方面：将"国语要旨"分为"语文方面（形式的）"和"心意方面（实质的）"。不是只注重语文方面，而是语文和心意并重。"心意方面"的内容之重要一点不亚于"语文方面"，因为这实际上注重的就是母语教育的人本、人文奠基的功能。由此可以看出黎锦熙的形式、心意并重，与叶圣陶注重"形式"有所不同。当然，叶圣陶的注重"形式"主要针对阅读而言，只能说偏重于"文章学"的认知，强调语文教学的"形式"特性，不是完全置知、情、意的培育于不顾，重"形式"的观点也是有其学理价值的。但在今天来说，"心意方面"素养的提高，似尤需强调。2001年颁布的《语文课程标准》，将语文课程性质定位为工具性与人文性的统一，注重三维目标——知识与能力、过程与方法、情感态度与价值观的培育，与黎锦熙的讲求"语文方面（形式的）"和"心意方面（实质的）"的统一，表达的是相似的意思。但似乎还不如黎锦熙说的清楚明白。因为"工具性"是一个比喻的概念，而且很宽泛，像哲学、数学、计算机等，都可以算是工具学科，"人文性"也一样，是一个内涵十分丰富的概念，其他的人文学科，如政治、思想品德、艺术、历史与社会等，也具有人文性。不如黎锦熙所概括的"语文（形式）"和"心意（实质）"比较有特点。须注意的是，当初黎锦熙的研究对象是"国语"，不是今天的"语文"，所以，他说的"语文方面（形式的）"的"语文"二字，不存在和课程名称"国语"同语反复的问题，它既包含"语言"，也包含"言语"。而真正令人遗憾和困惑的是，当今语文课标作出"语文是最重要的交际工具，是人类文化的重要组成部分。工具性与人文性的统一，是语文课程的基本特点"的定性，主语"语文"的内涵就比较成问题，就"工具"而言，主要说的是"语言"（不是语文），就"人文"而言，主要说的是"言语"（语文）。大半个世纪过去了，我们的认识非但没有进步，竟然如此粗率和简陋，真是愧对黎锦熙。

令人惊异的是，他的"心意"方面的要旨，涉及的是主体修养的三个主要方面：扩充知识与经验，启发想象与思想，涵养感情与德性。这三个方面归结到（辅助锻炼人格）个性与趣味的养成。这比今天等量齐观的"三个维度"的认知有过之而无不及。"心意方面"涉及的三条内容，与今天语文新课程的三维目标——知识与能力、过程与方法、情感态度与价值观，如此相似。但论精到、深刻程度，还不如黎锦熙。"扩充知识与经验"，是从外部获取说的，知识是抽象的，经验是感性的，知识是普遍的，经验是个体的。"启发想象与思想"是从内部提升说的，主要是培养最重要的两种能力：想象力和思想力，既基于知识与经验，又是一切知识、经验和能力创生的基础，用今天的话说，系"核心竞争力"。"情感态度与价值观"偏重于价值理性，而"涵养感情与德性"的意义，不仅涵盖了"情感态度与价值观"，而且更具人文色彩，德性，是教育与主体修养的极致。新课标所谓的"过程与方法"，在扩充知识与经验、启发想象与思想、涵养感情与德性中都能得到具体的体现和实现。而且"三个维度"居然没有涉及最重要的"心意要旨"：锻炼人格，个性与趣味的养成。把人格、个性、趣味给丢了，这不能不说是一个不应该发生的疏忽。大半个世纪后，我们的认识又回到了原点——离原点还距之甚远，而且"三个维度"目标，是作为课改的一条最重要的"新理念"提出的，这似乎包含着某种反讽意味。

五能：能读、能听、能说、能作、能写。这五种技能，都属于"语文方面（形式的）"。这里的"能作"，是指能写作，"能写"是指能写字，主要是学习书法。听、说、读、作外，还加上一个"写"，这个"写"，不是一般的认字、写字，目的是"艺术上的建造"，可以说是美育上的要求，这种认知是很可贵的，既体现了母语教育的民族化特点，又体现了书法学习的审美追求。

四法：讲的是教学法。与五能对应：读法、话法、作法、写法，较为全面地涉及语文教学法的方方面面。其中话法，将听、说合而为一，对此做专门的研究，体现了对口头交流的重视，重视程度是前所未有的。这使我联想到今天课改中设立的"口语交际"教学目标,教师对此十分陌生,想找一些教法上的参考资料都很困难,找黎锦熙近一个世纪前写的"话法"读一读,不无启示。在今天,也许写法上的提高可以不做一种普遍性的要求,而读法、话法、作法的研究和学习则是十分必要的。这三个以前人们熟知的概念被遗忘,以至我们在这三法的研究上几十年几乎没有什么进展。

由此衍生出"四个目的":自动的研究与欣赏,社交上的应用,艺术上的建造,个性与趣味的养成。这四个目的分别指向:实用(也包含有一定的审美目的),应用,审美,精神。这四个目的概括得很全面,而这又与今天新理念中的核心概念"语文素养",有着惊人的相似。语文素养这个核心概念的提出,还只是一个空心萝卜,不知当中的内涵是什么,仔细想想,大致上也就是包含这些内容,黎锦熙早就替我们想清楚了,而且确实说得很全面、深刻,以至我们很难想出究竟遗漏了什么,有什么可补充的。使我们感到不安的是今天的语文教育,基本可以说四个目的一个都没有达到,我们这些搞语文教育的何颜见黎锦熙?

> 引领时代"新潮",推崇"设计教学法",注重生活化、生成性、表现性,全方位达成国语教学目的。体现了师生、生生合作,自主开发教学资源,实施校本课程,打破学科界限等先进的教育理念。

黎锦熙没有读过大学,没有专修过国文,这也许不算什么,叶圣陶、夏丏尊等也一样。他没有留洋的履历,这在这一代的大学者中比较罕见,却也还不算什么,叶圣陶也没有。而他认知之专业、视野之开阔、观念之新潮,则是这一代语文学者中比较罕见的。读黎锦熙,感觉就是一个字:"新"。仿佛就是读那个时代的教育文化、语文精神,或者说,是他创造、引领、赋予了那个时代的教育文化、语文精神。他开风气之先,读他的书和文章,总能感受到一阵阵新气息扑面而来。

在我国现代语文教学草创期,影响较大的是联络和设计的教法,最初是引进的"舶来品"。这可以视为介于"有""无"之间的一种教法。因为它一方面有一定的目标意识和设计,有一个刻意精心的安排;另一方面,则力求在一种最接近生活的自然的情境下,达成知识和能力的融会贯通。可以看出,这种教法在我国的教育实践是与"教育即生活"(杜威)、"生活教育"(陶行知)等观念有一定关系的。

在20世纪二三十年代,具有较为广泛影响的教法,称为综合教学法。这种教学法是19世纪末至20世纪初欧美新教育运动的产物,即照儿童的兴趣与碰到的问题,将各种有关的知识综合起来,组成统一的教学单元,依照一定的程序进行教学。在我国,这种"综合"往往表现为有关知识的"联络",所以也可以称之为联络教学法。言、文结合,读、写结合,听、说结合等也算是一种"联络",但"联络"教学法联系的内容往往要宽泛得多,包括了国语(国文)学科内的话法(语言练习、讲演、辩论等)、读法(表演、故事、事实、问题等)及其他各科所学的内容,使语文教学和训练与整个课程结构内的相关方面打成一片,这样,既能充实语文学习的内容,又使教学活动变得丰富多彩、生动活泼。

作为综合教学法之一的设计教学法在当时的中小学也十分盛行。设计教学法(project method),是美国进步教育运动中出现的一种教学制度,美国教育家克伯屈1918年9月出版的《设计教学法》一书对此方法作了归纳、阐述,一般便以克伯屈为此法的代表人物。该法倡导一种由学生在实践中自动、自发地进行有目的、有计划、手脑并用、获得完整经验的学习活动。其理论依据是,理解概念的最佳途径是通过可见的序列性活动,学习必须包括与物体的直接接触,设计与制造等类活动可使学生把学习与当前或未来的生活联系起来。实施时允许学生自定题目和工作方法。要求废除班级授课制,摒弃教科书,打破学科的界限,主张由儿童根据自己的兴趣自发地决定学习目的和内容,在学生自己设计、自己负责实行的单元活动中获得有关的知识和解决实际问题的能力。而教师的任务在于利用环境以引起学生的学习动机,帮助学生选择活动所需要的教材等。种类有：(1)依照学生的人数，可分为个别设计（指一级中各个学生各自进行一种设计活动）及团体设计（指全级或全校学生分工合作，联合从事一种设计活动）两种。(2)依照学科的范围，可分为单科设计（以一种学科为范围）、合科设计（联合几种有关的科目进行学习活动）、大单元设计（打破学科界限，完全以实际问题为活动中心）三种。(3)依照设计的性质，可分为四类：创作的设计，即构思、建造某事物，或做一件具体工作，如工艺品的制作、科学实验、文章创作等，以培养学生的创造能力；问题研究的设计，即解决一个问题，如研究阳光对植物生长的影响；欣赏的设计，即要学生从设计活动中获得娱乐和满足，如表演古代人的生活；技能练习的设计，即使学生从设计活动中养成某种习惯或技能，如算术练习游戏、学生自治活动等。通常分为决定目的（包括引起动机）、拟订计划、实施计划、评价结果四个步骤。设计教学法对美国及其他一些国家的初等教育产生了重要的影响。但存在过多依赖学生的主动性，容易造成放任自流等问题。20世纪20年代传入中国，30年代后采用此法者渐少。①

设计教学法引进我国后，在小学中甚为流行，但似乎在做法上与克伯屈的本意不尽相同，教师仍处于主导性的地位。但我以为，黎锦熙所推崇的设计教学法，依然是十分生活化的，自然而生动。他在《新著国语教学法》一书中，将国语教学的材料和教学方法分为三等：

一、以读本为主体的。照现成的国语教科书，按课，分时，依法教学，是最普通的办法。——可是要列为下等。

二、从实际事物（或标本、图画、故事画等）的观察认识入手，使儿童确实了解那事物的内容，然后学习那表示内容的声音（语言）和符号（文字）。读法、话法、写法、作法，随意运用，有时一气贯注。读本不过拿来作一种重要的教具，不看作教学的主体。——这是把读本中所依据的实际事物直接用作教材。除纯重音节的儿歌之外，一切童话故事等，也要利用环境和图画，观察问

---

① 参见顾明远主编：《教育大词典》（简编本），上海教育出版社1999年版，第390–391页。

答，引起儿童真切的想象。读本是用作整理儿童的经验、指导儿童的发表、准备儿童的创作之一种工具。以实际事物为主体，以书本为辅助品，这种教材和教学法，可称中等。

　　三、随时随地利用儿童生活中的种种事实，连结他们的种种经验和环境，作一种普遍而流动的教材；按着他们身心发展的过程（大约可比照人类学中初民进化的过程），施一种辅导自动、共同创作的教学法。不但读法、话法、写法、作法要打成一片，就是国语和其他科目也要打成一片。读本（一部分）乃是教师和儿童们的共同的作品。[①]

　　黎锦熙所谓的下等教材和教学法，就是我们目前广泛使用的。这种"教死书""死教书"的下等教学，在近一个世纪前就为他所不屑，但是至今仍是一种最普遍的教学常规。这不但是教师教学观念的问题，而且是教学能力的问题。而中等的教材和教学法，对于教师来说，已是可望而不可即："以实际事物为主体，以书本为辅助品"，借助直观的材料，使教材与学生的经验发生联系，各种教法随意运用，练习他们的观察、想象和创作的能力。这种教学，经过努力，应该是可以达成的。当然，最难的是第三种，就是运用"设计教学法"的教学。

　　为了帮助读者理解，他介绍了这种教法的一个实例：从一个偶发事件（一个学生捉了一只麻雀）开始，教师借题发挥，引导学生参与进来，很自然地生发出一系列相关的讨论和行动：

　　一个学生捉了一只麻雀。………………………………………… 偶发事实
　　师问："怎样的处置呢？"
　　讨论的结果："关在笼子里喂养着。"
　　"鸟笼子找不着，改用什么东西？"
　　"小竹篓子也可以的。"

[①] 黎锦熙：《新著国语教学法》，见黎泽渝、马啸风、李乐毅编：《黎锦熙语文教育论著选》，人民教育出版社1996年版，第415—416页。

师指导大家将这麻雀儿连同饲料"装入篓子"。…………教室工作

装好了,"搁在什么地方好?"

讨论:"挂在壁上好。"

挂好了,"人家不知道里边藏了雀儿又怎样?"

"还是要写个纸条儿贴在壁上。"

师提议:"这纸条儿怎样写法?"……………………………〔国语〕

学生们口里都拟了几句话。………………………………〔语法〕

共同批评讨论了一回,最后由师选择了一句最好的:

"这篓子里有麻雀,请大家不要动手!"……………作法一(先口说)

"写起来罢!"

先叫学生写在黑板上。有不晓得写的生字,就单写注音,由师正误;再由师斟酌提示几个生字出来。………………………作法二(次手写)

就此教学这几个生字的发音、注音、字义、笔顺等(生字提示要少:难写的先用注音字母表示,夹在语句中间也不妨)和语词实质上、语句形式上等等应有的教学。……………………………………………………读法

大家读一读。读完了,各用纸条儿正式写来。………………(习字)书法

拣着最好的正式"揭示"。

这天的功课:下午,可以讲一讲麻雀的生活。………………自然科

还可以做一做"鹰捕雀"的游戏。………………………………体育科

到了第二日,麻雀死了。

师问:"怎么会死的呢?"

大家讨论这个原因。

师为浅说"生物要在空气中生存"的道理。……………………自然科

师提议:"这死麻雀应该怎样处置呢?"

有的主张"扔在院子里",有的主张"给猫吃",有的主张"埋在土里"。

师付讨论——自己加入讨论:

"扔在院子里,腐烂了,有种种害处。"………………(卫生)社会科

"他在篓子里闭死了,很可怜的;应该埋了他。"..................(仁爱)社会科

先替他做一个棺材:

棺材的料子用厚纸,分组工作。..........................教室工作

(甲组)计算要多长,多宽,多高。........................算术科

(乙组)绘出一个图样。(或省此项)......................(图画)艺术科

(丙组)切纸,糊接。..................................(手工)艺术科

下午的功课,大家到校园里去"埋雀"。......................校园工作

师问:"大家看,什么地方好?"

"这里要种植。"

"那边是水道。"

"大路旁边有碍交通。"

结果,找着土山坡里一个幽僻的所在。.........(地理常识)自然科、社会科

"大家来掘一个坑罢!"

这坑多深?多长?多宽?..................................算术科

量好,记上。

埋好了,这坟堆子多高?怎样量法?

它的周围多长?怎样量法?

连高带深几何尺?怎么算法?

算完了,收拾工具;大家在这"雀墓"旁,随意演说追悼。…(礼仪)社会科

并可同唱一个熟歌,当作安慰死雀的祈祷歌。..................(唱歌)音乐科

第三日,师提议,"雀坟没有标帜,恐怕不能长久的存在。"

讨论的结果,立碑。

先制"碑文"。..国语(作法、读法)

次用木板造碑。......................................算术科、艺术科

次书写。..国语(习字)

次竖碑及碑的附属品。..................................校园工作

这天所包含的功课,如国语的作法、书法、读法等,都可仿第一天写"揭

示"的例，不赘说了。

这段教材，连续的用了三天，经过十几个时间，关涉全部的科目。授课和工作联成了一气；知识与行为打成了一片。他们的"揭示"和"碑文"两种作品，便可作读本应用文材料。教师再把这次经过的事实，整理、修饰，简单地记载出来，便成了读本中间一两课真切的记事文章。——这种经验，可创造他们自己的环境；这种记载，可保存他们自己的经验；而这种文章，又成了他们环境的一部分。

取这样的教材，照这样的教学，可使儿童的经验一天一天地深入而扩张；他们的环境，把经验做基础，也就一天一天地新鲜而恢廓。他们的精神、思想，声音（语言）、符号（文字）自由自动地在里边运用着；受了教师的辅导，经过共同的整饰，便成了他们的"文学"。这就是"读本"；这就是"国语科"。——此为上品。

……

现在再将黎傲非《国语教育新趋势的动机》文中替我从这实例的四日起续成的计划和另定的"竹"之设计法，附录于后：

第四日，征集关于"雀子"的故事。学生讲了一个"衔环报恩"的故事。
………………………………………………………………………… 历史观念

先生讲的故事很好：

张君哲欢喜捉小动物。有一天，老雀打食未归；小雀飞到地上，被他捉住，关在卧房里纸盒子里。一会儿出去看，老雀在窝旁乱飞大叫。君哲很惭愧，就问那老雀：

老麻雀！请你告诉我：你为什么，这样不快乐？你为什么，不进你的窠？你为什么，唧唧的叫着？

他的姐姐君美和他说，我知道老麻雀的心思，我要代替他说话：

我的小女儿，今天不见了。不知道飞到什么地方去了，有谁人给他东西吃？到夜里有谁人招护他睡觉？今天不回来，一定活不了！

君哲听了，心想若是我被人捉去了，我的妈妈一定会每天哭，时时着急，我也一样要哭，要着急。现在老雀也急，小雀也急，我怎样做了这样的恶事呢？便连忙跑到屋子里去，把盛小雀的纸盒子拿出来，将小雀轻轻地放在草地上，说道：

麻雀你快来，我真对不起你！你的小姐，就在这里，请你抱回去。

小雀便飞起来，老雀把他带进窝里去，口里不住地叫着：

"谢谢！"

设计将这个故事，编成剧本"国语"。

第五日，拿什么做的麻雀？做麻雀怎么能飞？结果：鸡毛、纸、泥等做麻雀；青线、铁丝、钉等可以使他飞——艺术。派定职务：布景——美术，艺术，算术。读脚本——"国语"。上午，开演，兼带唱歌（把这故事内"君哲和君美"问答的话，编成唱词如上）——音乐，艺术，"国语"。

下课以后，教师把连日大家所欣赏、建造、思考、练习的成绩，分类列入表册，再总结一次。此五日内，经过二十小时以上，所有的科目都加入了。①

黎锦熙认为这种教法才是教学的上品。上品的教学，不局限于一种设计法，更不专从偶发事件引起动机。如说故事、童话、读诗歌等，有时要从一定的实物、图画等观察，或径从读本文字上运用起，不拘泥。关键是要自然地生发、生成开去，与各科知识和现实生活的应用实际相联系，这已然是中国式的设计教学法。我们今天所用的基本上都是他称为下品的固定的教材，校本课程多数没有得到实施，教师的教育能动性没有得到发挥。

黎锦熙是这样分析这种教法如何体现"国语要旨"的"两大方面"要求的：

---

① 黎锦熙：《新著国语教学法》，见黎泽渝、马啸风、李乐毅编：《黎锦熙语文教育论著选》，人民教育出版社 1996 年版，第 416–421 页。

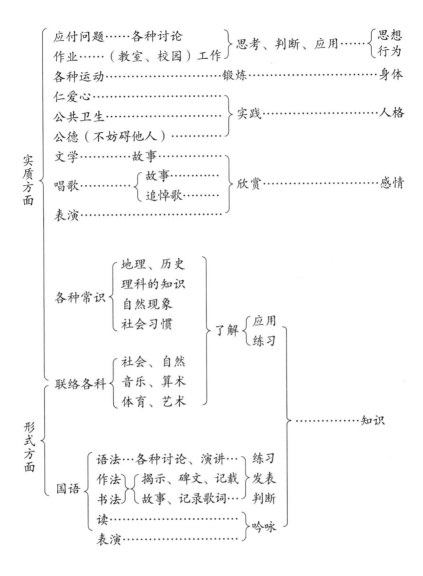

我的意见,以为儿童的仁爱心,要使他们得一个较深切的刺激——让他们的感情受着文词与乐调的暗示而兴奋,同情和忏悔之心,油然而生,在人格的锻炼上,自然很有力量;所以加了讲演和表演故事的那一段。并且在国语练习上,也供给了他们许多学习和欣赏的机会。我们试从第一日起,逐段检查,哪一项不是使用语言或文字的?教师趁学生有发音不正确、用词不妥当或是不明白词句意义的时候,都可以随时矫正、指导。①

这个教例体现了非常"新潮"的科学的教育思想:

一、随时随地利用儿童生活中的种种事实,连结他们的种种经验和环境,作一种普遍而流动的教材。——这是从课程资源的开发上说的,这样的教材就是今天倡导的校本教材。这种教材的好处自不待言,开发的难处也是不言而喻的。大概今天我们的师资还不具备这样做的条件,多数教师还只能照本宣科。

二、按着他们身心发展的过程(大约可比照人类学中初民进化的过程),施一种辅导自动、共同创作的教学法。——这是按照学生求知的心理,按照自然的需要,循序渐进地引导、拓展、组织教学,是学生参与合作的教学,师生共同创造的教学。教学内容和学生的求知欲相一致,学生便有了学习和探究的积极性。还有什么比学生感兴趣对教学更重要的呢?

三、不但读法、话法、写法、作法要打成一片,就是国语和其他科目也要打成一片。——国语教学能和其他科目打成一片,这是最为理想的,只是很难做到,尤其是在中学阶段,各科目的内容变得较为艰深复杂,教师恐怕难以驾驭。但是,将国语、国文科内的读法、话法、写法、作法打成一片,是绝对必要的,也是不难做到的。这四个方面的联络交融互动,其教学功效将大于各自孤立的教学,则是显而易见的。只要有可能,教师都要想方设法将这几者联系起来进行教学。这就是今天所提倡的综合实践练习、打破学科本位。

四、读本(一部分)乃是教师和儿童们的共同的作品。——师生共同创作的作品,可以作为阅读教学的文本,这是非常新奇的想法。教师和学生如果在共同的教学活动中,都能将自己优秀的作品,将自己的感悟和创造贡献出来,作为读本的一部分,至少比那些离他们生活比较遥远的经典文本要鲜活、亲近

---

① 黎锦熙:《新著国语教学法》,见黎泽渝、马啸风、李乐毅编:《黎锦熙语文教育论著选》,人民教育出版社 1996 年版,第 422–423 页。

得多。尽管它不能代替经典文本的阅读，但至少是一种丰富和补充。一个语文教师如果不能带领学生去写，不能将自己的作品和学生进行交流，这样的语文教师称职吗？在今天，电脑和网络的运用使文字的传播交流变得快捷、容易，也为师生间的文本沟通提供了极大便利，好好利用这些条件，以提高语文教学效率，是当今语文课改的一个重要任务。

记得多年前，读到黎锦熙著作时难以抑制内心的激动。看惯了那些几十年一贯制的死气沉沉的文选，散发着死老鼠、烂白菜气味的所谓的优秀教案，翻阅"国语教材和教学法的新潮"，有如暗夜中豁然开朗，眼前一片苍翠和光明，心情轻松、愉悦，像蒲公英般地飘飞起来。心想，即使我们现在、将来甚至永远也不能如此教学，也要让年轻的教师知道，半个多世纪前，黎锦熙给我们带来了什么，让他们知道，这个世界上曾有过一种教学"上品"："设计教学法"，是那么的生机勃勃，率性、好玩、幼稚、尽兴，充满"孩子气"，能唤起学生的灵感和表现欲，给师生的学习、创造带来无穷的乐趣。老师们哪怕偶尔尝试着做做，走出教室和教材，去顺应学生身心的需要，在贴近自然、生活和心灵中，去亲近语言和文字，也是功德无量的事啊。

> 教材和读法，形式、实质并重，重视文学教育。以"自动主义"为理念，培养学生的主体性和参与性。联络互动的教学法，听、说、读、写打成一片。超前的、活泼的教育思想方法足可睥睨教坛。

黎锦熙的学科理解十分缜密而独特，决不人云亦云，也不一概而论。他注重对问题作具体分析，尤其注意学生主体性的培养，注意他们的年龄特点和接受心理，对教材和教学作科学的规划和精心的设计。

在教材和读法的指导思想上，黎锦熙和叶圣陶的主张有所不同。叶圣陶注重形式，认为语文科教学主要是表现形式的掌握。而黎锦熙则作具体分析，将教材分为两类:"实科知识的教材"和"文学的教材",认为前者重在"实质",后者重在"形式"。低年级学生偏重于前者,高年级偏重于后者。但是文学教材"也要从实质上加一番分析工夫,作很适宜的分配"。实质方面的分类就是:

(1) 关于健全人格和公民道德的知识。

(2) 关于家族和社会生活上种种伦理的常识。

(3) 理科和地理的知识(如自然现象、动植物、生理、地质、地文等)。

(4) 历史的知识(从乡土及童话传说等引入)。

(5) 日常生活上事物的知识(如衣、食、住、器用、交通等)。

(6) 实业的知识(如关于农、工、商等业务组织和工具)。

(7) 不属于以上六项之纯粹文学或有趣味的材料。①

和叶圣陶以文体形式分类的教材观不一样,黎锦熙是形式和实质并重的,或者说,总体上是重"实质"的。这种观念是辩证、合理的,有很高的参考价值。我们今天的许多论者,一讲起教材,就以叶圣陶的"形式"观为依据,反对按"实质"编排选文。其实,这二者是不可偏废的,最好的教材形态是二者的统一:"实质"的丰富,使学生增长学识、拓展心灵、发展想象力和思维力;"形式"的多样,培养学生的文体感、语感、语境感、语篇感。这两方面对于学生的语文素养都是不可或缺的。"实质"的学习,有助于涵养学问、胸襟,提升审美、人文品位;"形式"的学习,是语文知识的了解和语言文字技术的练习。一个语文人才的培养,只有"形式"——语文技能技巧的学习,没有"实质"的学习行吗?虽然"实质"的学习未必是语文学科可以独力承担的,但是,语文学科应承担起主要的责任则是无可推卸的,尤其在人格的陶冶、心灵的拓展、趣味的养成上。当然,要做到"实质"与"形式"的统一并不容易。从今天的教材看,不是以"实质"划分,就是以"形式"划分,有些教材开始取"实质"

---

① 黎锦熙:《新著国语教学法》,见黎泽渝、马啸风、李乐毅编:《黎锦熙语文教育论著选》,人民教育出版社1996年版,第431页。

（主题）划分的方法，这是很好的尝试，不能因为叶圣陶取"形式"划分法，就成为千古不磨之定则。我以为，问题在于如何在以"实质"划分时，兼顾到"形式"，在以"形式"划分时，兼顾到"实质"，这是需要认真思考的一道难题。

在教材的文体上，黎锦熙与叶圣陶的看法也不一样。叶圣陶较为重视"实用文"（后来的"汉语""文学"分科时的重"文学"，是身不由己的），而黎锦熙较为重视"文学"。他讨论的"读本"，谈的全是"文学"，一点没有涉及"实用文"："大凡正式的国语读本，运用教材，总要合于文学的体式，总要是现代国语的儿童文学。现就近人的专著和译述，参以私见，将小学教材单从'文学的'方面分为十类，各按年级略为分配……"①这十类是：儿歌，新诗，歌谣、曲词和旧诗，寓言（又笑话，谜语），童话（神话，无稽的故事等），传说（有历史根据的故事，史话）和传记，天然的故事（物话——旧译物语，这也算是一种变相的寓言），小说，游记，戏剧。几乎涵盖了全部文学体裁。对每一种文体的择取和教法，都作了详细的规划和说明。有的还从"实质"和"形式"两个方面，提出选择的要求。例如关于"寓言"：

年级渐高，选择寓言的标准虽然还是重在趣味，但要注意下列几项：

（1）实质方面，要能帮助儿童理智的发达。

（2）从理智上推想的结果，要能悟得一种教训。寓言后面照例多附一两句训词，可是不要提出太快，留着等他自动的推想最好。

（3）形式方面，要能启发儿童在修辞上（兼作法、语法而言）能运用譬喻法。②

教材重视文学作品，这是符合儿童的年龄特点和欣赏水平的，在中小学教学中，以文学作品为主，在培育学习兴趣、丰富情感、陶冶美感等方面，都是

---

① 黎锦熙：《新著国语教学法》，见黎泽渝、马啸风、李乐毅编：《黎锦熙语文教育论著选》，人民教育出版社 1996 年版，第 425 页。
② 黎锦熙：《新著国语教学法》，见黎泽渝、马啸风、李乐毅编：《黎锦熙语文教育论著选》，人民教育出版社 1996 年版，第 427 页。

十分必要的。应用文不是不需要，而是不能太多。太多了，就会破坏学生的学习兴致。学生自发的阅读，是很少有人会选择应用文的，大多读的都是文学作品，写作也是如此。语文教学就要去顺应他们这种审美的天性，而不是去强制性地压抑或扭曲他们。只要他们能热爱读写，偶尔需要写点应用的文字想必也不会太难。黎锦熙能注意到选文"实质"与"形式"的双重标准的统一，这的确是高人一筹。

对语文教学法的理解，在语文界的先贤中，大约没有谁比黎锦熙更深刻、机智、辩证。在他眼里，语文教学内容从来就是一个开放的整体：阡陌交织，四通八达，来去自由，殊途同归。可以从讲读中练习说、写，也可以从说、写中通向讲读，说、写教学也同样难分彼此，无法截然分清楚是哪一方面的教学。虽然他也对各个方面的教学法分别叙说，但实际上没有严格意义上的听、说、读、写教学，读法、话法、缀法、写法错杂交糅、水乳交融，你中有我，我中有你，难解难分。在他的教学思想中，没有人为设置的藩篱，没有单向思维的僵化，没有陈规陋习的束缚，达到了随心所欲的自觉境界。这种整体化、开放式的辩证思维，从前面的"设计教学法"可见一斑。

他在"读法"部分对"自动主义的形式教段"的分析，不但可以进一步看出他的辩证的教学观，开放的教学方法，而且还体现了"儿童中心主义"、注重实际受用的观念，同时，还可以看出他的讲读教学不是为读而读，其实是培养听、说、写能力的手段和途径。

从教学国语读法的根本上说来，一般所用旧式的教段，须改用自动主义的教段。且先述之：

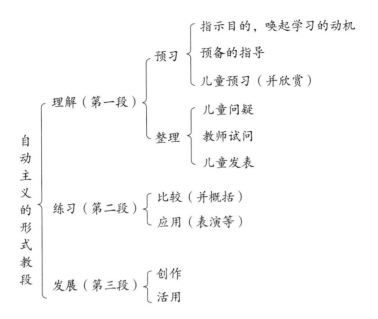

现在专从国语读法的教学方面，依这教段的顺序，说出几个要项；不能详尽，只就一时所感触、所觉察的，略为发表，以待商榷。

（一）读法上向有形式主义（偏重言语文字的玩味、练习）和实质主义（偏重内容事物的深究）之分。须有采择的标准：

第一，就是看教材的性质如何：

（1）有关实科知识的教材，须从实际上观察、试验的，要多采用实质主义。

（2）偏于文学的教材，以感得趣味为主，不必十分深究内容的，就要偏重形式主义。

第二，要随儿童的程度而定：

（1）低年级的读法，总宜从观察实物和了解课文内容的实际入手，不必先提文字。因为要使那"能"表事物的符号和他所"表"的事物，两下的结合得极牢固，方能免意识界的影响模糊，方能免将来运用语言、文字成不真切、不精确的习惯；所以无论何种教材，只要可能，总应该从实质方面入手。

（2）年级渐高，儿童运用符号、理解文字的能力，因为锻炼日久，渐渐的发达了；就可让他从文字方面去探究内容，构成想象，所以不妨比较地多用一点形式主义。"预习"一项，就是教他自动地径从理解文字入手。

（二）一个题目下的教材，可以让儿童囫囵的、连续的"预习"下去，不要勉强分节。儿童质美的自然会欣赏、吟味。但是当正式教学时（就是新教段的"整理"一项），分节与否，却要看教材的性质：

（1）诗歌、趣话，结构浑然，只能全课通读。

（2）故事、游记，段落明了，自宜分节讲读。

（三）"儿童的问疑"，"教师的试问"，就是将儿童脑筋里预习的课文印象，多方整理，教他能得明了、确实的理解——如矫正发音，练习话法，新汉字的形义、笔顺，难解的词类、语句（就是方言和国语不同的语句）的解释，标点句读的分别、名物内容的疏证等，都在这"整理问答"一项处理好了，再也用不着"翻译式"的讲解了。

（四）诵读就是儿童将声音与意义结合的一种"发表"（属于"整理"项下的）。除预习时的诵读，不过研寻意味外，要声音真与意义相结合，便要练习论理的读法——注意词类和句读的断续和轻重；要表现文学的意味和兴趣，就要练习审美的读法——注意声情的抑扬抗坠。（个读，齐读，随宜用之；范读最不可少。）

（五）"练习"段的"比较"，常带有批评的意味；因为批评的结果，可以助长判断力，又能使理解更加彻底。

（六）"概括要旨"的手续，也不可少。但须指导儿童确能将教材的中心点把捉得住，将课文的条理系统分别得清。低年级只作讨论大意的问答；稍高便可标示出来，但是标出的语句也不要拘于原文。若是照例将原文机械似的缩约一番，在国语的读法上，实在毫无意义。

（七）"表演"在国语教学上最关紧要，实在是读法的"应用"了。只要可能，什么教材都应该表演。因为他的好处——

（1）使儿童设身处地，把书中的人物与自身合而为一；书中人物的感情、意志，就是自身的感情、意志。不但亲切有味，而且感发甚深。

（2）由儿童各自认定做课文中的什么人，就引起他一番选择的考虑；课文的精采处，多由此触发出来。

（3）表演总在两人以上（若是一个人登台，便是"讲演"，可属于话法去讨论；否则要属于第四条"美读法"的范围了）。因此就有一番共同的安排布置，并且大家负了联络贯串的责任，很足以养成儿童通力合作的社会精神。

（4）课文中一切词类、语句的背景，如名词所代表的事物、动词所代表的动作，问答、讲解的时候，不过得其大意；到了实地表演的时候，便要真实不虚，曲尽其致地表示出来，那词句观念便格外明了确实了。

（5）儿童心理，以化装演剧为最有趣味的游戏。表演不但引发他们对于读法的兴趣，就此便可满足他们的生活。

（6）从表演的练习，进而作课外的化装讲演，再进而结构、创作，实演戏剧，都可以把读本的文学教材为出发点。——一切故事、小说、历史、游记等教材（副读本中更丰富），都是创作戏剧、表现心能的好资料。

（八）儿童对于教材，彼此自由地讨论、辩驳（关系话法），或自将前后教材记述起来（关系缀法），便是"创作""活用"的动机了；这都可以辅导、奖励的。

（九）以上八条，大体是就正读本的精读法而言。至于副读本的泛读法，教师只须随时解答学生的疑难便够了。若是学生中有高兴把副读本深究的，教师也要立于辅导的地位，指示种种深究的法门，介绍种种参考的读物，因为就"活用"一项说，于读书能力和研究兴味的养成，副读本与正读本实具有同等的效力。①

他的"自动主义"的三段式教法，是针对"旧式的教段"的。什么是旧式的教段，黎锦熙没有说，但是可以猜得出，学生不是"自动"的，是"被动"的，是"教师中心"的满堂灌。什么是"自动主义"的，也没有定义，但是可以从他的具体叙述中了解到。

在他的"自动主义的形式教段"的三阶段——理解（预习、整理），练习

---

① 黎锦熙：《新著国语教学法》，见黎泽渝、马啸风、李乐毅编：《黎锦熙语文教育论著选》，人民教育出版社1996年版，第438—442页。

（比较、应用），发展（创作、活用），显然，主语都是学生，所描述的主要是学生的活动。在具体实施中，教师是站在辅助的立场上，教师的行为是较为克制的，主要作用是穿针引线、点拨助成。教师的作用主要是在第一段："预习"前的"指示目的，唤起学习的动机"和"预备的指导"及"整理"中的"教师试问"；在第二、三段，教师基本上就消失了，没有什么特别突出的作用。——"指示目的，唤起学习的动机"，是教师的最重要的工作，是给学生的"自动主义"这部发动机加油的，唤起了学习的动机，学生这部发动机就可以"自动"工作了。他的教学观是"学"重于"教"的。

学生的活动有："理解"阶段，"预习"部分的"儿童预习（并欣赏）"，"整理"部分的"儿童问疑"和"儿童发表"；"练习"阶段的"比较（并概括）"和"应用（表演等）"；"发展"阶段的"创作"和"活用"。黎锦熙明确指出"无论教学何科，凡'整理'一项——问疑，试问，发表，都是练习话法的机会"，就是说，从"读法"的第一阶段开始，实际上做的大量工作就是"别人"的——"话法"的；第二阶段的"应用一项，要注意读本课文的表演和实质的谈辩"，这主要也是"话法"的内容；第三阶段的"创作一项，除作文外，还要注意语言的艺术"，"活用一项，便是读书能力和研究兴味的养成。——最要紧的，就是养成儿童到图书馆自由参考的习惯。再进一步，便要养成儿童对于文学（广义的）之鉴赏与批判的能力"，这里是以"缀法"（作文法）为主，兼及其他。

将他的精读法"八条"抽取出来，看看他的阅读教学的理念是什么：（1）如何采择形式主义和实质主义教法；（2）预习和正式教学时不同的读法；（3）"儿童的问疑"，"教师的试问"，如何帮助学生明了、确实地理解课文；（4）诵读就是儿童将声音与意义结合的一种"发表"；（5）"练习"段的"比较"，常带有批评的意味；（6）"概括要旨"的手续，也不可少；（7）"表演"在国语教学上最关紧要，实在是读法的"应用"了；（8）儿童对于教材，彼此自由地讨论、辩驳（关系话法），或自将前后教材记述起来（关系缀法），便是"创作""活用"的动机了。——在八条中，充其量就只有前面三条是基于"理解"目的的，其他五条虽然有的也关系到"理解"，但是，主要是关于各种各样的"表现"目的。他最看重的是"表演"，认为只要可能，什么教材都应该表演，对表演的方法和功效作了详细的叙述。他还重视自由地讨论、辩驳，这些都是发表的练习。

这似乎有点喧宾夺主，明明是阅读教学，然而，主要的功夫放在了"发表"上。能"入乎其内"，也能"出乎其外"，内外兼顾，听、说、读、写并进，"理解""练习"，最后落在"应用""发展"上，最主要的教学目的是"创作"和"活用"，就是我今天提倡的"指向言语表现"，一切殊途同归，为了学生言语生命力、想象力、创造力的发展，这才是真正的语文教学。在20世纪20年代，就能如此深刻地把握读法的目的和意义，确实让人惊叹。

写作教学是语文教学课程结构中的一个重要部分，它与其他部分也同样相互依存、相互促进。黎锦熙不但注意到写作教学内部与外部的各种矛盾，而且也注意到它们相互统一、相互联系的一面。他的写作教学结构也是一个开放式的系统，他提倡相关教学内容的整体联络，对此，他从五个方面作了专门的讨论，其中最重要的是以下三个方面。

第一是"非作文的作文"。"初年级的儿童，当未能提笔为文时，应特注重'话法'，以为作文的基础。话法就是'语言练习'，也称'口语缀法'。……在高年级的话法教学之中，有两件事和作文有关系：1. 讲演　用故事或常识做材料。2. 辩论　用正式集会的形式；拣定一个题目，正面反面，都有理由的，分全级为两组，各主一说，互相辩驳，由公正员评判胜负。这两件事，本身就是一种'口语缀法'的练习，而且事前的预备、事后的记叙，都是作文的最好的机会和材料。——这可说是话法的作文。"①这讲的是说和写的联系。讲演和辩论，不但小学生可作，对中学生、大学生而言，也都是一种极好的口语和写作训练。而演讲和辩论又是一种青少年非常喜爱的群体活动，对这两个项目的兴趣，自然会迁移到对与其相关的写作上去。还有上面讲到的读法教学中的缀法："表演和演剧：表演虽很简单，但已大有影响于作文。进一步就是演剧；其剧本的编制，便与作文有直接的关系了。"②这样的"非作文的作文"，也许比煞有介事的

---

① 黎锦熙：《国语的"作文"教学法》，《教育杂志》，1924年第16卷第2期。
② 黎锦熙：《新著国语教学法》，见黎泽渝、马啸风、李乐毅编：《黎锦熙语文教育论著选》，人民教育出版社1996年版，第499页。

正式作文，效果更佳。

第二是"作文的艺术化"。"小学自由作文，大都以记叙文为多；记叙文的要素在于真实而深切的描写。这好比艺术科的图画教育：不但描形、施色、投影，必先有详密的观察认识，是和写生画一样的历程；并且艺术上的写生与作文时的写生，简直可互相参用，化为一物。……拿图画来补助作文之所不足，或就图画加以叙说，以引起作文的思致，都是初年级所能办得到的；就此法引而伸之，便是作文的艺术化。"[①] "拿图画来补助作文之所不足，或就图画加以叙说"，这都是中小学生很乐意做的事情。作文能触发绘画的兴致，绘画反过来也能引起作文的思致。"作文的艺术化"对诱发写作动机和欲望很有助益，大部分学生都很喜欢为自己的作文配插图，因而把写作这个"苦差"变成赏心乐事，其认真程度往往超过老师所期待的。在今天电脑时代、读图时代，将学生对"图"的兴趣与"文字"相结合，也能起到相互促进的作用。这不仅是语文科内部的联络，而且是语文科与艺术科的联络。

第三是"作文与读法教学联络之点"。黎锦熙先生认为低年级儿童最爱的是"故事"，所以读法教材以故事为多；利用这点，以为作文出题的标准，可以培植并助长他们自由创作的心能。六种具体方法是：（1）挂一副故事图，按照图中的意思，揣摩描写出来。（2）教师以动作示意，演一故事，使用文字记述出来。（3）教师同学或家庭中讲过的故事，使从记忆中用文字表述出来。（4）将已经读过的短故事改成长故事，或把未读完的故事自己续成。——高年级便可以把故事改编成剧本了。（5）就已读而心爱的故事，仿作一篇。（6）纯粹地从想象或理想中自由创作。——这虽靠想象力发达，但副读本读得多的，想象的构成，材料的支配，也较容易。这种作品，有好的，便要揭示或传观，或投稿于儿童画报，因为这就是儿童副读本了。

对于高年级学生，他认为这些学生的心理，渐渐地趋向于现实界，爱讨论他们环境中所有的或新发生的"事实"和"问题"；利用这点，就国语科或他科论究一个问题的结果，便命题作文；等到批评发还之后，即选读关于本问题的名

---

① 黎锦熙：《国语的"作文"教学法》，《教育杂志》，1924年第16卷第2期。

著，使可比较已作，自知缺点。黎锦熙举了江苏第二女师附小的一个事例：

五月一日，是世界劳动纪念日，于是在这天公民课里，讨论这劳动节的来源、历史，使大家明白什么叫劳动节，为什么有这劳动节。……到了缀法课里，就令大家把关于劳动问题的意思发表。发表的意思有了，各人自己先拟定一个题目，然后去做。这次拟定的题目，归纳起来，有下面十四个：

①劳动说 ②劳动者言 ③什么叫做劳动节 ④劳动主义的来源 ⑤劳动运动后的影响 ⑥劳工怎么可以解放 ⑦劳动问题与中国 ⑧劳动的必要 ⑨劳动节演说词 ⑩劳动的要旨 ⑪劳动和健康的关系 ⑫说劳动主义 ⑬一个劳工的人 ⑭劳动者与资本家

批评发还之后，读法教材就选了几篇关于劳动问题的文章，如：

①五月一日万国联合示威运动 ②李卜奈特西"五一宣言"（以上新青劳动纪念号）③《劳动纪念号》题词（吴敬恒）④劳工神圣（蔡元培）⑤劳动歌（星期评论）

使他们读了，可以自己知道发表意思的欠缺，运用文字的谬误。

……无论高年级低年级，凡自由作文时，都可按着程度，参用这种联络的教学法。——其他可联络的事项还多，这不过举出两个最重要的罢了。①

上面所举的例子，可以看出教法的开放和自由。低年级学生写故事有那么多种方法，可以看图写故事，记述教师的表演，写听过的故事，扩写、续写故事，仿写喜欢的故事，甚至可以凭想象自由创作。不知今天小学低年级是否有这么丰富的写作练习方式。高年级学生则根据公民课所讨论的内容，自主拟题，充分发挥学习的主体性，从所拟的14个题目看，大多有较大的难度，带有较强的研究性学习的性质，不少题目很大、很深，有自己的见解，如：劳动主义的来源，劳工怎么可以解放，劳动问题与中国，劳动的要旨，劳动和健康的关系，劳动者与资本家，这些当年小学生做过的，恐怕今天的高中生、大学生也

---

① 黎锦熙：《国语的作文教学法》，见张鸿苓、李桐华编：《黎锦熙论语文教育》，河南教育出版社1990年版，第188—189页。

未必做得好。能写出这般文章,还一直被认为语文教学"没有成绩""糟透了",如此说来,今天的语文教学,实在是找不出什么合适的词来评价了。——由读(听、看)到写,再由写到读,这就将作文与读法(及他科)相联络,使二者都显得生动活泼起来。

以上三种联络的方法也不是相互分离的,可以随机地将它们组织在一起。这种开放的、随机应变式的教法,对学生自然有极大的吸引力,且能收到良好的教学效果。只是教学难度较大,不是多数教师能做到的。但是,就其教学观念而言,无疑是很"新潮"的,值得在实践中进行尝试。哪怕还不能做到全方位的开放,哪怕还不能将教学组织设计得十分完美,只要不再把各部分的教学孤立看待,只要能有意识地、尽量地使写作教学与语文科或其他科目的相关内容打成一片,阅读时想着写作、口语交际,写作、口语交际时想着阅读,最后的目标落在言语表现上,就一定会收到事半功倍的效果。

> 不断提出教法"改革案"。首创"话法教学新案",认为话法比读法重要;"作文教学改革案"确立了写作重于讲读、日札优于作文等原则,开重表现、重写作之先河,堪称语文教改急先锋。

黎锦熙具有极强的学科责任感,一边埋头建构,一边不懈地改革,他是一个永不满足的教育改革家。他不断地提出新见解,学术眼光之敏锐无人可及。

从民国初年开始,到40年代末的这几十年间,国文教学质量一直不尽如人意,国文界批评和改革之声沸沸扬扬、不绝于耳。黎锦熙对此也极不满意,他说,现在我们的各级学校,小学的科目,大打头就是国语;中学打头就是国语,专科学校,乃至大学,打头也都是国语;可见我们中国,对于本国语文工具的基本训练是何等的重视!应该一步一级的都能够达到水准,到了大学毕业,国文应该是毫无问题了。但是,现在成绩最坏的就是国文,这是社会公认的事实。对此他深感忧虑,谋求教学的改革,对文法(即语法)教学、讲读教学、话法教学、作文教学等分别提出改革的设想。真是煞费苦心。

对文法教学的改革，放在下一部分说。讲读教学改革案，主要是针对白话文和文言文的教学的定位谈的，认为二者要"分别处理"，不能笼统地用一种大概相同的教学法，提出了"两纲四目"的原则：

纲一　白话文须与语言训练相联系：
目（一）　先须"耳治"（初讲时，学生不可看本文。）
目（二）　注重"朗读"（须用美的说话式，并随时矫正字音、语调和语气。）
纲二　文言文视与外国语文同比例（指用同样的教学方法——笔者注）：
目（三）　必须"背诵"（预习时，即宜熟读；已读者，分期背默。）
目（四）　彻底"翻译"（逐字按句，译成白话，确依文法，勿稍含糊。）[1]

他主张白话文讲读教学要与培养口语能力相联系，这是他在专门讨论"话法"时，曾详尽深入地讨论过的，读不只是为了读懂，也在于培养说，这二者密切相关，相辅相成。这种见解无疑是很有实践意义的。在这种观念下，整个的"读法"教学的目的、过程和方法，都不一样了，强调的是"耳治"和"朗读"：学生在"预习报告""教员范读""学生齐读（跟着教员循声诵读）"这三个环节时，"绝对"只用耳朵听，不能看本文，他称之为"三绝对"，并特别警告："……是名'三绝对'，即纯以'耳治'，乃本改革案精要处，请特予注意！若不如此，此三项教学手续即完全失去效力。"[2] 所谓"朗读"，就是"美读法"，用美的说话式，最忌离开语言的声音笑貌，而专以目治文字。这种读和听、说的联络，在今天虽然偶尔也有，但是，显然缺乏自觉的意识，没有像黎锦熙这般斩钉截铁、不留任何余地的明确宣示。——叶圣陶等把阅读作为一种独立的能力的观念，就很难考虑到阅读教学与听、说、写的联络互动。在白话文和文言文阅读教学改革上，黎锦熙还强调的是与写的联络，称为"比较翻译"：

---

[1] 黎锦熙：《中等学校国文讲读教学改革案述要》，见张鸿苓、李桐华编：《黎锦熙论语文教育》，河南教育出版社1990年版，第113页。
[2] 同上，第114页。

1. 白话教材译为文言（自不必篇篇备此手续；应译者亦不必全篇，可择其重要部分。）

2. 文言教材译为白话（原则第 4 目云："彻底翻译。"故文言教材，应以篇篇翻译为白话为原则。）①

对读、写的联络，还有如下精到的论述：

白话文以"耳"治始（初讲时，绝对不可对看本文），以"目"治终（练习考核时，只须"对文朗读"），其成绩之表现则全在"口"，口自与"手"相应，而白话文之写作进步矣。文言文则始终以"口"治为主（预习时即熟读，已读者必背诵），口治之极，自能影响"目"与"心"，若一霎时之"眼到"与偶然间之"心到"，而"口"则长期不"到"。如今学生之听讲文言文者，则其效果必等于零无疑也。口与耳关系密切（自读熟，自听惯），文言文若能贯彻"口到"，自然"声入心通"，既得于"心"，而应于"手"，故亦足促进其写作。②

在讲读教学最后的"发展"阶段，即"应用"阶段，有"创作"和"活用"两部分内容，"创作"部分指出读、写二者的互动：此指本篇讲读时与"作文"指导应联络之诸点。大凡作文出题与指导，必使与已讲读之教材有密切的关系；批改亦必使能据已读之文而反省。这些主要是从讲读谈到说、写的，也有从作文学习谈到讲读，认为作文是不能脱离讲读的"诵读"，同时，阐明了讲读最重要的是诵读，讲读教学就是"国语训练"（说、写训练）的主张，这是很有观念价值的：

……所以要作文真有进步，单练习写作是不成功的，国文教员必须注重讲读，注重讲读时间内对于白话模范文的诵读技术训练。第一个大原则就是：诵读白话文，等于训练国语；学校里并不必另设什么国语训练的选修科目，国语

---

① 黎锦熙：《中等学校国文讲读教学改革案述要》，见张鸿苓、李桐华编：《黎锦熙论语文教育》，河南教育出版社 1990 年版，第 117 页。
② 同上，第 118 页。

训练就是白话文的诵读。我曾经提出白话文的教学改革案，根据着这个大原则，第一，先把全篇内容从学生的耳朵里打进去，不让听者起首就看本文，所谓先用"耳治"，然后再用"目治"。第二，"耳治"之后，还不能就用"目治"。中间还要经过"口治"，这就是朗诵的训练，朗诵时，要用美的说话式，要用统一的国音，标准的国语；教员范读，学生齐读，个读，都要注意实行，随时矫正他们的字音，字调，词调和语气。第三，经过"耳治""口治"之后，白话文的内容了解和文艺欣赏，也就差不多了，然后再用目治，深究本文。这叫做白话文讲读教学三部曲，这样：口耳技术的训练，日渐纯熟，那么，古人的"一目十行""七步成诗"，并非难事。从"学习心理"上讲，这个学习程序才是自然的，不但能使讲读时兴趣活跃，注意集中，记忆牢固，并且自然影响到写作，因为从耳到口，从口到心，就是所谓"声入心通"；然后文言一致，从心到手，就是所谓"得心应手"了。必须在讲读时训练了"声入心通"的技术，然后到作文时才有"得心应手"的妙处。这就叫做"写作以外的诵读技术训练"；现在忽视了这种技术训练，以为只要多写作就可以使作文进步，未免妄想，终归失败。①

  黎锦熙认为学习写作，须从讲读入手，而讲读最重要的是"诵读"，认为"诵读"就是"国语训练"，即说话和写作训练。将此看作白话文教学的"第一个大原则"，这是极其重要的语文教育观念。他的"学校里并不必另设什么国语训练的选修科目，国语训练就是白话文的诵读"观点，固然有点极端，说话、写作训练单靠"诵读"自然是不够的。"诵读"主要的作用，是培养语体感、文体感和语感，使学生获得形式感，而难以获得深入的实质感（内容感），不可能解决说话、写作上的所有问题。但是，他把讲读教学的最重要的目标，指向了说、写，并详细规划了"白话文讲读教学三部曲"："耳治""口治""目治"，这是很了不起的新见解，也很有学理依据。由此可见，他的讲读教学的改革，主要是建立讲读和听、说、写之间的联系，其目的是指向说和写。在前面我们提

---

① 黎锦熙：《中小学国文国语诵读之重要》，见黎泽渝、马啸风、李乐毅编：《黎锦熙语文教育论著选》，人民教育出版社 1996 年版，第 203 页。

到的黎锦熙所谓"中等"的教学,"读本是用作整理儿童的经验、指导儿童的发表、准备儿童的创作之一种工具"。"上等"的"设计教学法",就更是把主要目标放在师生的"共同创作"上,他们的作品,成了读本的一部分。这些使我们看到了语文教学的一体化认知:听、读、说、写内部的自循环,相互的呼应和推动,殊途同归于言语的"创作":说话、写作。

这种指向表现的教学观念,在话法和作法中,表达得更为分明。

先看话法。现在新的语文课程标准,已有"口语交际"项目,但是这方面的研究仍很薄弱。早在1922年,黎锦熙就发表了《国语科"话法"教学的新案》,对"话法"有了初步而不失深刻的思考。

首先,他认为话法重于读法:"话法本来比读法重要些,而且要用在读法教学之先,因为读法是教学'阅看文字',而话法是教学'运用语言';儿童运用语言的本能和经验,比文字来得多而且早。所以国语的读、写,(标点恐有误,应为顿号——笔者注)作种种教学,乃至其他各科的教学,都是从'说话'方面打进来的。所以话法教学实在是一切教学入手的基础;而一切教学又处处都有施行话法教学的机会。"① 他认为之所以现在话法还不能与其他教学贯彻一致,是因为这需要在标准语地方的学校才能办到,方言离标准语太远的区域就无法办到。为此,他提出了两个办法:一是彻底的办法,就是另造一个学校说话的环境。各科各级的教员和学生,无论授课或谈话,都一律用纯粹的标准语。那么,话法教学自能与读法乃至其他各科贯彻一致,和在标准语的地方一样了。二是若是事势上一时不能将全校改成标准语的环境,那国语科就要另设话法教学的时间。他对话法教学的三种形态——读法"外"的话法、读法"前"的话法、读法"内"的话法,作了详细的说明。"话法本来比读法重要些"的观点,是有着很复杂的教育学内涵的。话法,首先是先于读法,然后是重于读法。因为话法可以作为国语读、写、作教学的前导、过渡,"入手"后,其他各项也应反过来支援话法,要落在话法上。备受黎锦熙重视的这么重要的话法,长期以来

---

① 黎锦熙:《国语科"话法"教学的新案》,见张鸿苓、李桐华编:《黎锦熙论语文教育》,河南教育出版社1990年版,第83页。

在教学中竟被忽略了。今天是否要重新考虑话法在语文课程中的地位和作用呢？

重"表现"的观念，在作法中也体现得十分鲜明。在《各级学校作文教学改革案》中，他对作文教学改革的见解，实际上是提出了对整个语文教育具有观念变革价值的主张，最值得重视和深思。

他认为："各级学校本国语文科，其水准颇有江河日下之势，原因全在教学方法的陈陈相因，不凭经验以谋改革"，为此，他提出"教学上的三原则"：（1）写作重于讲读；（2）改错先于求美；（3）日札优于作文。[①] 这改革"三原则"，尤其是前两条，可谓纲举目张、切中要害。

"三原则"的第一条，是就写作与讲读教学二者在课程结构中的重要性而言的，是谁为中心、目的的问题，这是一条"大原则"；在这个大原则下，第二、三条均是讲写作教学的，第二条讲的是写作教学和批评的标准，第三条讲的是写作练习的方法，这是两条"小原则"。"三原则"实为语文教学和写作教学中的三对矛盾，其中第一对矛盾是根本，是前提，只有确定了写作与讲读教学在整个语文教学结构中的位置，才有写作教学的课程、教材、教法可言。——并非像经验主义、教法主义者所认为的那样，语文就是听、说、读、写，没有搞清楚语文教学的性质、目的和其中的关系，也照样能教好语文。

关于"写作重于讲读"，黎锦熙说："这本来是一般人都承认的，只因各级学校的国文教员，大多数因为负担太重，时间不够，对于学生作文的批改和指导，实在太轻忽了，所以特提出来，作为第一原则。"[②] 就是说，写作与讲读教学二者孰为轻置，这应是不成问题的，只因教员负担过重（黎锦熙将此归因于"教员负担过重"，说得比较委婉，其实，最主要的原因，从观念看，是"阅读独立目的论"，阅读既是独立的能力，在教学中就可以名正言顺地单独施教，与说、写无涉；从实践看，是多数教师既不擅长说、写，更缺乏说、写教学的能力，无

[①] 黎锦熙：《各级学校作文教学改革案》，见张鸿苓、李桐华编：《黎锦熙论语文教育》，河南教育出版社 1990 年版，第 202–203 页。
[②] 同上，第 202 页。

法胜任说、写教学，而讲读教学只要翻阅一些参考资料，照本宣科，谁都可以对付），而使"写作重于讲读"变为事实上的"讲读重于写作"。这种错位，不只是教学内容表面上的比重失衡，实际上导致对整个语文教学指导思想的质变，语文教学的目的、要求、标准、教材、教法等，几乎所有的方面均随之发生偏离。从某种意义上说，"阅读独立目的论""讲读重于写作"，是语文教学少、慢、差、费的罪魁祸首。

"写作重于讲读"这一命题，大约包含着两个层面的意思：一是写作能力的培养比阅读能力的培养更为重要，写作能力对阅读能力的包容性，大于阅读能力对写作能力的包容性；一是写作教学在整个语文教学本体结构中的重要性大于阅读教学，语文教学的矛盾的主要方面、终极目标是写作教学。语文教学以谁为"中心"？是以写作教学的需要来组织阅读教学，还是以阅读教学的需要来组织写作教学，或者互不相干？简言之，是"以读带写""以写带读"，还是"听、说、读、写自行其是"？这的确是一个根本性的问题。

写作与讲读教学，二者不是相互排斥，而是相互依存。黎锦熙在强调写作教学的重要性的同时，也谈到"作文仍以讲读为基础，讲读教学若不改革，习作必受其影响"，这是从二者的联系上来确立教学的着眼点。写作不能离开讲读，讲读应促进写作。就文章讲文章，不是讲读教学的全部目的，要就文章讲写作，真正发挥出"基础"的积极作用。

被黎锦熙称为"一般人都承认"的"写作重于讲读"这一命题，时隔半个世纪，现实的情况是大部分语文教师都不承认。大部分语文教师承认的是叶圣陶说的"阅读的基本训练不行，写作能力是不会提高的。……实际上写作基于阅读。老师教得好，学生读得好，才写得好"。孤立地强调阅读教学的重要，把读看作独立的能力，为读而读，是否意味着观念上的进步，只要从学生上讲读课的那份无奈中，便可得出正确的结论。

在"写作重于讲读"这个大原则下，黎锦熙认为："注重写作，并非单单地要学生作文的次数加多；教员的批改和指导，也须把握一个原则：（二）改错先于求美。"这个意见也有一定的合理性。他说："一般改订作文，多属凭虚望气。对于四百号的'语文'基本工具，师生都还运用未熟，秕缪百出，乃但凭霎时间的主观私见,一味做八百号'文艺'上的笼统批评。'通''不通'的问题还没解决,就净说些'美''不美'的鬼话。今矫比弊,故以改错当先,求美居后。"① 这涉及的是如何确定作文教学、训练的目标和批改作文的标准问题,主要是如何处理求"通"与求"美"的矛盾。

黎锦熙认为首先要解决的是正确地运用"语文"基本工具,而不是指导学生从事"文艺"创作,培养作家。对于中小学生来说,能正确地表情达意,写出没有文法错误的通顺的文字,就算是达到了教学目的。至于写得美不美,有无文学性,那就不是教学上的基础性的需要。关于这一点,客观地说,语文界在理论上已达成共识,但是在教学实践上却未必都能这样做。对学生文字的基本功训练缺乏扎扎实实的评改、研究的功夫。对作文的评改,大体上还停留在黎锦熙所批评的"浏览浅尝,空谈无补"的状况,求"通"与求"美"的矛盾尚未得到根本的解决。

但是,黎锦熙的意见也并非无可商榷。"通"和"美"的标准是有难易之别,但是,未必要等到"通"的问题完全解决后再考虑"美"的问题,二者并不矛盾,可以并行不悖,文字的"美""不美"的意识,也是从小就需要培养的语感。更何况学生的作文程度参差不齐,很难一概而论什么时候一齐都"通"了,这样,"美"的要求岂不变得遥遥无期?我以为对于小学生而言,在"通"与"美"二者的要求上,可以更多地关注"通"与"不通",是关注的"程度"问题,而不是"先后"的问题。

第三条原则"日札优于作文",实际上是"掌握'语文'基本工具"这一思路的延伸。黎锦熙说:"日记札记,有内容,重资源,比之堂上限时作文,偏重语文形式之正确无误者,当然益处更多,效用较大。日记札记,包括实际服务时写的报告、记录等,并包括堂下的拟题写作等,都应当是积极地有目标、有用处,不像堂上作文仅是消极地备考核、供改订而已。"② 他认为"日札优于作

---

① 黎锦熙:《各级学校作文教学改革案》,见张鸿苓、李桐华编:《黎锦熙论语文教育》,河南教育出版社1990年版,第202页。
② 同上,第203页。

文"具体表现在两个方面:"一为实现'教导合一',一般国文教师还不能和学生共同生活时,从每个学生每日生活的自白与课业心得的自述中,可以得到领导工作上较为切实的参考资料,更便于个别领导。一为专科以上之'论文准备'。读书积理,早定方针,从日札上即可作点滴的搜集和长期的浸润,免致象过去临到毕业才张皇抓题,胡乱抄袭,大学的毕业论文,竟成为徒备形式、无关课业的废物,毛病就出在平日缺少具有固定方式与轨道的指导。课业、泛览、生活与论文各不相联系,惟有日札才可使一元化。"凡有教学经验的教师对此大约均有同感,他对日记、札记的重视,把它上升到"有目的、有用处"来认识,使之进入到教学的"正统"地位,这是难得的体认。我以为,如果能照此执行,学生能坚持写作日记、札记,尤其是读书笔记,语文教学可无须教,学生语文程度的提高是毋庸置疑的。但是,奇怪的是,大家在教学中实行的却是"作文优于日札"的原则,似乎堂上"作文"才算正经作业,而堂下"日札"则可有可无,日札与作文的关系始终没有处理好。这自然是应试教育所致,为了对付中考、高考那一篇作文,短视的教师选择了自认为最便捷的路——应试训练。至于学生当前的积累、将来的发展,就管不着这许多了。

所谓"日札",黎锦熙这一概念包含的范围很广,包括了几乎所有课外的写作形式,这类写作,学生有较大的自主性,题材和体裁均不受限制,学生能写出自己感兴趣的东西,并发挥出自己写作的优势。大部分学生的这类课外自由写作,都比课内限时、命题甚至命意的"遵命"作文要写得好。既然文章从根本上说,主要是个人的创造性的精神产品,而不是大批量生产的规格化产品,为什么在教学中非要削足适履、压抑学生的写作个性呢?当然,这并不是说可以不要课内作文,既为教学,既要对付各级考试,就不能完全听凭学生自由行事,也就有必要按照一定的教学目的、要求,对学生作适当的限制和指导。而问题的关键并不在此,而是在于如何理好自由作文和"遵命"作文的关系,在于如何遵从写作这一精神活动的特殊规律,最大限度地满足学生写作的自主性,促进学生写作才能的发挥和写作上的可持续发展。对此,黎锦熙的使课业、泛览、生活、论文一体化的写作教育观,是很有启示性的。

黎锦熙的国语作文教学改革的构想,至少还有几点仍值得我们重视:(1)初年级儿童应从"音字"写作入手,再过渡到汉字写作,这可以解除儿童在写作学习上的许多障碍。(2)应着眼于学习、生活的实际,引起学生作文的动机,使其有目的、有兴趣,能写得真切。(3)初期作文,不应过分注意儿童书写的正确和"厉禁"写白字,以至干扰儿童的文思。(4)要在学校中"培养一种极好的语言风气",造成统一的标准语(普通话)的环境,这是国语科自然的教材、文法真切的背景。(5)"文法"在说话作文教学中,是教师必须掌握的武器,不懂"文法"便处于盲目的境地。这几点,有的实际上已成为今天作文教学的规范,如第一、二点;有的则是应做上做得很不够的,如第三、四点;也有可资商榷的,如第五点,教师是需要文法知识的,但是对文法过于注重和拘执,也会束缚学生的言语创造力。这是黎锦熙作为语法学家的情有独钟。

总之,黎锦熙的国语作文教学法的构想,为现代国语作文教学奠定了基石,建立了一个较为科学的新形态,不论在当时、现在、将来,都不失其价值。

> 倡用注音字母,首创国语文法。确定"现代实用"方针,主张"句本位",倡导"图解法",在缀法、读法中大力推广、贯彻,推动了教学科学化,也造成了语法教学的泛滥。

黎锦熙先生太杰出了,需要他做的事实在太多,而且这些事都是带有开创性的,在诸多探索和建树中,功劳已多有论列,而疏失也在所难免。作为我国文字改革和现代语法研究、教学领域的最重要的人物之一,在今天语文教育转型之际,人们对语文教育中的知识体系、知识与能力的关系等存在诸多困惑时,其功过得失是需要认真检讨的。

他认为国语教学法的根本问题不外乎两点:(1)儿童先学注音字母——要以"音字"济汉字之穷,便须先以"音字"代汉字之用,然后作文教学,才能免除种种无谓的障碍,以求深合教学的原理,而尽量运用教学上的新方法。(2)教师深究国语文法——要使作文教学的指导、矫正、批评、测验等等都有一定的标准和把握，便须随时将文法精确而彻底的研究。若只讲求那些枝节上的方法，终于无济而徒劳。① 关于这两个目标，大约他认为未必能为当时思想保守的人们所接受，所以，他进一步阐释说：（1）若是眼光太浅，不深解教育与社会有互相改善的功能，而徒然以教育来博社会的宠眷，那么，先授"音字"的胆量必消灭于无形：我以为这便是教育界的耻辱。（2）若是只顾理论的稗贩和花样的翻新，不务适用科学的方法，把实际的教材作一翻彻底的整理，那么，深究"文法"，似乎可以无须；苟简以"偷工"，装点以"取巧"：我以为这也是教育界的不长进。他提出了"从根本的根本上解决国语作文"的两个目标：（1）犀利的社会眼光；（2）绵密的科学头脑。②

从这里可以看出开创新事业的艰辛。不论推行"音字"还是"文法"，由于都是新事物，反对的声浪必大，而不畏种种非议，以"犀利"的社会眼光和"绵密"的科学头脑，来观察和思考语文教育的新问题，给旧教育文化注入了时代精神。"犀利"和"绵密"的见识，是黎锦熙的学术品质，这使他有了许多开创性的贡献；以独特的"社会眼光"和"科学头脑"，不循常规，标新立异，发他人之所未见，这是他的过人之处、自负之处，也可折射出他的"曲高和寡"的感伤。

先说第一点。儿童先学注音字母，先以"音字"代汉字之用。这在当时是石破天惊的事。但在今天，注音字母为汉语拼音取代，小学生先学拼音，遇到没学过的汉字，用拼音代替，使用注音汉字的课本，"先读书，后识字"，"忘其字，写其音"，这已经司空见惯了。追根溯源，这是拜黎锦熙及其同人之福啊。这一变革，无疑使儿童和文盲学习语文和写作更加便捷。

再看第二点。教师深究国语文法，要使作文教学的指导、矫正、批评、测验等等都有一定的标准和把握。这也是很值得称道的科学的教学方法。

早在1921年，黎锦熙就指出："研究国语法的目的，就是要用科学的方法，

---

① 黎锦熙：《国语的作文教学法》，见张鸿苓、李桐华编：《黎锦熙论语文教育》，河南教育出版社1990年版，第191页。
② 同上，第192页。

整理日常应用的语言。……因为要普通话说得不错，语体文做得合式，所以研究国语法。"① 研究国语法的目的是为了提高说、写能力。这实际上阐明了语法是实践应用的需要，不是仅仅作为一种知识进行传授。后来作为语法被当作纯知识传授，那是其他语文教育家和教材编撰者的失误。但是，黎锦熙不是先知先觉，他的语法教学的猜想和方法，是否也有让后人检讨的地方呢？

黎锦熙的《新著国语文法》，1921年初稿完成，1924年由商务印书馆出版。这是我国第一部白话文语法专著。先后印行24版，可见影响之大。他说，1920年在北京开办第一届国语讲习所，这部分还只印成提纲式的表解，用作教材。那时候，白话文才开始被知识分子采用，通行全国。"五四"以后，风气突变，不论教育性的书刊、文艺文和理论文，白话文都成了"正宗货"。又陆续出了大量的白话翻译品，吸收了许多外来语和欧化的造句法，新的语言形式是和新的思想内容互相随伴着而来的②，白话文的表现问题多多，正处于探索、改进和完善的过程中。加之学校国文科改国语科，白话文教学刚刚兴起，基础薄弱，几乎没有任何本学科的理论可以凭依——这就是当时的写作背景。这也足见《新著国语文法》诞生的意义不同寻常。

对语法教学，黎锦熙有不少精辟的见解。

首先，他认为对文法教学改革要立足于"现代实用"。他认为文法研究有三条路线：（1）某种语文在现代实用上的规范；（2）某种语文的古今沿革变迁；（3）某种语文与其亲族语的比较研究。"第一条路线的目标是在各级学校的文法教学。任何族语的作文说话，无论她的文法有没有明文规定，实际上都各有'约定俗成'不言而喻的自然规范。这种规范，只须从现代通行的语文资料中归纳一些大纲和节目出来，再就各级学校受教育者的语文程度，逐步顺序，施以训练，让他们的作文说话节节升高而都没有错。最重要的就是错与不错的标准，也就是通与不通的标准。在这条路线上进行工作，对于其他第二第三两条路线，

---

① 黎锦熙：《国语法编辑与教授的纲要》，见黎泽渝、马啸风、李乐毅编：《黎锦熙语文教育论著选》，人民教育出版社1996年版，第318页。
② 参见黎锦熙：《新著国语文法·今序》，见张鸿苓、李桐华编：《黎锦熙论语文教育》，河南教育出版社1990年版，第303页。

绝对不可牵涉太多，纠扰不清，使他们目迷五色，反忽略了达到目标的切实训练。而且这种训练，也不是另外一套东西，其资料仍不能离开他们自己的作文说话，或者是他们作文说话范本，就着资料，指点规范；拿住规范，检查并宣示他们自己的错误。如是，文法才有实用，第一条路线才算没有走岔。"[1] 这主要阐明了三点：其一，文法教学不是专门的文法研究，二者不可混淆，强调其应用性；其二，文法教学的标准就是纠错，注重其实践性；其三，文法教学不能脱离学生的作文说话，或作文说话的范本，这强调的是教学要避免纯文法知识的传授。这些都是精辟之论，如果得以切实遵循，文法教学是必要而有效的。

第二，他提出汉语语法体系的一个最重要的特点是"句本位"。这是针对、反对"西文 Grammar 的'词类本位'的文法组织"的缺点而提出的。他批评说，仅就九品词类，分别汇集一些法式和例证，弄成九个各不相关的单位，是文法书最不自然的组织，是研究文法最不自然的进程。先就句子的发展，娴习词类在句中各部分的种种位置和职权，然后继续研究词类的细目：这乃是极自然的事。句子由最简单的到极繁复的形式，仿佛一种有机物的生长；文学上段落篇章的研究，也不外乎引导学者去发现怎样并为什么把许多句子结合成群；各群之间，又是怎样的关系；因而发现对于模范的读物，要怎样效法才算最有价值：这也是研究上很自然的趋势。所以，句本位的文法，退而分析，便是词类的细目；进而综合，便成段落篇章的大观。

第三，他提出了与"句本位"相应的认识方法"图解法"：最适于这种工作的工具，便是图解法（Diagram）了。图解法的用处在于，使学者直接地敏活地一眼看清复句中各分句的功用、分句中各短语的功用、短语中各词类的功用。画图析句，或主或从，关系明确；何位何职，功用了然。若不用图，则有机的"活句底全体"无从表现，而脔分肢解，成了许多碎片儿零块儿的东西，或者自顶自（"自"疑为"至"——笔者注）踵，头目手足，节节考究，顾此失彼；像这样去观看文句，"非徒无益，而又害之"！

---

[1] 黎锦熙：《本国文法教学改革案》，见黎泽渝、马啸风、李乐毅编：《黎锦熙语文教育论著选》，人民教育出版社1996年版，第339–340页。

图解法的目的，是要使学者从句子的文学的次序上，透进一层，看出逻辑的次序来；因此便可了解文学的次序真正是个什么；并且明白：只要逻辑的关系保持得清楚，任凭文学的方面（即语言的习惯上）怎样移动变更，不能强加限制。

正确的图解，不难机械似的画出来。它能鞭策学生对于文句作委曲深邃的探究；它能领着学生和各种困难脸对脸地碰着，使不能不对句中诸重点问题努力地加以研究、下判断，而不容有囫囵吞枣之余地。

他也注意到了教学中可能出现的问题，指出：图解法怕的是滥用；用得过分，便觉得反复费时。所以寻常的句法已经弄得清清楚楚了，图解法便只须用于较难的句子；句子若是太复或太长，图解法便只须用于较难的部分。不过国语的用词组句，偏重结构，略于形态；词儿的形式既不像西文那么多变，若非多用图解法，那思想表达的文法关系定多疑莫能明；故滥用的流弊，在国语文法中可不至于发生。只要经过相当的练习以后，听话、读书之时，耳目所接，图解自然在脑中，那就无须再用笔来工作了；因为图解法的目的已经达到了。①

这样，在语文教学的各个实践领域，他不失时机地强调、宣传"文法"的功用，他深知语法理论对教学实践的效用，努力将它放在语文教学实践中去学习并解决问题。

"文法"的教学和作用，首推作文教学。在"缀法"（即"作法"）上，他说："至于所谓'作法研究'，全靠'注重国语文法'；指导练习和改正错误，乃是授与学生文法知识的最好机会。文法上必要的术语和方式，一面学得，一面应用，全以缀法教学为关键。根本上还靠教师有国语文法的'素养'；否则，什么是'作法'呢？怎样去'研究'呢？根本上就是莫名其妙的。"②

他认为在《课程纲要》（第五学年）上要加一句"注重国语文法"。因为第五学年以后的作文教学，正是要叫儿童们"自己明白自己的错误"的时期，所

---

① 黎锦熙：《新著国语文法·引论》，见黎泽渝、马啸风、李乐毅编：《黎锦熙语文教育论著选》，人民教育出版社 1996 年版，第 327—328 页。
② 黎锦熙：《新著国语教学法》，见黎泽渝、马啸风、李乐毅编：《黎锦熙语文教育论著选》，人民教育出版社 1996 年版，第 498 页。

以文法上必要的术语和方法，应该就着作文的机会，随意说明。无论在第五学年以前或以后，第一要在学校里"培养一种极好的语言风气"，就是造成"统一的标准语的环境"。因为这种"无需指导的经验，是国语科自然的教材，也就是文法之真切的背景"。在第五学年以前，文法上的术语和方式，固然不要向儿童提出，可是教师自己必须作一番彻底的研究。因为从初年级起，文法这样东西，在说话作文的教学上，就是教师暗中指导儿童走向正路的明灯。

从写作教学的本体来看，黎锦熙最为关注的是"文法"，学生写作需要"文法"的指引，教师写作教学需要"文法"的素养。他说："究竟什么是'文法'呢？怎样去'研究'呢？一个最大的关键，就是'国语文法'，就是教师要有国语文法的'素养'。""一说到作文的教学法，便须先完成一个根本的条件，就是'教师要能够彻底了解国语文法'。文法并不是教小学生的，乃是教师教作文时的指针和尺度。怎样出题，怎样指导，怎样评改，这些似乎都是作文教学上的重要问题，其实说来说去，都是些空话；只要教师真正懂了文法，'神而明之'，自然能够发生许多巧妙而有效果的方法出来。所以教师从初年级起，便要在教学文法之前，自己努力对于读本的文法，作一番基本的、实用的研究，这就是'作文指导'的预备功夫。""批改则宜根据文法，程度渐高，则导以修辞。文法既为作文教学之根据，则课程中自当随宜列入；大抵高小讲读时，即应有关于文法的指导，示以必要之术语及法式；初中始可附课文后或另用课本，先授以国语文法纲要，注重句法之结构及主句、从句等轻重关系，析词则根据句法，并宜利用图解，多习例题，渐及于语体与文言之比较研究；高中以上，则着重修辞之要点，渐及古书之词例，总之文法以应用于作文为主，故批改作文时，尤宜注意其实际的效用。"① 这些看法应当说是有其科学性的，对写作教学走出文艺上的笼统批评，与抽象的"通"或"不通"、"好"或"不好"的迷津，"文法批评"不失为一条比较可靠的路径。

与"文法批评"相配套，他制定了"作文批改及指导办法"：

---

① 黎锦熙：《本国语文教学法提要》，见黎泽渝、马啸风、李乐毅编：《黎锦熙语文教育论著选》，人民教育出版社 1996 年版，第 104–105 页。

一、批改中小学及专科以上学生作文,都应采用一定的符号,先让学生自行修改。二、使用批改符号……务求简明。三、教员于眉端或篇末仍可随意加评语,并可于句读断处随意加圈点表示嘉赏。但文中应改之处都不可遽改。四、标明符号后,发还学生自改……限期改毕复缴,然后核正记分,发还指导,解答问题。五、每作文一次,由各班教员于下次作文前制布全班"四种错误表"如下:(1)字体错误表。(2)文法错误表。(3)事实错误表。(4)思维错误表。六、前条"四种错误表",应于每次作文批改后,即将材料分别登记,以资汇制;可令学生于"发还指导"时间内,各将所作篇中"错误"和"订正",并必需的原文"实例",分别照录于小纸片。每个错误为一行,每种符号为一纸,当堂交齐。教员即加整理,汇制成"四种错误表",于下次作文前布知。七、相同之错误,于表中"错误"字句之右上角,用"二、三……"等小字记出人数,用"2、3……"等小码记出次数,以凭统计。八、每人之错误,须按名分项逐次登记,惟相同之错误至两次以上者,须注意予以递重之警惩。九、每学期末,总汇各次的"四种错误表"及各生的"错误登记册",制成各种登记表,并可加以评断,提出改进方案,师生集体发表为论文或专著。①

黎锦熙认为这种批改指导实际方案主要有两个方面的意义:一是使学生反省自改,如此方能"不贰过";一是制布四种错误表,如此即是"师生合作"。教师可根据这种来自实际的好材料,细心分析,统计研究,借以长养自身的学识,因为学生作文簿中的错误,实在是头等的研究材料。"故师之勤勤恳恳,终宵摩挲学生作文簿,实是'为己'之学;生之一改再核,三检四登,彻底自省求进,亦大呈献其'为人'之效。"

上述办法,果能实行,其优点自不待言,只是工作量较大,做起来有一定的困难。黎锦熙也曾说到西南联大推行此法,"认真实施,一学期后,渐难支持,其原因就在教员的负担太重,比较担任二年级以上的分系功课多费数倍的

---

① 黎锦熙:《各级学校作文教学改革案》,见张鸿苓、李桐华编:《黎锦熙论语文教育》,河南教育出版社1990年版,第194—198页。

时间"。这问题不是出在"文法批评"的观念和评改的思路上，而是在于具体方法较感繁琐，师生没有这么多的时间来完成这项工作。要是能对评改的程序作一些简化，势必会提高写作教学的效能。在写作教学中如何进行"文法批评"，如何采用学生对自己的作文"反省自改"，师生合作制定"四种错误表"等方法，仍是当今写作教改值得研究的课题。

在阅读教学上，黎锦熙也不遗余力地提倡语法分析、图解法的运用。他说："精读的作品无论古今，总该把它的字、词、语句、段落、篇章和主题思想作一番'综合性'的分析，使了解、欣赏和内容评价都能全部落实。为了贯彻'少而精'，就该清除评述、阐述上的浮词，并避免语法上术语名词的纠缠和各家语法体系的不一致，所以特采用图解法。"[1] 讲读教学的"练习"，首先要求的便是"概括图解"，有"两原则"："1. 白话文以内容方面之分段标题为主。对于形式方面，须侧重篇章之组织；其词句之分析，可但挑出其难语句而做文法的图解；若本篇或篇中之一段须准备作白话译为文言之练习者，则宜完全图解。2. 文言文则以形式方面之词句分析及篇章组织之总图解为主。（此自使学生手抄课文一遍，但非呆抄，须依教员之板书，节节图解，随讲随抄耳。又宜特注意者；此并非教学文法，乃依文法的图解形式，以统整其对本篇所得之知识，及思想表现之规律，俾能细入而大涵；但若就此图解随意提示文法上之术语，或另于规定之作文时间藉此实例以略授文法系统，亦无不可。）仍于图解之上方或左方，作内容方面之全文主旨及分段大意之标题。"[2]

由上面我们可以大致了解黎锦熙对文法——语法、图解法是如何的重视。从好处说，有助于学生对文本的理解，对字、词、句的功能的认识，对古今作品的形式差异进行辨析。同时，对写作中的错误，不但能知其然，而且知其所以然。教师唯有掌握了语法知识和语法分析的本领，才能准确地指出学生作文形式上的问题。尤其值得肯定的是，他十分强调在讲读和作文实践中学习、运

---

[1] 黎锦熙：《古今作品分析"图解法"简说》，见黎泽渝、马啸风、李乐毅编：《黎锦熙语文教育论著选》，人民教育出版社1996年版，第349页。
[2] 黎锦熙：《新著国语文法·今序》，见张鸿苓、李桐华编：《黎锦熙论语文教育》，河南教育出版社1990年版，第116页。

用文法，而不主张架空了讲文法，使文法教学和读法、作法相联络。但是，他也在某种程度上夸大了"文法"的功能。比如，认为"作法研究"，全靠"注重国语文法"，强调"文法批评"的重要，重"文法"，轻"修辞"，这就可能导致：

一、对"作法研究"其他方面的忽略。其实"作法研究"岂止于"文法"，文法只是作法技术层面（形式）的一个方面。在技术层面还包含文体、结构、篇章、逻辑、修辞等。如他自己所言，除了"形式"外还有"实质"，虽然"作法"偏重于形式，但是，形式是不能脱离内容的。而且，"作法研究"除了"智力因素"外，还包括"非智力因素"。以"文法"概"作法"，就难免以偏概全，有失疏陋。

二、对作品的修辞——言语创新的忽视。修辞，是最具个性言语特点的，过分注重文法，势必造成对学生言语创造力的排斥和压抑。对于言语生命的成长来说，没有什么比培养言语个性更重要的。

三、可行性较差。图解法的运用是一项较为烦琐、困难的工作，不论在讲读还是在作文教学中，都不可能按照黎锦熙所要求的去做，一旦这样做，势必要耗费大量的时间在"形式"上，而无暇于"内容"的领会。当然，最重要的是，过为严格细致的语法规范，对写作学习并没有太大的助益，相反，只会束缚学生的思维和表达，破坏、阻滞、泯灭语境中的鲜活、生动、形象的语言运用和言语个性的发展。

在语文教育中，语法该怎么教，是否有用，教学的利弊等，始终是个问题。"语法"与"反语法"争论不休。语法，就是语言法则、规律。客观地说，任何事物都是有规律可循的，真正的规律，一定是有益于实践的。如此说，学习语法对于学习语言的运用，是有帮助的。为什么教学实践中收效甚微，甚至产生了反效呢？我以为主要原因是：

一、现有的汉语语法，还未能准确地揭示汉语运用的规律。人们对语言规律的认识还比较肤浅，语法界各家各派的主张尚且莫衷一是，还没有达到可资遵循的地步。把有争议的语法，未能充分体现汉语特点的语法，作为汉语分析的准则，误判就在所难免，本身就不科学。黎锦熙的十分烦琐的图解法，掌握起来有些困难，教师偶一用之尚可，若在教学中大量运用，不但难以引起学生的兴趣，还会导致学生对语文和写作教学的恐惧。

二、语言学家还没有意识到科学语法和自然语法的差异。语言学家的研究对象，是规范的汉语，而实际运用的是不完全规范的自然语言。自然语言是很灵活的，因为有语境和读者的前理解衬着，可以省略许多句子的成分，可以改变句子的一般结构，可谓千变万化，用规范、统一的语法去衡量，往往就难以判定用语的正误。将语言作为科学研究对象，它剔除了许多"变体"和"例外"，这是无可非议的，否则，就没法研究。但是，当它成为了规律和法则后，用它的话语权，毫不犹豫地将那些所谓的"变体"和"例外"判为非法居留，驱逐出境，那就是滥权了。

三、语言共性不能涵盖言语个性。科学语法讲的是语言的共性，而自然语法讲的是言语的个性。言语个性是大于语言共性的。用语言共性规范言语个性，其结果只能是削足适履，损失了言语个性。而一般来说，言语个性是最具活力、表现力的部分，过度的共性要求，其结果便走向了反面，使言语变得举步维艰、千人一面。言语僵化了，语言也就停滞了，这就违背了语言进化的规律。

四、语法不是固定不变的。语法有一定的稳定性，但也具有发展性、生成性。稳定是相对的，变化是绝对的。言语在不断地创新，语法总是滞后于言语，用滞后的语法去规范不断发展、生成的语言，难免鞭长莫及。从终极关系上说，是从言语中抽象出语法，是言语决定语法，语法服从于言语，言语应该走在语法的前面，有一定的超前性；语法赶不上言语，这才是正常的。语法"套牢"言语是不正常的。因此，过分依赖、恪守语言规则，束缚言语的创新，过犹不及，语法教学便走进了死胡同。

我以为语法教学不可无，在这一点上，黎锦熙是对的。他对语法研究的"三条路线"的认识，认为各级学校的文法教学应定位在第一条路线——某种语文在现代实用上的规范——是十分明智的，他为此不遗余力，创造出各种实施的办法，并在实践中进行比对检验，试图寻找一个最便捷的掌握途径。他的"绵密的科学头脑"帮了他，使他建立起了严谨的黎派语法体系和一套相当规整的教学方法。然而，也害了他，正如有人所说，西方语言是"法治"的，而汉语是"人治"的，汉语的灵活性太大，仅仅靠科学主义的方法，无法完全揭示汉语的奥秘，在实践中也是行不通的。汉语的掌握和运用，应是分析和领悟并重，须凭依语感的培养，须在大量的听、说、读、写中心领神会、"神而明之"。因此，宜粗不宜细。可以套用文章学的规律：大体则有，定体则无。学生大致上知道要注意用语准确，主、谓、宾搭配得当，关联词语和虚词的用法等，就可以了。语言的掌握，应以"习得"为主，"学得"为辅。过为注重严密的语言法则和规律的学习，会影响到个人对语言的感悟和体验，会削弱良好的语感的形成。

　　语法和修辞是一对矛盾，修辞是矛盾的主要方面。语言的运用，不能完全无视语法，但也不能完全遵循语法，如果完全遵循语法，语言的美感就要大打折扣。请教语法学家，马致远的《天净沙·秋思》"枯藤老树昏鸦，小桥流水人家，古道西风瘦马。夕阳西下，断肠人在天涯"，由一系列名词构成了句子，没有谓语，语法该如何分析呢？大多数巧妙的修辞，都是建立在打破所谓的语法规约上的。语法，是对言语的有限的维护，为了把语言用得更好，是为修辞服务的。按理说，成功的修辞，便是符合语法的。如果修辞与语法抵触，问题不在修辞，而在语法。需要作出修改的是语法。——不知以为然否？

　　黎锦熙对语法的注重，影响了一个时代的语文教育，虽有一定的正面效用，但是也给语文教育带来了大麻烦，除了语法理论本身的不完善外，还加上语法体系的纷杂，使师生无所适从。给叶圣陶、张志公等带来了无尽的烦恼。叶圣陶曾说："由于从事语文工作，我常常跟教师、编辑同志接触，彼此一谈起来，就不免诉说，体系不一，术语分歧，大是苦事。教师采用甲的体系讲授，学生提出乙的体系来问难，怎么办？同一学校里，一班的教师采用甲的体系讲授，另一班的教师采用乙的体系讲授，旁的功课都有固定的教材，唯有语法不然，怎么办？编辑课本，既不能罗列诸家之说让学生自己去斟酌，又没法糅合诸家之说成为一说，怎么办？用强迫命令的手段'定于一'，固然不应该，事实上也办不到，但是能不能充分协商，先提出个在教学上可以试用的纲领来呢？有些人对于语法学家的争辩起反感，认为他们争他们的，跟大伙儿毫不相干。我倒不那么想。真理应该是愈辩愈明，语法学家争辩的对象正是咱们大伙儿头等重要的工具——语言的问题。必须从各个不同的角度看,然后看得全,看全之后,也许各种说法都有一部分对,一部分不对。但是哪一部分对,哪一部分不对,就非讨论不可。很希望'学'和'思'并重,一面调查研究,一面认真争辩,这样才能够早有结果。"[①] 叶圣陶所说的语法体系不一的情况,后来虽经张志公等的努力,搞出了一个统一的教学语法体系,但是依然不解决问题,语法教学依然低效或无效,对语文教学非但没有帮助,反而添乱,这只能从语法研究本身去寻找原因了。

我以为在语文教学中,结合读、写活动讲点语言学知识也是必要的。一个科学学科不能没有知识体系,只是在学校教育学科——语文学科中,首先提供的知识要有正当性、科学性,现有的语法知识就不具备正当性、科学性。你不说我还懂得写作,你说了我倒不会写作了。其次,这种知识的给予方式,不应是孤立、抽象的,一般应是和语文运用紧密联系着的,为解决实践问题服务的,要便捷、管用。这里说"一般",意思是说有时候——特别是在高中、大学,有时也可以脱离实践,知识先行,观念宣示,适当地进行一些纯知识教育。重要的是,知识必须具有正当性、科学性,给予方式必须恰当。关于这个问题,在"走近张志公"部分再作详论。

> 结语:一个语文教育史上功成身退的传奇人物。他的开创性、学理性的贡献无与伦比。他是一位帅才、"语文先锋",集战略家眼光和实践家才气于一身。然而,只因没有"逞才"的气候,否则,我国的语文教育也许将是另一番面貌。

黎锦熙是一个天才式的学人。他仿佛是为现代语文教育而生的。

早在青年时代,他就颇有成就和名气:21岁任《长沙日报》主笔,24岁和

[①] 商金林:《叶圣陶年谱长编》(第三卷),人民教育出版社2004年版,第461页。

同人一道编撰了多部中小学教材，并创办"宏文图书编译社"和《公言》月刊，30岁任北京高师（北京师范大学前身）国文系教授，33岁任北京大学、北京女子师范大学、燕京大学等校国文系教授，同时担任教育部"图书编审委员会"文科主任。以他的学识和才华，完全可以轻而易举地在报业、出版业或某个专门的学术理论研究上，获得更大的声誉。但是，他默默地肩负起时代的付托，毫无怨言地、全身心地投入到语文教育的基础建设上，以其学术战略家的远见卓识和精湛的思想建树，为我国现代语文教育的学科化、科学化，作了超量的卓有成效的工作。他的见解，不论是宏观的还是微观的，都体现了很强的时代气息，敏锐地抓住了语文教学的规律和趋向。他的语文教育观，展示了新视野和新建构，给人以迥然不同于传统语文教育观念的全新的感受。在现代著名语文教育家中，如果说叶圣陶是最"传统"的，黎锦熙大约堪称为最"新潮"的，最具思想创造活力的。今天回过头去看，现在的语文教学所着眼的问题，大多还在黎锦熙当年所思考探讨过的范围之内，从他的见解中，我们仍然可以获得启迪。仔细阅读黎锦熙，学习他的精神，继承他的事业，开创21世纪的新语文教育，方不辜负这位为我国现代语文教育开辟草莱的天才。

如果问现代语文教育家中最专业、最刻苦、最无畏的是谁，那就是黎锦熙。他是当之无愧的"语文先锋"——一个孤独的夜行者、先行者。他承载着一个时代的语文使命，在空旷中摸索、呼号；在新语文的荒原中，选择了最沉重的一具犁耙，给自己套上，义无反顾地躬身前行。他仿佛生来就是一个受难者。然而，在解放后，由于身体和精力的原因，我以为也许更重要的是政治上的原因，他和一大批曾经关心过语文教育的大学者们一样，依依不舍而又毅然决然地选择了离开。他决定不再插手语文教育，专心于他的语言学学术研究。虽然他还做着诸如推普、文字改革等工作，但不再对语文教育实践发言，说是让其他同志来承担这方面的工作。失去了他的语文教育，像被抽去了脊梁似的，疲塌地趴在地下，一下子沉寂了，是一种无精打采的颓废。对一个大半辈子深爱着语文教育事业的人来说，黯然离去时内心的伤感和失落是不言而喻的，就像一个久经沙场的战将撤出了阵地，永远地告别戎马生涯，他的羸弱、苍老、神采尽失，也就不可避免。

历史不会忘记曾经创造过历史的每一个人，只要他的那些不朽的语文学论著还在，我们就将记住黎锦熙，记住他的学术建树和披荆斩棘的艰辛。

一百年前，黎锦熙们所处的是"换文"的时代，由文言文换为白话文，始于文学革命，兴于全面的写作革命和语文教育革命：言文一致，国语统一；一百年后的今天，是"换笔"的时代，由用笔写作换成了用电脑、网络写作，先是电子技术革命，继之是书写、传播、通讯的革命，然后是思维、交往方式和语文教育观念的革命。前者是由思想解放、文本形式的变革，导致的写作方式和语文教学内容的革命。后者是书写、传播工具的变革，导致的写作和语文教学观念的革命。前者是思想革命引发了技术革命，后者是技术革命引发了思想革命。二者都不仅是表面的书写形式、方式的改变，而且意味着思想观念的深刻变革。两个世纪的开始，旧的言语形式和言语教育范式都在分崩离析，学界先进，面临的都是破旧立新、革故鼎新的历史使命。

在一百年前的这场语文革命中，黎锦熙先生是杰出的代表。他得风气之先，敢破敢立，大破大立，自觉承担起建构白话文教育理论和实践的重任。和其他学者不同，其他学者大多是处于一种半自觉状态，大多只在某一方面进行个人的一些思考；而他不但是一个学者，还是一个教育实践家和教育战略家，他自觉地为新语文教育作战略规划并亲自付诸实施。他和同仁一道，兴起、鼓吹、宣传国语教育，推动国语运动，促成小学国文科改为国语科，发起"国语研究会"，开办"国语讲习所"，提出编订《国音字典》，调查全国方言，促成教育部成立"国语统一筹备会"，公布注音字母和常用汉字的标准读音，审查白话教科书，长期担任北京完全科师范学校"国语"和"新文学"课教员。他撰写《新著国语文法》《比较文法》(对白话文和文言文的词位和句式进行比较，说明古今汉语的不同)《新著国语教学法》《国语运动史纲》《新国文教学法》《国语新文字论》《中国语法教程》《汉语语法教材》等数十种专著，编撰多种字典、词典，编辑《小学国文教科书》(三种)和《中学国文读本》《国语罗马字国语模范读本(首一册)》《复兴说话教本》《小学国语科注音符号读本》等教材，以及《文学的国语教材之分配与支配》《国语教学上应当解决的问题》《国语的标准语与话法》《大学国文课程指导》《大学国文的统筹与救济》《中学应系统地讲授语法》等一大批的论文。可以说，新语文教育家中还没有谁的思考，能像他这么的完整、全面、深入。有向上与向下的发动、倡导，面向教师和教育实践的演说、宣传，论著有史论和专论，有各种中小学教材，有小学、中学、大学的国语、国文教学的论文，思考涉及语法、读法、话法、作法、书法教学等方方面面。以一己之力，毕生之功，胸有成竹、稳扎稳打地构建新语文学科，撑起了现代语文教育的一片天空。他是对现代教育作全局性、体系性建构的第一人。试问，在现代语文教育学科建构上，谁堪与比肩？

今天的莘莘学子，捧读白话文教材，接受白话文教育，老师们使用语文教材，采用各种的"新潮"教法，进行白话文语法教学，几代人在使用注音字母、拼音、普通话、简化汉字，一切仿佛天经地义，可知道，最要感谢的就是黎锦熙先生，不能忘记他和同仁们——那一代文化精英的贡献。

值得大书一笔的他的"写作重于讲读"的观念，颠覆了"阅读本位"的教学范式，开"表现本位""写作本位"之先河，为现代语文教学指示了一条正确的途径。他的"日札优于作文"的意见也同样具有实践价值，指明了写作实践的日常性、应用性，使伪写作成为真写作。遗憾的是，他的这些很有见地的观念，未能成为语文教育的主流意识，没能在教学实践中施行，使我国的语文教育错失了良机。可以设想，如果这一观念得以实施的话，我国的语文教育大约就不是今天这个样子，也许就不会出现20世纪末的语文教育的历史性的悲剧。

如果要说黎锦熙有什么缺憾的话，那就是"书生意气"太重。说得好听一些是学者气，说得不好听就是学究气、书生气。可谓"成亦萧何，败亦萧何"，就凭着书生意气，他掀起了新语文革命的滔天大浪，一个一个教育改革的新潮席地而来，终于成就了白话文教育的大气候。也是书生意气，使他对语言学和写作教学改革的"科学化"孜孜以求，实际上并无功效，而这些耗去了他的诸多精神。尤其是他使语言学全面进入到语文学研究中，导致了语文学研究从文章学到语言学的转向，在这之后才有了张志公、吕叔湘等语言学家的介入，使语文教育在语言学的迷途中愈走愈远，使语文教育成了语言学知识的一统天下，语文课成了语言知识课，导致了语文学知识背景的迷失，言语实践能力的低落。——至于解放后的"退隐"，离开了语文教育研究的阵地，退缩到纯语言研究中去，我想，小半是身体的原因，大半是政治的原因，大约他不愿成为政治的工具，这使他免遭叶圣陶那样的尴尬，他是明智的。

今天我们又一次处在一个历史的转型期。新技术革命和人本主义、人文主义教育思潮，掀起了语文教育的新一轮深刻变革。"换笔"，也换思想和思维；纸笔，将被电脑、网络取代，纸笔思维，将在相当程度上变成网络、多媒体思维；师生的交流，将超越教室和现实空间的屏蔽，在无限的网络世界中延伸。语文教育从观念到实践的重新建构已经拉开了帷幕，而今天多数语文教师还没有意识到这场疾风骤雨的来临，还没有作好准备。我们的时代，21世纪的语文学科，呼唤一批黎锦熙式的大学者兼"战略家"的出现。——哪怕是一个，我们有吗？

1978年3月27日11点37分，书写了现代语文教育神话的一代语文大师溘然长逝，一颗为新语文建设而顽强跳动的心脏停息了。黎锦熙离我们去了，语文界失去了大气磅礴、才华盖世的巨人，也再难觅脚踏实地、埋头苦干的学者。到处是轻飘、浮躁和喧嚣，举目是抄袭、炒作和学术腐败。

黎锦熙仙去，再无黎锦熙？

困窘中的坚守：学术饥荒年代的学者楷模
——走近张志公

> 导言：20世纪60年代，代表了语文学者的良知，填补了语文教育史研究的空白，80年代后引领语文教育的主流，在语文教育的科学化、语言学的实用化方面作出了历史性贡献。

在语文教育界，不知是谁的创意，将张志公先生，与叶圣陶、吕叔湘先生并称为"三老"。逐渐就叫开了，言必称"三老"。如果是敬老，自然是一种美德；而如果是一种思想依赖，以"三老"之学说画地为牢，那就非但不可取，而且近乎悲哀了。——我这里想说的不是这些，而是另一种比较自我的感觉："三老"的称呼似乎有些不伦不类。说它"不伦"，因为他们三位不同辈。张志公比叶圣陶小24岁，整整低了一辈，他与叶圣陶的长公子叶至善同龄还略小点。张志公曾谈到与叶圣陶的关系，说他们是以三种身份相处的：后辈与长者的关系；私淑弟子和老师的关系；被领导与领导的关系。[①] 而吕先生和张志公则是真正的师生，吕先生是张志公大学毕业论文的指导教师，张志公的文章《师事叔湘先

---

① 参见张志公：《叶圣陶——教育界一代宗师》，见刘国正主编：《叶圣陶教育文集》第一卷，人民教育出版社1994年版。

生 50 年》，就很能说明这种师生关系存在的事实，他也曾在吕先生领导下工作。说它"不类"，是因为他们三人研究的重心不尽相同。叶圣陶、张志公先生主要是研究语文教育的，张志公也研究语言学，但是以研究语文教育为主。而吕叔湘先生主要研究的是语言学，是著名语言学家，虽然也关心语文教育，编过一些语文课本，也有一些讨论语文教育的文章，但似乎位列于语文教育界"三老"未必妥当。——就是尊称，也得看合不合适、人家乐不乐意吧。

叶圣陶和吕叔湘都是胸襟宽广的长者，估计不会太介意，只是不知张志公与他的前辈、老师、领导并列"三老"有什么感受。我想，这好比将叶至善和叶圣陶误作平辈，起码是有点尴尬吧。张志公，一介谦谦君子，在各种场合，确实都是发自内心地敬重叶、吕二位师长，称他们为老前辈，念念不忘他们的耳提面命。但是，如果以语文教育研究的成绩论，我以为张志公大可不必尴尬，也不必过于谦恭。他对语文教育的贡献，尽管难以和叶圣陶并驾齐驱，但比起吕先生来是毫不逊色的。而且，在他这一辈人当中，大约没有谁可以和他相比肩。因此，他受到语文界的尊崇，当可无愧。

从 1949 年到 1966 年，这 17 年，或者说，到"文化大革命"结束的 1976 年，甚至延伸到 1980 年，这 30 年左右，是现代语文教育发轫以来，对于研究者来说，外部环境最艰难的时期。在 20 世纪上半叶为新语文建设作出卓越贡献的大学者们，绝大部分迫于政治压力，就像清代许多学者不得已钻研朴学一样，他们也不约而同地逐渐退却到纯学术领域，不再研究对政治气候特别敏感的语文教育（乃为时势所迫，丝毫没有责备之意）。致使这 30 年间语文教育领域，学术著述寥寥无几，仔细掂量，似乎只有张志公先生 1962 年出版的《传统语文教育初探》一书还差强人意（请允许我作客观的学术评价）。张志公也觉得不满意，在"文革"后，经过"改动幅度相当大"的修订，更名为《传统语文教育教材论——暨蒙学书目和书影》，于 1992 年仍由上海教育出版社出版。

《传统语文教育初探（附蒙学书目稿）》，是一本 12.8 万字（共 190 页，其中蒙学书目稿和参考引用书目 43 页）的不起眼的小书，放在书架上稍不留神就找不着了。可就是这么一本薄薄的、学术含量也谈不上厚重的小书，代表了一个逝去的时代的学术精神。它的价值不是能用字数来衡量的。

困窘中的坚守：学术饥荒年代的学者楷模
——走近张志公

《传统语文教育初探》，1962年初版印了3万册。1964年、1979年各重印一次。作为一般不被市场看好的学术图书，可见其受欢迎的程度。张志公曾不无得意地说起"近些年，三次去美国，每次，所到的每所大学的图书馆都收有《初探》，陪同参观的先生津津乐道地告诉我他们是怎么得到的，告诉我这本书的借阅率很高"——这在今天看来似乎有点滑稽可笑，且不无自夸之嫌，一本小书何至于如获至宝？但我相信他说的是真的。因为作为30年的唯一，怎么会不受关注呢？那时，想系统了解汉语教育，除此之外还有第二本著作吗？还有哪一部语文教育学术专著比这本轻轻的小书更有分量呢？

这30年，语文教育研究领域如果没有张志公先生，没有他的《传统语文教育初探》，是不可想象的。由于他的存在，避免了一个时代一个重要的研究领域的学术空白；由于《传统语文教育初探》的存在，我们才可以说语文教育研究的学术命脉没有断绝。

其实，张志公的著述还有不少：《语文教学论集》《张志公论语文教学改革》《怎样学习俄语》《汉语辞章学论集》《汉语语法常识》《语法学习讲话》《现代汉语》《张志公自选集》及《写作方法》（署名纪纯）、《修辞概要》（署名张环一）等，先后主编了中学《汉语》《英语》《俄语》《汉语知识》《现代汉语》等，主要著述收入五卷本《张志公文集》（广东教育出版社1991年出版）。

这些著述自然各有其价值，然而，最值得推崇的还是《传统语文教育初探》。因为在这些著述中，有不少是属于汉语或外语研究方面的；讨论语文教育的，大多是散论或上课、讲座的讲稿的结集，或重复编选的集子。作为较为系统、深入研究的专著，唯有《传统语文教育初探》。重要的是，这部书开辟了中国语文教育史研究方向，开拓了语文学科研究领域，为现代语文教育提供了历史参照，而且，就其内容和研究方法来说，注重在实证基础上的分析，爬梳考辨，言而有据，体现了作为学问探求的严谨而严肃的态度。更重要的是，在只讲政治和阶级斗争，只有"左倾"压迫没有科学民主、动辄被扣上"封、资、修"或"白专"帽子的年代，在万马齐暗的学术荒芜中一枝独秀，显示了追求学术的不屈的精神品格。就凭这一点，在中国语文教育史上，《传统语文教育初探》就值得大书一笔。

张志公先生（1918—1997），河北省南皮县人。1918年11月生于北京。学外语出身。1937年中学毕业，就读于中央大学外语系，攻读英语、法语和外国文学，1940年辍学，后转入金陵大学外语系，1945年毕业，留校任教。1946年起，自学俄语，并研究语言学和汉语。在辍学和大学期间，先后在金陵中学、华西中学等任教。1948年应聘到海南大学（一说为河南大学）外语系任副教授，代理系主任。在金陵大学和海南大学讲授英语、欧美名著选读和语言学概论等课程，并开始致力于古代汉语和现代汉语的研究。1950年初，转赴香港华侨大学任教，讲授翻译学。1950年10月，回到北京，在出版总署领导的公私合营的开明书店任编辑，分管外语、汉语和翻译书稿的编辑工作。次年，负责编辑新创刊的《语文学习》月刊。1953年，开明书店与共青团中央领导的青年出版社合并为中国青年出版社，张志公先生任第四编报室（语文编辑室）主任，除继续主编《语文学习》外，仍主持语文、外文书籍的编辑工作。在此期间，当时的中国科学院哲学社会科学学部（现在的中国社会科学院前身）语言研究所罗常培所长，拟商调志公先生到语言所工作，志公先生已开始到语言所上班。1954年，中国教育部确定中学语文科实行汉语和文学分科教学，委托吕叔湘先生和张志公先生主持编写汉语教材，为此，人民教育出版社设立了汉语编辑室，把张志公先生从中国青年出版社调来担任主任，《语文学习》杂志也改由人民教育出版社编辑出版，张志公先生继续任主编。[1] 从此，他的事业基本上就定位在语文教材的编写和语文教育及相关研究上。他探求面很广，涉及和语言相关的诸多领域。

一个学外语出身的人，主要建树不在外语教育和研究上，阴差阳错，竟成为当代中国汉语语言学研究和语文教育研究的核心人物，这本身就是一个值得研究的问题。张志公的外语和语言学、汉语研究的背景，尤其是对中国传统语文教育的研究，使他具备了一般语文教育学者不具备的素养和眼光，许多人评价张志公的语文教育观独到而超前，原因盖出于此。他的语言学和汉语知识，

---

[1] 参见田晓琳：《张志公先生的学术生涯和学术成就》，见中国教师网，2004年10月19日。

使他对传统语文教育有了较为深刻的理解,而这种理解为他对现代语文教育进行的思考提供了参照系,《传统语文教育初探》就是开启张志公先生语文教育观的钥匙,他的其他语文教育著述,大多有他对传统语文教育认识的影子。他的研究,昭示了一个道理,不懂得传统语文教育,就不懂得当今的语文教育,不了解传统语文教育,就没有资格研究当今的语文教育。今天大多数语文学者无所成就,或只有一些伪成就,原因亦出于此。

在我看来,一个学者除了先天的概念、逻辑思维的优势外,还需要具备三个方面的素养:一是对该领域基本学术资源的掌握;二是相关学术领域的学养和视野;三是基本的学术思维的能力和长期的学术写作的经验积累。一般人在这三方面的发展都不是很平衡:某一方面略有欠缺,而其他方面略有优势,可以获得弥补;如果某一方面严重不足,其他方面再强也无法弥补;要是两个方面大致具备,而另一个方面十分突出,那就可望在这个领域有所成就;假如三个方面都在平均水准线之上,那就必然出类拔萃。张志公这三方面的素养显然都在一般水准之上:他对语文教育领域的本学科学术资源的了解优势明显,对传统语文教育所作的第一手的梳理,使之掌握的学科的历史资源比谁都多;在相关学术领域的学养和视野方面也很突出,他的外国文学、外语教育和语言学、古今汉语知识,也具备了同时代人所不具备的优势;他的大量的、多方面的学术研究成果,丰富多样的教学、科研阅历,也是很少有人可以企及的。因此,他的脱颖而出也就是顺理成章的事了。

叶圣陶的优势,在学科资源上,主要体现为感性经验的丰富和长时间的浸染,亲身受过旧教育,对旧教育的弊病了解得较为深刻,有过现代小学、中学、大学的语文教学实践,有大量的语文教材编写的经历,亲历现代语文教育的发生、发展的漫长过程。他的优势还表现在国学、文学和文章学修养深厚,而且是一位优秀的小说家、儿童文学作家,有着良好的文学审美感觉(这是张志公所不具备的)。在学术阅历上,他主要从事教育随笔、心得、短论的写作,数十年如一日,殚精竭虑,集腋成裘。这些,也是现代语文教育学者所不具备的,因此,尽管他也存在某些缺陷,比如现代哲学、教育学、心理学、语言学素养,理论视野和思辨才分等,略感不足,但是,在综合才智上,与张志公先生比,可谓伯仲之间，一般语文学者是难以企及的。

反观当今语文教育研究者，不论是高校教师还是中语界教师和教研人员，大部分在这三方面都存在不同程度的缺陷，其中三方面都在平均水准线下，可称为"三缺"或"三无"学者，等而下之胡拼乱凑、哗众取宠的，则是"学术混混"。这些人中有一部分人的研究成果，在一个时期也可能引起关注，在权位等非学术因素的运作下，或在个人、媒体的刻意、恶意炒作下，甚至可能引起严重的关注，但是，这些"三缺"或"三无"成果，由于学术含量低，没有什么思想见解能积淀进学科的知识系统，因而是没有生命力的。时过境迁，这些学术垃圾便会被自然淘汰了。今天有些语文教育刊物，充斥着这类专门迎合应试的学术垃圾，或对学科理论进展毫无裨益的"三无"论文。不可否认，当今也有少数较为优秀的语文学者，他们在一些领域或局部作出了自己的贡献，但是，他们往往大多只是在学术资源方面掌握得较他人稍微多些，或在思维天赋上得天独厚，有一定的学术敏感，有所发现或质疑，而学养和学术修炼的欠缺是普遍的。——一味追求营利为应试推波助澜的刊物，与不踏实做学问沽名钓誉的作者，在处于艰难时世乌云压城仍不失学术追求的张志公面前，在《传统语文教育初探》《传统语文教育教材论——暨蒙学书目和书影》等所显示出的精益求精的学术风范面前，是应该感到愧怍、有所自省的。

> 开中国语文教育史研究之先河。对传统语文教育作出了第一手的梳理，以教材研究为本，精辟地归结出了一系列的规律、方法和问题，给当代语文教育以借鉴，也奠定了自己崇高的学术地位。

在20世纪60年代初，张志公先生就意识到研究传统语文教育的重要，而且义无返顾地倾力为之，他的胆识是值得敬佩的。正是这本《传统语文教育初探》使我认识了张志公，使我们仍然可以置身于语文学科之中。

一个学科，没有学科史，没有对学科史的建构，就不是一个成熟的学科。

不论这个学科的理论研究和实践经历多长,只要它的过程、规律、方法、经验,它的思想范式和思维特征未经梳理,未经过时间的沉淀和理性的思辨,它都不具备作为一门现代科学的条件。学科史学,是学科从业者的思想资源库,是该专业的学者的精神家园。有了学科史学,学者的工作才有了积累和繁衍的处所,学者才有了归属感。学者要是没有学科史的背景,他的研究便是无"根"的研究,他的思考是漂浮不定的,他的思想是浅薄无知的,他的学问是没有归依的。在学科史学领域默默劳作的学者,是凝聚学科智慧和才气的精魂;学科史的研习,是学科登顶的必由之路。对此,那些自以为是的改革家往往视而不见,这也就是许多"改革"劳而无功的原因。

语文学科已经有了3000多年的历史,张志公曾谈到,此前这方面所做的工作,只有中华书局收集并展览过五六十种童蒙读物,胡怀琛曾经写过一本《蒙书考》,开列了大约100种所见所知的蒙书,辑录了几十条有关的资料:这些,筚路蓝缕之功不可没,不过收集考查的范围都还不大,分析研究更付阙如。因此,张志公堪称对其作系统考察研究的第一人。《传统语文教育初探》为语文学科教育史研究开辟了道路,奠定了基础。这是张志公一生中做的一件最值得骄傲的事。也许连他自己开初也不曾想到,他的学术地位竟是由这么一本小书奠定的。在今后的日子里,他的其他的著作早就被时光淹没了,而这本小书仍然摆放在语文教育研究者的案头。这是语文学科研究者绕不过去的学术界碑。

因此,我们不能不说张志公是有眼光的。当大家都只顾头痛医头、脚痛医脚,搞点应时应景的研究的时候,他却认为要提高语文教育工作有三件事需要做,其中之一就是对传统语文教育的研究:

首要的是研究我们的教育方针,研究社会主义建设所要求于语文教育的任务,研究我国语言文字的特点,研究我国当前青少年和儿童的语文状况,研究他们语言文字能力成长发展的规律,总结解放以来和解放前革命根据地的语文教育经验,总之是研究当前与语文教育有关的种种实际。与此同时,也还需要补作废科举兴新学以后,尤其是辛亥革命和五四运动以后就应该作而没有作,或者作得不够、不好的两项工作。一方面是研究我国语文教育的传统,看看其中哪些作法是坏的，错误的，哪些是虽然不坏但已过时的，哪些是仍有现实意义的。……——对于传统的经验，过去几十年没有研究过，只是全盘的加以否定。……再一方面是研究外国的经验，包括苏联等社会主义国家的经验，乃至资本主义国家的经验，看看其中哪些是不见得对头的，哪些是虽然好而不适合我们的情况和需要的，哪些是于我们有用的。——对于外国的作法，过去几十年中多数时候是生搬硬套，认真的分析研究，作得也很少。这几方面的研究工作，都是相当艰巨的，然而都是必要的。①

在上个世纪60年代初，不论是提出要研究传统语文教育的经验，批评"全盘否定"的做法，还是对我们过去学习外国提出"生搬硬套"的批评，都是要担极大的政治风险的。而他却敢于直言不讳，可见其对学术的真诚。

传统语文教育资料纷繁，从哪里入手是个问题，张志公的研究选择了从教材入手。他认为研究历史上的语文教育，求之于教材往往比求之于史传记载的章程、条例更可靠可信一些。教材是实际使用的，而其余则往往是作出来的文章，说得头头是道，但与实际不见得相符……古今中外，语文教材对社会的发展变化最为敏感。它反映产生它的社会背景，包括文化传统、风土习俗等等，反映当时社会主导的思想意识，以及教育观点、教育政策，可以说语文教材是语文教育、思想教育、知识教育的综合性教育读物。语文教材充分体现本国母语的特点，使得思想教育、知识教育以及语文教育便于为儿童、少年所接受。语文教材又受母语特点的制约，如果使用教材得法，语文教材又会起到规范语言、纯化语言、促进语言发展的作用。所以研究教材的意义很大，收获会是多方面的。该书可以说是以研究教材为主要线索编写的。

张志公通过对历代大量有代表性的教材及其教法的梳理分析，大约可以分为三个层次。

第一层次，清晰地勾勒出传统语文教育的三个阶段（另加一个过渡性阶段，这个阶段有的独立进行，有的与上下阶段交错进行，不作为独立的阶段）。

---

① 张志公:《传统语文教育初探》，上海教育出版社1962年版。

第一阶段

初期识字教育和写字训练。很突出的一个作法是在儿童入学前后用比较短的一段时间（一年上下）集中地教儿童认识一批字——两千左右。

过渡性阶段

识字教育与思想教育、知识教育相结合。在集中识字和开展认真的读写训练之间加上一个过渡性的阶段——继续进行识字教育，巩固前阶段所识的字，进一步再多识些字，比如说识到三千多个，与此同时，结合着多进行些思想教育，也进行些知识教育。

第二阶段

初步的读写训练。大致在儿童入学后第三个年头（有的还早些），进入以读写基础训练为主的第二阶段。在这个阶段一般的做法是：开始教学生读《四书》《五经》；配合读经，教学生阅读简短的散文故事和浅易的诗歌，教学生学对对子，有的还教给学生一点极浅近的文字、音韵的知识。

第三阶段

进一步的读写训练。阅读训练和作文训练是这个阶段中语文教育密切不可分割的两个方面。

张志公所分的三阶段，大约涵盖了现今的基础教育。但是传统语文教育由于教学内容较为单纯，不像"新学"开始后学得那么庞杂，所以，可以在较短的学习时间内取得较高的学习效率。大家公认，经历过"旧学"的，国学、语文功底都比较好，我以为传统语文教育的这种"偏科"教学，是值得今天认真思考和借鉴的。

　　为什么20世纪初废科举、兴新学之后，我国现代的学校教育就再也没有培养出文科的大师？现今举得出的绝大多数都受过传统的私塾教育，即较为正规的国学教育。我以为主要原因就在于现代教育学科设置过为"全面"，而人的时间、精力极为有限，有限的时间、精力不敷应付那么多的课程，而且，相当多的课程对于人的成材是无效的。最高的教育原则不就是"因材施教"吗？据此，整个基础教育应该重组，根据学生的潜能、兴趣及早分科、分才施教，学有所重，才是课改的出路。课改应该主要是做减法，而不是做加法，否则，只会是南辕北辙，越改考的内容越多，教材越厚，功课越重，师生压力越大。在新课程中的校长、教师们普遍都在哀叹课时太紧，恨不得加班加点，实际上许多中学的学生已经是每周只有半天假，有的甚至每月只有半天假。我们每个人回想一下所受的"一刀切"的教育，多少课时是浪费生命，多少科目"可歌"，多少科目"可泣"而且"可气"？这个数字一定是触目惊心的。单单一个外语，就浪费了多数学生的三分之一以上的学习时间，在高校是二分之一以上，绝大部分学生所学的外语在一生中基本无用，这多么可怕！在许多发达国家，外语都只是由一小部分人作为职业的，其他人一切的外语需要，都可以由这部分人的"翻译"来满足，愚蠢到全民学外语的地步的国家是很罕见的。我们以为说学了外语就"全球化"了，要真想"全球化"只有两种办法：一是统一学一种所谓的"世界语"，一是把全球所有的外语都学遍。显然，这两种情况都是不可能实现的。——还不说文科学生非得学数学不可，文科班学生大都数学不好，高中主要时间都花在数学上，剩余时间读外语、地理，报考文史类的学生，几乎没有时间读他们最需要的也是最感兴趣的文史，这是不是也很可笑！据说学数学有利于培养逻辑思维，所以一律要学，不少文史类学生学到高中还不够，上了大学还得学"高数"，一个个学得屁滚尿流、人仰马翻，也不见逻辑思维有什么长进，文章的思路该怎么错乱还怎么错乱。因为文史逻辑和数理逻辑根本就不是一回事。我国1964年的高考方案，规定文史考生不考数学，这真是形而上学时代的一个破天荒的实事求是的举措，可惜在实事求是的时代却搞起了形而上学的"一刀切"，所有人都要考数学和外语。——连学国画的研究生也难逃考外语的厄运，难怪著名画家、清华大学博士生导师陈丹青，因卡脖子的外语成绩而多年招不到满意的学生，愤而辞职。

第二层次，揭示这几个阶段的经验和问题。

第一阶段

三项经验：

一是"集中识字"。就是先用尽可能短的时间（一年到一年半）集中认识两千多字。他认为："'三百千'之所以长期配合使用，它们共同提供了两千多字是重要原因之一。"[①] 清末王筠编的《文字蒙求》，共2044个字，认为掌握了这些汉字就可以读书了。

二是"当分者分——认和讲，认和写"。他认为："既要快一点，及时认识足够数量的字，能够初步有点阅读能力，就得以认为主，在讲、用、写方面的要求就得放慢一点，不能齐头并进。齐头并进的结果必然是互相掣肘，互扯后腿，大家一起放慢速度，降低质量。"[②]

三是"使用整齐韵语"。整齐韵语容易构成简短整齐的句子，容易压韵，这是汉语这种语言提供的便利。这样的启蒙教材使孩子们感到朗朗上口，便于朗读，易于背诵，不觉得难得可怕。并且从小就在不知不觉中受到一些语言美、声音美的感染熏陶。

这种识字、写字、读写说分别进行的教法，对张志公后来的"分进合击"的教学观的影响是显而易见的。教材"使用整齐韵语"，对今天小学语文教学仍有启发，小学中低年级教材应该尽量多采用浅易、整齐的韵语，使学生在一开始接触语言材料时，就对汉语美有感性的深刻体认。

问题和教训：

一是"集中识字还不是最理想的办法"。在认那两千多字的过程中，毕竟要

[①] 张志公：《传统语文教育教材论》，上海教育出版社1992年版，第40页。
[②] 同上，第41页。

念比例很大的一部分根本不懂（塾师也干脆不讲）的字，要硬认，死记，茫茫然地背诵。虽然靠整齐压韵的便宜，背起来不算太难，但是背些完全不懂的类乎"咒语"的东西，毕竟不免枯燥，毫无兴趣。情趣是产生积极性的动力，大人且不例外，儿童更加如此。一上学就得枯燥、无兴趣、无积极性一阵子，这对早期教育绝不是有利的。

　　二是"要面向儿童"。"三百千"（即《三字经》《百家姓》《千字文》，后来还加上《千家诗》，成了"三百千千"——笔者注）在古代蒙书中已经算是平易可读的，然而，"人之初，性本善"好懂好教吗？……一句话，且不说所讲的内容道理对不对，统统是以成年学者的主观愿望欺侮小孩子的。"三百千"之所以使用那么久，别的什么本子都顶替不了它们，一个重要原因就是它们欺侮孩子们还不那么厉害。

　　张志公是以孩子的接受为本位思考问题，但是对于孩子的阅读是否都要能理解，都要读得懂，今天人们的认识似乎有所不同。重新兴起的"读经""读古诗词""读三百千"的热潮，就是表达了孩子的早期阅读可以不求甚解的观念。我以为在小学阶段让孩子多记忆、背诵一些韵语读物，或多读、记一些文言文，是终身受益的。虽然他们当时不一定能理解，但是随着年龄、阅历、知识的增长，所学的这些诗文会慢慢地被理解、吸收的。这是一种长效的学习，是一个渐悟的过程。就跟我们成年以后阅读也不一定就能立即全部理解一样，很多书，都是每读一次有一次的收获的，常读常新。至于张志公说的，"以成年学者的主观愿望欺侮小孩子"，这倒未必就是如此。他们的主观愿望怎么会是要欺侮小孩子呢？这显然是带着时代的成见说的，以为"三百千"属于封建主义的"毒素"，会毒化孩子的心灵。——如果存在以"近视"的眼光编写读物的倾向，这自然是需要警惕的。我们今天的教育仍存在着严重的偏见，作强制的急功近利的诱导，未能考虑孩子终身发展的需要，这确是教育的一大败笔。但是，毫无疑问，张志公主要还是站在反封建的立场上说的，其实，这些读物精芜并存，大量的是中性的知识性内容，如伦理道德、名物掌故等，不能一概而论。

过渡性阶段

两项经验：

一是"使用韵语和对偶"。前人的实践证明，从最初的集中识字教学直到进一步的识字教学，使用整齐的韵语，或者使用对偶，或者二者并用，是一个非常有效的办法。另一方面，凡是不采用这个办法的，如朱熹的《小学》等，就收不到效果，乃至碰壁。这个事实非常值得重视。

清人章炳麟和阮元在好些学术问题上意见分歧，但是认为训蒙宜用韵语，这一点则是一致的。……前人这些说法之所以值得重视，是因为：第一，合于学习语文的规律；第二，合于汉字汉语的特点；第三，是千百年来长期实际经验的总结。

二是"向阅读教学过渡"。在文言文时代，怎样开始指导儿童们读书，是一个困难的问题。困难从两方面来：第一是书的思想内容和知识内容。要读古书，知道的名物少，掌故少，会有很大的困难。而名物、掌故要求记忆。第二是语言。古代，从很早的时候起，书面语言就跟口头语言分了家。……距离越拉越远，形成了一条鸿沟。韵语读物可以说是古人设计的一座跨越口语和文言间那条鸿沟的桥梁。

严重的缺点：

从集中识字的"三百千"起，直到蒙求和类蒙求，有一个共同的、突出的缺点，就是都不尽符合儿童的理解能力。编得好些的，距离小一些；差的，距离大些；最差的，完全脱离了儿童的实际。总之，没有距离的，可以说一种也没有。……在以识字教育为主的阶段，对于理解内容的要求放低一些是可以的，可是，弄到儿童对所读的东西有很大一部分不懂，那是万万不行的。

在语言方面，又有三个问题。一是书面语言和口头语言的关系，一是文言成分和白话成分的比重问题，一是几言比较恰当的问题。他的意见是：自己新编一些，吸收前人一些可用的材料，能够做到这样：开头全用白话，逐渐增加文言成分，最后基本上用文言。用文言，三言、四言看来是最合适的……我们能够用两三个或者三四个四个字构成一个句子，而同时保持每四个字成一个语音段落，并且让相连的两个段落压韵。灵活地运用"杂言"也许是最好的办法。不过，五言以上，最好还是少用，因为长了就不容易背诵，至少在最初阶段是这样。

此外，他还提出了口头语言的训练从来没有提到蒙学教育的日程上来；在这些书里，字的出现和组织很少照顾到汉字构造的规律；在语文教育这个问题上，如何正确处理昨天和今天，昨天和明天，就是今天和今后如何运用传统经验的问题。这些也是值得思考的。

过渡性阶段的经验和问题，与第一阶段相似，主要是肯定韵语读物，认为有利于口语与文言的衔接，反对内容脱离儿童实际。此外，他意识到了口语训练的缺失，这是一个从古至今的重大缺失，在现代社会是亟待改变的。这个问题引发了他后来对口语教学的倡导。

第二阶段

经验和问题：

古人对于教儿童读诗，大致有三种主张。一种是赞成教一点，但必须是主张洒扫应对、忠君孝亲那一路的。程颐、朱熹都是持这种主张的。王守仁更进一步，简直要将教诗作为蒙学中主要教育手段之一。再一种也主张利用诗歌教育学生，不过尺度宽一些，不一定是直接讲孝悌忠信那一套，只要有激发儿童向上的作用就行。还有一种是不主张教儿童读诗的。总起来看，古时对教育工作影响最大的道学家或者主张不教诗，或者主张只教伦理训诫诗，倡导教一般的诗歌的（就像《千家诗》那样的）是极少的。

然而，在这一点上，群众的实践否定了道学家的主张。蒙馆里愿意教一般的好诗，孩子们也愿意读那些诗。《千家诗》可以说是在完全没有官家支持，没有大学者倡导之下，自己在群众中成长生根的。

至于教多少，教到什么时候，这是一个问题。从前人各种教材流行情况看，五、七言《千家诗》合起来一共是一百二三十首。百首上下，这个数量仿佛大体合适。《唐诗三百首》，已经是再后一个阶段的读物；《古唐诗合解》之类，就只能挑着念了。开头的时候，可以多念些，《沈龙江义学约》竟自规定每天念一首。往后恐怕就得逐渐减少，终自以读散文为主。

张志公特别注重的是"属对"——对对子，认为这是更值得注意的一种教学方法。

教儿童学属对，最初大概是以学作骈文和学作近体诗为目的的。发展到后来，属对成了启蒙之后一门必修的课程。它的目的已经不再是专为学作近体诗，而是作为语文基础训练的一种手段了。

根据属对课本的内容来看，属对是一种实际的语音、语汇的训练和语法训练，同时包含修辞训练和逻辑训练的因素，可以说是一种综合的语文基础训练。

他很赞成清人崔学古说的属对是"通文理捷径"，蔡元培说的是"作文的开始"，认为这是很有见地的。他说："我们往往以为学对对子只是为了学作诗，这种看法应当改变。属对练习能够通过实践，灵活地把语法、修辞、逻辑几种训练综合在一起，并且跟作文密切结合起来，这一点很值得作进一步的研究。多年来，语文教学中存在着一个教不教语法修辞等知识的问题。不教，学生显然需要得到一些这方面的训练；教，又觉得只是一堆术语、定义，并不能解决实际应用的问题。如果我们能从前人进行属对训练这个办法之中得到一些启发，研究出适合于我们需要的训练方式，再配合上简要知识的讲解，也许能为我们的语文基础训练找到一条可行的道路。"①

张志公这里谈到的两个问题是值得重视的。

一个是读诗的问题。读诗自然是十分必要的，这不但是文学教育重要的组成部分，也是语感技能获得的一个重要途径。而古人读诗，主要是一种启蒙阶段的思想、知识教育，随着年龄的增长，就让位于散文的阅读。今天，在我看来，"诗教"恐怕就不必局限于启蒙阶段，应该贯穿于语文学习的全程，诗歌的分量要加大，价值要重新定位，当视作一种"人生"的教育，"诗意"的引领。这一点可以和后面谈到的朱光潜对学诗意义的体认相照应。

一个是从"属对"训练引发的思考。张志公提出语文教学中存在着一个教

---

① 张志公：《传统语文教育教材论》，上海教育出版社1992年版，第101–102页。

不教语法修辞等知识的问题,这是个困扰张志公一生,使之努力寻求解决的途径,而最终也没能处理好的问题。这个矛盾主要体现为是知识本位还是实践本位思考。而张志公试图摆脱,却终究没能摆脱知识本位思考,或者说语言学知识本位思考,所以,他给自己留下了一个遗憾,也给我们留下了一个未解的课题。

张志公特别关注的传统语文教学的"属对"训练,这确实应成为一种可以借鉴的重要的语言练习方式。属对——对对子,对于基础语感的培养,对汉语的对偶、音韵、节奏等的感受,对语法、修辞、逻辑的感性体验,有着其他任何方式不可替代的作用。——语言基本功的培养,通过大量的读诗和属对,是可以打下坚实的基础的。读诗以修内,属对以赋形,便可达成内外同致之效。我以为读诗和属对的练习,是一种活的言语练习,直接有助于语感的形成,比起抽象的语言学知识的灌输,效果要好得多。学生会对对子了,还有必要学语法知识吗?

第三阶段

这一阶段包括"阅读训练"和"写作训练"两部分。

"阅读训练"从三个方面分析:

一是"教材——古文选注评点本,自学读物"。

古文选注评点本,从选文的数量说,可得三类。一类选得很多,在300篇以上,以至上千篇,如《文章正宗》《古文渊鉴》《唐宋文醇》《古文眉诠》《唐宋八大家文钞》《古文分编辑评》等。这类选本,一般学塾不直接用作教本,而是由塾师挑选若干篇教给学生,一类选得很少,在百篇以下,如《文章轨范》《古文关键》,都只有60多篇。有的学塾采用这类选本,但是往往再由塾师用别本补充。再一类选文在100篇以上,300篇以下,如《古文析义》(230篇),《古文观止》(222篇),《古文喈凤》(208篇),《古文释义》(147篇)等等。在学塾中流行最广、直接用作教本的,这一类居多。

经验:为了培养学生具备基本的读写能力,至少要教他们熟读二百来篇古文,再少不够,过多也不必,因为只要具备了基本的能力,学生就可以自己去广泛涉猎,不需要由老师一句一篇地来讲了。

就选文的标准和范围说,都重视历来有定评的、脍炙人口的名文。包罗的广狭,有的从先秦一直选到编者所处的时代或前一代,有的只选或基本上限于唐宋两代。选文的范围,有的选唐宋文只限于八大家,甚至八家中的几家,有的则很宽。多数以散文为主,少数把诗歌作为一个方面。有的包罗得相当广的,也不至广到杂的程度,以至把很普通的文章选进去。

就编排的方式说,大致有三类。一类是按照时代先后由古至今编排,同一时期又按作家排列。大部分选本都是这样。一类是按时代由近及古分段逆溯,每段之中再按由古及近编排,并且兼顾体裁的分别。再一类是先按体裁分作几部分,每部分之内再按时代和作家的次序排列(还有《古文笔法百篇》则按写作技巧归类)。

就注释评点体例说,有的非常详细,从字的读音、意义,到典故、事实,句段的联系照应,文章的结构层次,遣词造句的要点,等等,都有所解说或指点,有的还通解全篇大意,总论全篇的内容和写法,个别的更附有读后感之类的材料。至于评点的着眼点,有的偏重文章的"义理",有的偏重文章的写法,有的二者并重。

能够要言不烦地指出思想内容和表达上的关键、要点,引导学生去思考揣摩,体会学习,而不作过多的发挥分析,这种做法,很值得我们参考借镜。

辅助教材——诗赋选本和涉猎用书。所用的教材主要是古近体诗的各种选本。流行最广的是《唐诗三百首》和《古唐诗合解》等。赋体文章的选本则有《骈体文钞》《六朝文絜》等。词的选集,主要有《花间集》《绝妙好词笺》,后来出了《白香词谱》。值得一提的是备学生浏览涉猎的书,就是课外阅读书,如清代中叶的《经余必读》,虽然编得杂乱无章,但是能注意到选材面的广泛,想到怎样开阔学生的眼界,增长学生各方面的知识,这种努力还是值得称道的。

我以为,这主要涉及文选的选择标准、数量、呈现形式等。选文要经典:有主教材、辅教材、课外阅读书;数量要适中:熟读二百来篇,去举一反三;评点要到位:要言不烦地指出思想内容和表达上的关键、要点,不过多分析发挥,让学生自己去体会。这些都是在教材编写上可资借鉴的。

二是"阅读训练的原则和要求——'文''道'不可偏废"。

古人对于"文"(语言文字之学,辞章之学)与"道"(他们所理解的正确思想的总称)的关系非常重视。历来有过种种说法,诸如"文以载道""文以明道""文以贯道"等等,有过不少争论,但是争论之点,往往在"载""明""贯"这些字眼上,说到基本精神,则一致性相当大,那就是:"道"是根本的,然而正确的"道"必须有高明的"文"来阐发、传播,人们也必须通过"文"来理解"道",因此,二者是不可分的,不可偏废的。在指导学生阅读的时候,他们就主张仔细讲解文章的名物、训诂、句读、篇章,使学生充分地理解其"文",同时领会其"道"。

在当代语文教育中提倡"文、道统一,文、道兼顾",大约就是拜传统语文教育之所赐。这是张志公始终坚持的一个教育观念,也是以往的研究者极为推崇的,如《张志公语文教育论集》序中说:"张先生关于语文的工具属性和文道统一的理论,给现代应用语文学树起了一根坚实的石柱。"[①] 我认为,这是封建教育和八股文写作"代圣贤立言"的要求,是需要具体分析的。停留在对文、道关系的抽象理解上,是不够的。重要的是要弄清楚文、道在不同文体中的能指和在不同文本、语境中的所指,才有实践意义。实际上,以往论者对"道"究竟是指"思想意义"还是指"主题""意""内容",都还是模糊不清、飘忽不定的,二者往往混为一谈。这样来提倡"文、道统一",显然有点不够学术。尤其值得注意的是,对"道"的注重,很容易导致语文教育的思想政治教育化,导致成人话语对儿童话语的遮蔽,导致主体的"空洞化",为文的"伪圣化",这在语文教育实践中是有着深刻教训的。

其实,脱胎于古代文论的"文以载道""文以贯道"的"文、道统一",本来就是一个政治文艺学、社会文艺学的观念,和"政治标准第一,艺术标准第二"的提法如出一辙,本来是对作家或学者的要求,是对"百花齐放、百家争鸣"导致的思想解放的约束。照搬到教育中,照搬到阅读尤其是写作学习和教学(语文教育学)中,未必合适。教育有教育的规律,有时候是不应过分追

---

① 张志公著,庄文中编:《张志公语文教育论集》,人民教育出版社1994年版,第5页。

求"文、道统一"的。五六十年代"左倾"政治对语文教育的干预,就是打着"文、道统一"的幌子出现的,上海《文汇报》对中学生作文《茉莉花》和《当我升上初三的时候》的一场旷日持久的讨论(实即批判),曾给语文教育开了一个危险、可怕的先例。"道"一般是指"政治思想性",许多文章的"意"并没有政治思想倾向,除非你把"山水诗""离情别怨"也界定为封建士大夫的闲情逸致。对于成长中的孩子来说,他们思想的不成熟、天真幼稚、童言无忌,这正是他们的真诚可爱之处,一旦套进了"文、道统一"的枷锁,就丧失了自我,泯灭了童心和童真,变成了千人一面、众口一词的木头人,这难道是教育的目的吗?"道"是要的,但要在教育和写作、在人成长和发展的客观规律下来呈现,否则,就会成为屠戮自由心灵和本真言说的杀手。

三是"阅读训练的方法——要求熟读,精思,博览"。

首先,他们认为书不能单用眼睛看,必须读,并且认真地读。读的要求是:第一,大声诵读;第二,读得准确,一字不差;第三,多读遍数,达到纯熟,乃至能够背诵。目的是:第一,能够上口;第二,能够记住;第三,通过熟读达到更好的理解。

同时,他们也并不主张糊里糊涂地读,糊里糊涂地背。崔学古说,读书应该首先"求明,不先求熟。明则自然易熟","得趣全在涵泳"。朱熹提倡"三到"——心到,眼到,口到。眼到是看,口到是读,心到就是理解领会。他们主张熟读精思,博览也是他们一向所重视的。

这种阅读训练方法,在今天基本上只剩下"熟读"——死记硬背,"精思"和"博览"荡然无存。值得注意的是,传统阅读注重的是"精读",不注重"泛读""略读"("博览"讲的是阅读的内容和风格体裁要宽,是对阅读面说的,和"泛读""略读"讲的是阅读方法不同),这一传统,是为叶圣陶、张志公先生等所继承的,叶圣陶强调阅读"求甚解",就是强调"精读"。其实,"泛读""略读"也很重要,尤其在信息化社会,对付海量的信息,不能不具备快速浏览的阅读能力,是必须"不求甚解"的。因此,在继承传统的同时,还要从时代的需要出发,调整阅读的方法,使"精读"与"泛读"各得其所。

"写作训练"从四个方面分析:

一是"一般写作训练的原则——'词''意'并重"。

作文应该以"意"为主,以"义理"为根本,但是好的"意",正确的"义理",必须用恰当的"词",好的"辞章"表达出来。这与前面谈到的阅读训练中"文""道"不可偏废的原则是相通的。这是张志公对前人经验的描述,可我以为需要指出的是,这从好的方面说,是使文章的主题正确、鲜明,从其负面的影响说,也造成了"立意要高"、任意拔高主题的倾向。在儿童学写作时,是不宜过分追求"词、意并重"的,更不能以成人思维来认定学生文章"意"的高低。这一点很重要。

二是"作文训练的步骤——先'放'后'收'"。

鼓励学生大胆地写,等有了一定的基础再要求精炼严谨。初学阶段要鼓励学生大胆地写,所以他们主张批改作文的时候,不要改得太厉害,以免挫伤学生的信心和兴趣。这种主张有广泛的影响。

我以为,能注意到"放",是值得肯定的,但也还要作具体分析。因为这是在科举教育下的体认,科举教育最终要严格地"收","收到"合乎八股文考试的要求上来,就和我们今天的高三应试写作训练一样,它的"放"是为了"收","收"到统一的写作模式上来,这"收"往往是强制性的。从素养教育来看就不是这样,"放"始终是主旋律,让学生能够放胆为文、率性为文,而"收"是一种学习进程中自然发生的自我否定、自我超越,是教学中的因势利导。这两种情形有着本质的不同。因此,只看到表面的"先'放'后'收'"是不够的。

三是"作文训练的方法——多作多改"。

所谓多作,当然主要是指写成篇的文章。但是在训练的过程中,也需要从更基本的功夫练起。"属对"就是初步的作文训练。多改,目的在于深入揣摩,一方面可以更牢固地掌握语言文字的运用方法,同时养成严肃认真、一丝不苟的写作态度和习惯。这是前人在作文训练方面非常突出的一条经验。

除了"多作多改"其实还应强调一点,就是"多商量"。"多作多改"是很重要,尤其是"多改","改"的益处也许比"作"还大,而"改"在今天是比较被疏忽的。教师如能在"改"字上下功夫,将会事半功倍。"多商量"是欧阳修的"三多"(多读、多作、多商量)之一,就是在读、写的过程中,多交流讨论,形成互动。这一点要和"改"同样受到重视。

四是"从模式到程式化——八股文"。

程式化的作文训练,是有极大弊害的。往根本处说,足以束缚青年的思想,使他们不能越出封建统治的牢笼;从写作方面看,必然形成一种追求形式、讲究格律、陈词滥调、言之无物的风气。但是张志公还是认为八股文教学从指导学生作文看,有两点是可以研究的:

第一,无论是"冒、原、讲、证、结",或者"破题、承题、分股、大结",或者"起、承、转、合",定成死板的公式当然是错误的,但是如果理解为一般议论文的结构特点,也就是通常说的"模式",则是基本上符合事实的。"模式"是需要的,"程式化"是应当反对的,这两个概念要加以区别。

第二,先学局部,后学整体,先学勾出轮廓,后学发挥充实,这种方法适当地采用,对于训练基本技能有一定的作用。当然,局部不能离开整体而存在,实际写文章的时候,总是先有个整体的观念才能一部分一部分地写下去,勾画轮廓,也必须对于轮廓里边的内容先有个大致的设想。

敢于从历来被批判否定的八股文教学中,发掘其有现实意义的方法,这是一种实事求是的态度。但是,必须清楚,这种训练不是"放",是"收",是一种"定法为文",是在应试情境下不得已而为之的,或是在一般地认识文章的篇章结构时,作为知识来加以体认。不宜作为写作教学的常态方法。

第三层次,是在整体上的综合反思。

这一反思,不是组织在全书的分析论述系统中的推进的部分,是1984年7月在课程教材研究所召开的语文教学改革座谈会上的讲话,题为《关于改革语文课、语文教材、语文教学的一些初步设想》,在《课程・教材・教法》1984年第6期,1985年第1、3、5期连载,这篇文章,在《传统语文教育教材论》中作为"附录"[1]。在这里,张志公把传统语文教育归结为两件事、三点经验、三点问题、四点弊端,认识比前面更为简洁明晰些。

---

[1] 张志公:《传统语文教育教材论》,上海教育出版社1992年版,第146页。

两件事：

一是花大力气对付汉字，一是花大力气对付文章。目的是：应付科举考试。汉字之学，文章之学，给我们留下了值得珍视的遗产，我们感谢前人，决不轻易抛弃，并且要总结，继承，发扬光大，为我们及后人所用。

三点经验：

一是建立了成套的、行之有效的汉字教学体系。一是建立了成套的文章之学的教学体系。一是建立了以大量的读、写实践为主的语文教学法体系。

三点问题：

首先是语文教学的性质和目的——语文教学是科举考试的附庸，目的在于使受教育者获得参加科举考试的能力。这样的性质和目的决定了教学内容——识字加读古文加作古文（一般古文和八股文）。这样的性质和目的，这样的内容，决定了学语文的主要手段——记诵和摹仿。

四点弊端：

一、脱离语言实际。语文教学只管书面上的训练——识字、写字、读书、作文章，完全抛弃了口头上的训练——听话的能力和说话的能力。

二、脱离运用实际。语文教学只管读、写，而读的、写的都与日常生活和工作中实际运用的东西无关。忽视致用的传统，影响很坏，贻害极大。

三、忽视文学教育。学塾、蒙馆多少教小孩子念点短诗，为的是易于上口、背诵，开讲"四书五经"之后，不再把诗列为教学内容。词曲小说更不要说，不仅不教，甚至禁读。

四、不重视知识教育。我国本来有起源很早的、很发达的文字、训诂之学，稍后有声韵之学。然而在基础教育中并不教文字、训诂、声韵的知识。教字，教文章，也不运用这些知识。

以上就是《传统语文教育教材论》浓缩的内容。这些看法，都成了张志公一生中思考语文教育问题的基本依据。我们几乎可以在他所有的语文教育著述中，找到其中的某些思想履痕，传统语文教育因张志公的"披沙拣金"而焕发光彩。

从三千年的语文教育中提取出的经验和问题，虽然还比较粗浅，但由于是第一个涉足者，所做的是前无古人的事，能从浩如烟海的史料中，梳理出个大致清楚的面貌，已经算是很不容易的事了。其中不少经验，经过张志公的宣扬，逐渐为大家所熟知，有的在语文教育实践中已经被付诸实行。比如，集中识字，读诗，属对，文、道并重，熟读、精思、博览，涵泳体味，多作多改，先放后收，等等，今天我们已经耳熟能详、习以为常，应该对张志公所付出的辛劳怀有感激之心。

令人费解的是，上面"两件事"和"三点经验"，都提到了古人对"文章之学"的重视，为什么他就不能像叶圣陶、夏丏尊他们那样好好地加以继承和发扬，而是长期在"语言学"上兜圈子，走不出来呢？我想大约是因为他觉得"语言学"是"科学"的，而"文章之学"不科学吧。及至有所颖悟，另起炉灶，试图建构"汉语辞章学"，却为时已晚。可见，人都是各有所蔽，要解蔽何其难也。

同样，"三点问题"，主要就是一点：以"科举"考试为目的。当今语文教育也是以应试为目的，科举考试所有的弊病，现在不但照单全收，而且变本加厉，为什么就不能好好地思考如何去改变呢？"四点弊端"，今天也一点不少地继承了下来，而且努力地"发扬光大"："说"的练习依然阙如，虽然现在有了形式上的"口语交际"内容，但形同虚设；读、写不但脱离实际，而且写作从"代圣贤立言"换成"代政治、舆论立言"，就是不说自己的话；文学教育把文学作品不当作文学教，当作训练掌握语文工具的材料；不重视知识教育，根本上就是还没有建构起科学的语文学知识体系，"重视"从何谈起？

毋庸讳言，今天我们对母语——汉语教育的规律的认识还是比较浅陋。当我们在进行新一轮课改的时候，我们所借助的基本上都是西方教育学和语言教育、语言学的观念和方法，我们所使用的语文学概念，很少是民族化的，更没有形成对民族化的母语教学的科学认知，没能够较为精细准确地总结出汉语教育自身的特点和行之有效的方式方法，并对其作出理论的阐释，以至传统语文教育的精髓没有得到发扬光大。这无疑是语文教育界的耻辱，也是今天深切缅怀张志公业绩的一个原因。

> 语文教育"统筹规划"——幼教：语言训练；小学：读写训练、识字、写字三条线分进合击；初中、高中：增设文学课，按照知识与实践的合理关系组织语文课。由此可见出他的继承传统的教学观。

现代语文教育开创以来，一个很大的弊病是很少有人在语文教育的整体上进行思考和规划。大多是作分割式的局部的研究和设计。"课程标准"或"教学大纲"虽然有，也多是分段研制和设置，而且大多停留在形式上。这就造成了各学段教学各自为阵的相互封闭的局面，"鸡犬之声相闻，老死不相往来"，极少看到对汉语教育的整体性、发展性研究。这种状况至今没有改变。课程标准与考试大纲的制订，分别由两个部门、两拨人负责，教材编写分成小学、初中、高中三块，由三批人分别进行，各编各的，互不通气。教学也是如此，小学、初中、高中、大学教师的教学，各行其是、互不相干。自然错不在教师，体制如此，有什么办法？

张志公对传统语文教育的研究，目的是为了古为今用，是为了建构科学的语文教育体系。在"文革"后，面向未来的语文教育改革，是他始终思考着的一个重要问题。他是少数能从整体上前瞻地思考语文教育的学者之一。当然，这也和他所处的地位有关，责无旁贷。从准备状态和实际能力上来说，这个课题的研究也非他莫属。

语文教育要"统筹规划"，是他的一个重要的指导思想。他说："从基础教育阶段开始——幼儿教育到小学教育、初中教育，再到普通高中教育和职业高中教育阶段，语文教学的全程应当统筹规划，有计划地一步紧接着一步地往前走。小学不知道幼儿园干了些什么，初中不知道小学干了些什么，高中不知道初中干了些什么……这种'铁路警察，各管一段'的情况是不能许可的。同时，横向的关系也在统筹兼顾的范围之内。……'邻居高打墙'，关起门来各干各的，决非好办法。各科知识互相渗透、互相作用，不仅仅是科学知识高级阶段的事，从基础阶段就是如此……各个不同教学阶段的语文教学工作的规划要打通，同一教学阶段的各科教学工作的规划要打通。各种方式的分工是必要的，而多方面的协作是更加需要的。"① 语文教育的纵向和横向的联系和沟通的确很重要。这自然是教育行政领导要着重考虑的，而领导们太忙，顾不上，因此张志公的构想基本还停留在纸面上。我想，老师们没有什么能力和条件作统筹的规划，而可以做到的是小学教师到中学，中学教师到小学，初中教师到高中，高中教师到初中，相互听听课，甚至也可以交换着教教课，体验体验，切磋切磋，想必也是大有益处的。——也许没有领导的统筹安排，连老师们相互听课也是难以实现的。

以下是张志公对语文教育的统筹规划：

一、关于幼儿语言训练。幼教阶段，语言训练可以说是中心环节。不仅是语言本身的训练，连思维训练、知识教育、思想教育，都在其中。可以有专设的语言训练课，也可以同时把语言训练和唱游课结合起来，寓语言训练于游戏之中。语言训练要与幼儿的思维能力相适应，同时又要通过语言训练来发展他的思维能力。

张志公注意到了寓教于乐、与思维能力相适应的观点是有道理的，就是可能有点急于求成。学龄前的孩子何必专设语言训练课，或把语言训练作为一个教学目的呢？随兴听听、讲讲故事，唱唱、画画、做做游戏，就好了。从幼儿开始就纳入正规的训练体系，接受语言训练、思维训练、知识教育、思想教育，这是人类的"幸"还是"不幸"？——这也许是名位带给他的责任和遮蔽吧。

二、分进合击的小学语文教学实验方案及其他。基本意图有两条：第一，要让学龄儿童受到与他们的实际语言能力相当的，与他们的思维能力、智力水平以及求知愿望相适应的语文教育……第二，要从初学汉字的困难中解脱出来，不让它成为语文教育以及其他各科教育及时前进的障碍，同时又要把汉字学好，学够数，学扎实，写好。

小学语文课（课仍是一门）分三条线先后开始，分头前进，最后合拢。

---

① 张志公著，庄文中编：《关于改革语文课、语文教材、语文教学的一些初步设想》，见《张志公语文教育论集》，人民教育出版社1994年版，第270–271页。

第一条线：从入学开始就利用汉语拼音提供与上述各项能力、水平、愿望相当的阅读材料，用这样的材料进行有计划的语言训练、阅读训练、写作训练。这条线从一年级上学期开始，直到四年级结束，贯彻始终。

第二条线：从第二学期开始，进行识字教学，完全按照汉字的识字规律独立进行，不与第一条线结合。过早的结合，结果是互相制约，互相牵制，一起放慢速度，降低质量……不去勉强"结合"，两条线却会自然地逐渐靠近，合拢，终至会合——识了若干字，其中有一些必然会与第一条线的材料中某些词重合，稍加指点就代进去了，识字日渐增多，重合的也愈多，于是自然而然地日渐靠拢、会合，谁也没有牵制谁，两不相伤。

稍晚于第二条线开辟第三条线：写字教学。它不去理会第二条线，完全按照写字的规律进行，先练基本笔画点、横、撇、捺等，然后是简单的单体字，较复杂的单体字，简单的合体字，复杂的合体字。同理，三、二两条线如果过早"结合"，也要互相制约，互相牵制，不去勉强"结合"，反而会自然地逐渐靠近，合拢，终至会合，谁也不干涉谁，两不相伤。

这样到了四年级，三条线总会师（三条线"分进"，实际上是包围"合击"），那时，阅读水平、写作水平、总的语言水平达到了多么高的高度，是不难想象的（大致可以相当于目前正常的初中一年级的程度）……小学仍用五年，最后一年全面整理，巩固，提高。小学毕业的质量水平将比现在高得多。

张志公的设想就是将读写、识字、写字分别进行，逐渐合拢，这是很有意思的。记得我们以往的教学都是三线齐头并进的，所以，真正的读、写活动一般要到三、四年级才开始。而他的这一新构想的好处是可以较快开始进行读、写活动，可以较早获得读、写的乐趣，不会被比较困难、枯燥的识字、写字败坏了学习的兴趣。这大约是张志公从传统语文教学中吸收的营养，古人识字和写字是分开的，阅读和理解也是分开的，所以，他觉得三条线可以分开进行，不互相干扰，可能学得更快。但是，问题是学生要是习惯了用拼音读、写，会识字、写字后，是否要重新运用汉字读、写，这是否也会影响学习效率？电脑普及之后，学拼音与识字、写字是否还要分开？是否只要识字，而不要学写字？那时，写字，就变成和画画一样，让愿意学习书法艺术的学生来选修。识字和写作,都可以用音频(说话)输入,汉语的识字就变得容易,只要会说话,就很容易识字。同样,文章的阅读,可以制作配以读音、字典、画面和相关链接的软件和课件,阅读也就变得毫不困难。我想,这样,学生的语文学习的入门,以及初步读、写能力的形成,将大大提速。如此,"分进合击"是否又要变为"同步推进"?

三、从初中起,增设文学课。是"增设",不是如50年代试行过的"文学""汉语"分科,"语文"课还是语文课。

(一)文学教育从小学就要通过语文课并且与音乐课、美术课配合进行,但还不需要单设文学课。语言文字教育直到小学毕业是基本的。

初中一年级开始增设的文学课,任务是指导学生阅读丰富的、优秀的文学作品,获得必要的文学知识,培养和提高文学素养,同时寓思想教育于其中,培养远大的理想抱负,高尚的趣味情操,并寓智力开发的目的于其中,培养活跃的逻辑思维能力和联想、想象等思维能力以及创造思维的能力。

文学阅读的量要大一些,课内课外相结合。比如,一部《西游记》,课内介绍介绍这部小说,讲它一两回,其余让学生课外自由阅读,到适当时候可以组织集体述评、讨论、评议的文学欣赏活动。阅读的范围要广,古今中外的优秀作品都要适当涉猎。

文学课的任务如上所述。不要再加给它什么"培养读写能力"之类的任务。文学课的任务是进行文学教育,不是进行听说读写训练的。把这两项任务并列,只能使这门课两不像,两不沾,两败俱伤。

从初中阶段增设文学课,是与语文和其他科目并列的一门课,不是作为语文课程内的一部分,这的确是一个激动人心的大胆而有远见的想法。从来还没有谁把文学教育的重要性如此突出地加以强调。张志公考虑得很周到,把文学教育的任务单纯化,与"培养读写能力"之类的任务加以严格的区隔,以免两败俱伤,这是有一定道理的。由于这个问题比较复杂,我们将在下一部分专门谈文学教育时一并探讨。

(二)按照知识与实践的合理关系组织语文课。张志公认为,经过了幼教和小学的语言训练和语文教学,12岁左右的孩子们对语言已经具备了丰富的感性知识和足够的实践活动，进入初中之后，应当并且完全可以像其他各门学科一样，以系统的理性知识为先导，并以知识系统为序，组织全部语文课。这样就可以打破若干世纪以来语文教学不科学、无定序、目标不明的杂乱无章的状态，使之有个章法，这章法是面向实际应用的，以科学知识为系统的，循序渐进最终切实完成本门学科所负担的任务。需要明确三点：

第一，不能把语文课搞成一门纯粹的知识课，而是以知识为先导、以实践为主体并以实践能力的养成为依归的课。

第二，这里说的知识系统是指实际运用语言的知识系统，而不是纯粹的语言理论的知识系统。语言理论的知识系统是从小到大的：语素—词—词组—句子—句组—篇章；而实际应用语言却恰恰相反，是从大到小再回到整体的。……语文教学的知识系统既是实际运用语言的知识系统，就应当是从大到小再回到整体的这种系统。

第三，这里说的实践是把听、说、读、写融会在一起的，丰富多样的，面向实际应用，密切结合生活、学习、工作实际的，因而是生动的，饶有兴趣的，而不是指呆读死记以及无对象、无目的，搜索枯肠，硬"作"文章等等那类"实践"。

四、以上述各点为基础，得出如下设想。

把基础教育的初中阶段和普通高中阶段联系起来考虑，可能是六年或者七年（依学制而定）。把这六年或七年划分为四个大的段落，每个段落一年半左右，用Ⅰ、Ⅱ、Ⅲ、Ⅳ表示。每个大段落分为三个小段落，每个小段落大致是一个学期左右，分别用（一）（二）（三），[一][二][三]，(1)(2)(3)，[1][2][3]表示，全部课程的组织安排如下：

Ⅰ—（一）讲授篇章知识，包括主题、思路、条理、层次、前后照应、首尾一贯等等这些有关篇章的比较系统的知识；主要从积极方面讲应当如何，也从消极方面讲要避免什么；讲授知识要举实例，结合实际；实例既有口头的，也有书面的，书面的之中也要包括演讲词、辩护词等等，实例可举典范的、知名的，也可举一般的以至学生自己的；教师讲授为主，穿插学生的讨论，评议。

Ⅰ—（二）（三）篇章实习，包括听、说、读、写四种活动。……对所有这些实习活动，着眼点主要都在篇章，在整体，至于遣词造句等，不属于重点要求。

Ⅱ—[一] 讲授段的知识，包括：段在篇章中的地位，段的形成和要求，如统一性、完整性、逻辑性等。顺序可以考虑以说明性段落领先……其次是记叙、描写性段落，又其次是论证性段落。

Ⅱ—[二][三] 段的实习

[一] 的知识讲授应注意之点以及实习方式等，可参照Ⅰ的教授和实习要领来设计，不具列。

Ⅰ、Ⅱ可以考虑倒倒次序，先进行段的教学，再进行篇的教学。完整的段诗篇的具体而微，从段入手比较容易掌握。

Ⅲ—（1）词组和句子的知识

—（2）（3）词组和句子实习

Ⅳ—[1] 词和语义，语体和风格的知识

—[2][3] 实习

[1] 可考虑延长一些，[2][3] 适当压缩一些。到了词和语义，已经细致入微了，知识的难度和实习的要求都比前三部分提高了。这时就可飞跃一步，提到语体、风格上来，再回到整体了。到了这一步，听、说、读、写的实际能力已经具备了进入高等教育所应具备的完整的基础，同时也具备了关于语言的系统知识。所有的知识都落实到实践中，而实践是在知识的先导下有条不紊地进行的。

从幼教到高中毕业，语文教学如果能这样一步一步进行下来，其成效可能会有比较显著的变化。①

在语文课内，张志公"按照知识与实践的合理关系组织语文课"，将中学阶段分为四个学段，安排不同的知识和实践内容。这一思路显然是和夏丏尊、叶

---

① 以上参见张志公著，庄文中编：《关于改革语文课、语文教材、语文教学的一些初步设想》，见《张志公语文教育论集》，人民教育出版社 1994 年版，第 270–281 页。该书漏了 [一] Ⅰ、Ⅱ，参照《传统语文教育教材论》中的同一篇目的内容补上。

圣陶编辑《国文百八课》如出一辙，都是试图建构科学的语文知识系统，以知识带动实践。为此，他明确指出：知识与能力二者，是以能力为归依的；知识系统，不是语言理论的知识系统，而是实际运用语言的知识系统；实践，是听、说、读、写的融会，是面向实际应用、生动有趣的。这一认识也是很透彻的。

张志公所言涉及三个问题：语文教学的有"序"；以什么为"序"；知识之"序"与实践之"序"的关系。这些问题也是语文界普遍关注而始终莫衷一是的问题。第一个问题，语文教学应该有"序"，这大约已经不成问题。第二个问题就比较复杂，"序"是各种各样的，如何选择定序十分困难，如：以文选内容（主题）为序，文选形式（文体）为序；以阅读为序，以表现为序，以写作为序；以知识为序，以实践为序；以线性推进为序，以循环上升为序，以交叉互动为序；线性混沌有序、准线性混沌有序；等等。这些"序"的内部还可以细分。如"以知识为序"，就"知识"可以分为"文章学"知识、"写作学"知识、"语言学"知识，等等。还有多层次交错的"序"，如夏丏尊、叶圣陶的《国文百八课》，以"文章学"知识为主导，以"写作学""文法学""修辞学"知识为辅助；而解放后的《语文》教材，原先是以文本形式（文体）为序，现在大多采取以文选主题为序。张志公是采取"汉语辞章学"知识为序。不论以什么为序，都会遇到第三个问题：知识之"序"与实践之"序"的关系。

关于知识和实践的关系，张志公的观点可以理解为：知识是前导，实践是目的。但是知识要联系实践，就必须以实践为序，而这二者在张志公那里是矛盾的，知识与实践是两张皮，不论他的主观愿望如何，可就是贴不到一块。我们所看到的他的这一系统：讲授篇章知识；篇章实习，包括听、说、读、写四种活动；讲授段的知识；段的实习；词组和句子的知识；词组和句子实习；词和语义，语体和风格的知识；实习。这些所谓的运用的语言知识，是支离破碎的，是静态分析的，完全和实际的言语活动的复杂过程相脱离。——这是语言学家的共同的困窘：在理性上意识到要向实践和能力靠拢，但是由于以静态、孤立分析为特征的语言学知识框架，与以动态、行为生成过程为特征的言语实践完全错位，迁就了语言学框架，就势必脱离言语实践和能力。与实践、能力的培养相对应的知识，当是言语创造学（阅读学、写作学、口头交际学）。没有建构起言语创造学理论知识系统，不论教材编写者主观上多么希望能向言语实践靠拢，不论语言学知识系统多么完备，也是无法越俎代庖的。其实道理就是这么简单。他的"知识系统，不是语言理论的知识系统，而是实际运用语言的知识系统"的正确认识，一到具体实施时就走样了，因为他找不到实际运用语言的知识系统，只好削足适履，把语文这双大脚硬塞进语言学理论的小靴子里（他试图改造这双靴子，显然力不从心，这在本文的最后部分将详细谈到），尽管小心翼翼，还是难免摔得鼻青脸肿、面目全非。这就是为什么张志公的良好愿望始终无法实现的根本原因。

但无论如何，张志公的要"统筹规划"语文教育、专设"文学课"、"按照知识与实践的合理关系组织语文课"等观念，他殚精竭虑勾画的语文教学新蓝图，哪怕还不成熟，也为我们提供了建设性的意见，打下了思考的基础。同时，我们可以看出，他的思路明显得益于传统语文教育的启发，这种思想方法也是可取的。

> 重视文学教育发展智力的功能，批评将文学教育等同于"读写训练"和"不能把语文课教成文学课"的观点，不讳言现实的矛盾与困惑，主张编两种读本，要读诗。

我以为，我国虽然有着悠远的"诗教"传统，却没有真正意义上的文学教育。历来的文学教育，没有文学味和生命感，不但没有给予审美的情趣和人生的关怀，而且磨蚀了师生的文学兴趣、感觉和审美创造冲动，这是很让人费解而忧虑的。这种不纯粹的、"非文学"的、政治教化式的文学教育，已经成为了一种绵延不绝的教育文化，影响着一代一代的师生。

从先秦时期的教育开始，像《诗经》这样的文学作品，从来就不是作为审美文本来学习的，而是定位为人才教化的教材，更多注重的是它的道德伦理和社会实践的功能。子曰："诵《诗》三百，授之以政，不达；使于四方，不能专对；虽多，亦奚以为？"（《论语·子路》）从《诗经》中学的，看重的是处理政务、外交应对的技能，是一种人生实用本领和为人处世的素养。到魏晋以后，尽管有了"文学"的意识，《昭明文选》所选的文章，虽看重"辞采"，但也不尽是文学，大多是实用的文字，是作为读写的范文来学的，后来变成是对付科举。直到我国现代语文教育，也依然是有"文学"而无"文学教育"，文学作品是当作记叙文来教的，是用来进行一般的读、写训练的。因此，可以说，自古以来，我们还没有真正意义上的文学教育，文学教育的观念、理论与实践需要重新认识、重新建构。

张志公先生对文学教育的见解是有现实针对性的。他澄清了语文界长期存在的两个错误认识，同时也提出了存在的矛盾和问题。

首先，也是最重要的，他针对人们以为文学教育只是陶冶性情的事，指出了文学素养是人人都必须具备的，文学的联想力、想象力不限于文学家才需要，各种创造型人才都需要，因而，它对全体儿童、青少年的智力的发展，都有着极其重大的意义和作用。他说："如果说，人们的思维活动大体上可以区分为逻辑思维和形象思维的话，那么，文学，无论创作或欣赏，主要是诉之于形象思维的，需要联想力或想象力，需要一种源于生活实际而又超出于生活现实的创造性的思维能力。……从这个意义上说，文学教育对于儿童和青少年的智力发展所起的作用是十分巨大的。似乎不止一位思想家和教育家说过这样的话：'很难说，莎士比亚和牛顿谁需要的想象力更多一些。'……优秀的文学作品之所以能够让最伟大的政治家、军事家、科学家读得入迷，决不是这些'家'们向文学作品寻求消遣，而是文学作品里那些活跃的、创造性的思维活动因素跟这些'家'们的头脑是息息相通的。"[1] 从想象力、创造力培养的角度，强调文学教育对于人的智力成长的普遍的重要性，这是很有见地的。

其次，他针对将文学作品的教学视为"读写训练"的错误认识，批评说："目前的语文教材里有比例很不小的文学作品，但并不是用来进行文学教育，而是用来进行'读写训练'的，连古典文学作品也不例外。这样的语文教学、语

---

[1] 张志公：《传统语文教育教材论》，上海教育出版社1992年版，第162–163页。

文教材,实际上是一种互相掣肘、两败俱伤的作法。它既没有能力培养上文说的现在和未来的年轻一代所需要的那种说话、读书、写作的能力,因为它用的大部分材料是文学的,包括相当比例古典的,又不讲现代的科学语言知识,内容制约着方法,只能还是传统的那种低效率的摸索前进的路子;它也没有能力进行真正意义的文学教育,因为交给它的任务是培养'读写能力','不能把语文课教成文学课'!"[①]他接着归结道:"并不要求人人,也不要求很多人成为文学作家,但是应当要求所有受过教育的人都能理解文学,欣赏文学,具有文学的鉴别能力,接受优秀文学作品在道德情操方面以及敏锐深入的观察社会生活的能力和丰富活跃的想象能力方面的感染、熏陶和启迪,也就是说,具备必要的文学素养。"这可以看作他对文学教育的目的,或者说是对"文学素养"的界定。

我想,对文学教育的忽视,原因除了张志公说的"不能把语文课教成文学课"这个观念的误导外,还由于以往语文界存在的一个根深蒂固的偏见所致,这就是"语文教育不培养作家",以为如果把文学作品教学上成文学课,便是在培养作家,是培养目标上的方向性错误。这帽子之大,足以吓阻一般语文教师的文学情结,使富有情趣、含蓄隽永的文学作品,变成枯燥乏味、支离破碎的文字货栈。殊不知文学教育不论是在人文熏陶还是在智力发展上,都是人的成长不可或缺的。因此,要形成一个新的观念:即便"语文教育不培养作家",也要进行文学教育,文学教育是成人、立人的教育,在对一个人成长过程中的审美、精神、人文的熏陶、培育,文学教育责无旁贷。何况,我以为语文教育是应该培养作家的,对于有文学潜能的学生,我们有责任培养他们成才,否则就是失职。我们以往在"语文教育不培养作家"的错误观念下,不知摧残、断送了多少文学人才,泯灭了多少同学的文学兴趣和审美快感。这种悲剧再也不要重演。

在文学教育方面,张志公对传统语文教育让读诗的做法表示肯定,认为读诗有两点好处:

一、浅近的好诗,尽管儿童不一定字字都懂得很透,也很足以启发想象,

[①] 张志公:《传统语文教育教材论》,上海教育出版社1992年版,第163页。

开拓胸襟。多念一些好诗，孩子们逐渐会感受到语言的美，感觉到书有念头，有学头，从而培养了他们爱好语言的感情，促进了他们求知的愿望，增长了他们的思考、想象的能力。

二、诗的语言精练，一字一词都带有显著的色彩，组织配合又十分严密，因而揣摩起来，一字一词往往像是有丰富的蕴含。唯其如此，如果老师的指点得体，读些好诗最容易培养对语言的敏感，而这一条正是学习语文的重要基础。对语言缺少敏感，理解意义必然模糊浮泛，对语言的色彩、含蓄感觉迟钝，对语言的正误美丑不能辨别。在这种情形之下，读书的收获必然打很大的折扣。①

这两点的确非常重要，启发想象、开阔胸襟和培养语感。在中小学多读些好诗，终身受用无穷。在今天过为实用化的社会和教育背景下，给予学生诗意的熏陶和审美语感的培养，显得尤其重要。

张志公进一步看到了文学教育有了自身独特的目标之后，语文教育可能产生的困难，看到了培养"语文能力"和"文学素养"二者之间的矛盾："文学教育的任务和前边说的那种语文教育的任务，能够'相辅相成'、'相得益彰'、谐和地结合在一起吗？当'语文能力'和'文学素养'这两个概念都比较朦胧、模糊的时候，结合是可能的，甚至是很容易的；当时代的进展、教育的方向使它们越来越明晰、确切的时候，结合的困难恐怕就越来越大了。"②如何解决这个矛盾，是需要深入研究的课题。

对此，他的意见是：目前我们倾向于减少课程，那么可以暂时不单独设立文学课，而是编两种读本——《文学读本》《语文读本》，交错进行教学。这个观点发表于1994年。前面谈到的单独设置"文学课"的主张，是在1984年。这也可以看出在10年后张志公的认识的改变。表面上看是形式上的改变，但在教学思路上也有一些带根本性变化。——究竟"文学课"要不要单独设置，如何设置，这也是张志公留下的一个可以继续讨论的问题。

张志公的关于两种读本的设想如下：

---

① 张志公：《传统语文教育教材论》，上海教育出版社1992年版，第96页。
② 同上，第163页。

《文学读本》，多点拨学生认真读，少"析"（赏析、浅析、试析等），如果一定要个名目，我还是赞成"导读"，老师导一导，学生自己去读，不要总是老师析来析去的。多着眼于思维训练，少发挥"微言大义"，让学生自己在读之中去"悟"出来，那样"微言大义"才能起更大的作用；老师析多了，发挥多了，反而会削弱其作用。选材面不妨突破很狭义的"文学"框框。严复《译天演论自序》《郑成功传》《林则徐传》《寇准罢宴》（从史传中摘编）等等都可以酌选；《桃花源记》《阿房宫赋》《醉翁亭记》之类可有，不妨少些。以读为主，当然不绝对排除写，可不作硬性要求，尤其不要只写抒情散文，要鼓励多写点切实的东西，如"廉政议""买鞋记""我家比小李家和睦""多看电视有利有弊论""我不能成为华罗庚第二吗？"等等。

《语文读本》，里边讲点简要的语言、文字知识，多作些练习。可以作《语法修辞讲话》式的练习，也可以把方向倒过来，作正面的积极性的练习。前者以改错为主，"匡谬正俗"；后者以选优为主，"正本清源"。也可以选些文章。主要是两种：一种是多种语体的实用文，如公文书、契约、合同、通知、照会、诉状、判词等等；一种是像吕叔湘先生《语文常谈》《未晚斋语文漫谈》中那些短文，还有像周有光先生讲语文现代化的论文，还有像各种《语文趣谈》那些书里的文章。总之，这一本是讲语文应用的。以上两本读本轮流上课，如果每周四节语文课，各用两节，只要老师少析一些，少灌一些，多导一导，足够了。语文课一本《语文读本》，一本《文学读本》，双管齐下，各有任务，又不混杂，语文教学就会从空中楼阁式的教学中解脱出来，同现代化建设对语文的需要端端正正地接上轨了。①

这种意见表面上看有一定的合理性，两本教材各有所司，相辅相成，一本侧重于实用文读、写，一本侧重于应用文读写和语文知识的学习。但是，我们也看到他的《文学读本》的选材与教学要求，似乎与1984年谈到的人文熏陶，想象力、创造力培养等想法并不合拍，主要不同有两点：

---

① 张志公：《语文教学要同现代化建设接轨》，见《张志公自选集》，北京大学出版社1998年版，第298–299页。

一、所用的"文学"这个概念的内涵与前面不同。这里所谓的文学，实际上指的是杂文学，是比较排斥纯文学的。说句不好听的，这个"文学读本"有点"挂羊头卖狗肉"的意味，它已经完全失去了"文学"的特殊限制，甚至还明显有排斥文学作品的意思："严复《译天演论自序》《郑成功传》《林则徐传》《寇准罢宴》（从史传中摘编）等等都可以酌选；《桃花源记》《阿房宫赋》《醉翁亭记》之类可有，不妨少些。"——《文学读本》和《语文读本》的差别不在选文上，而仅仅在于前者以文选为主，后者是以汉语知识为主。

二、"文学课"的任务和《文学读本》不同。张志公主张"文学课"不要再加给它什么"培养读写能力"之类的任务。文学课的任务是进行文学教育，不是进行听说读写训练的。而《文学读本》的任务是："以读为主，当然不绝对排除写，可不作硬性要求，尤其不要只写抒情散文，要鼓励多写点切实的东西"。就是说，《文学读本》也承担了一些读写训练的任务。

——这是否可以认为是 50 年代"文学""汉语"分科的翻版，斗胆妄作揣测，张志公的内心深处是否还有一个当年未了的分科情节？要是如此，不如像《昭明文选》一样，将"文学"干脆称为"文选"罢了，以"文选""汉语"称谓不是更清楚了然？

在我们的眼前，是一个在"文学教育"问题上处于矛盾、困惑中的张志公。我们不禁也因此产生了这样的疑惑：张志公一方面有着自己对文学教育的新鲜的感受，希望通过文学教育进行一种人文的，感性、想象、创造上的引导和培育；一方面却不由自主地为传统的文学教育观所左右，使他的"文学"变质为"杂文学""非文学"，他所鼓励读和写的都不是文学，都不是什么富有想象力的文本和题目。在"文学"名义下，叫中学生写"廉政议""买鞋记""我家比小李家和睦""多看电视有利有弊论""我不能成为华罗庚第二吗？"，如果换了是我，作为中学生，看了这些题目，不得不写这样的题目，就算这辈子和"文学"结了仇了，和语文也差不多断了念想。他一方面企图超越现有的将"文学教育"等同于"读写训练"的认知，另一方面却是更深地陷入传统和现实的"杂文学"的思维定势。拆除了文学的界碑，就等于消解了文学教育。

在教学实践上，张志公也同样暴露出了文学教育观的偏差和文学语感的欠缺。他说:"在一所小学里,我听过一年级这样一课。课文里描写下雨前的情景,有一句说:'满天的乌云,黑沉沉地压下来。'老师叫小孩复述课文。有个小孩讲到这里时说:'乌云黑沉沉地要掉下来了。'老师说:'不是"掉"下来。云彩能掉下来吗?'小孩们回答:'不能。'老师又说:'书上是怎么说的?''书上说"压"下来。''体会一下"压"是一种什么样的感觉?'孩子们有所领悟,纷纷举手,要求发言,思想很活跃。如果从小学一年级起,就这样引导学生注意并逐渐体会语言运用的艺术,这不就是文学教育吗?"[①]——你能想象当初我读到这里的感觉吗?语文界泰斗竟如此教导说应这样死板僵化地进行文学教育,真是感到一种莫名的悲哀和心酸。那个天真的小孩"复述"课文不是照样说一遍,而是将原作心灵化、生命化之后再"表现"出来:"乌云黑沉沉地要掉下来了",——"压下来"表达的是一种沉重感、可怕感,而"要掉下来了",表达的是将掉未掉的情形,有一种摇摇欲坠的动感和期望感,这是多么珍贵的孩子的独特体验和本真表达,这就是"存在"的阅读,这才是真正的文学化的"复述",比原作的"满天的乌云,黑沉沉地压下来"的成人话语、现成话语,何止"诗意"了一千倍、一万倍!描写乌云密布,谁都会想到"乌云压城",想到"压下来",有谁会像这位孩子一样,想到一个令人错愕的精彩的"要掉下来了"呢?一位小学教师感受不到也就罢了,而一直让语文界高山仰止的张老居然对这种麻木不仁赞扬有加,认为这位老师是"给了孩子们启发,在注意培养孩子们的语感",而且认为这就是"文学教育",这是什么事啊!这么做哪里是培养文学的语感,这是把孩子们的文学语感活活地给"掐"了。文学的语感,追求的恰恰就是陌生化、个性化、生成性,阅读文学作品,就是一个读者"反应"的过程,一个再创造的过程。这样的教学,不单是使这一位很有文学想象力的孩子,而且是连同其他所有的孩子,也许从此与文学的幻想和创造诀别。一个语文教师在文学教育中居然能问出"云彩能掉下来吗?"如此愚蠢的话,使所有的异想天开的孩子天眼闭合,不得不按照老师的"启发"回答说:"不能。"这

[①] 张志公:《提高语文教学的效率》,见《张志公自选集》,北京大学出版社1998年版,第233页。

简直就是罪孽。当读到这里的时候，我的心脏是一阵窒息般的绞痛。在我们过去长期的文学教育中，这是被作为"启发式"教学和培养"文学语感"的范例，是多么的可悲！

可见，谈文学教育，不是张志公的强项，或者说是他的弱项。他有敏锐的提出问题的能力，而往往才智和精力不敷应用，他的文学感觉远不如他的语言学感觉。在文学才情方面，他是难以和叶圣陶、朱光潜、朱自清等前辈相比的，因此，他的文学教育观也就不能不受到制约。由于我们的传统和现实都没有真正的文学教育，因此，从语文教育专家、教师到学生，都有文学启蒙的必要。由此，我们也更加感到文学教育的重要。

> 指出传统语文教育"重文轻语"倾向，认为口语反映人的素质，倡导口语教学，书面语、口语协调发展，但陷入"推普"误区，口语教学和研究尚未得到重视。

口头语言表达能力的培养一直是语文教育的一个盲点。这在今天主要是受到高考导向的制约，凡是高考不考的就不教。然而，语文教育缺少了口语教学，无疑是一个重大的缺失。张志公先生是较早发现这一问题，并为之大力呼吁的学者。

张志公认为口语教学缺失主要受两个方面的影响。

一是传统语文教学中的忽视口语。他说，在我国长期的封建社会里，人们只重视书面语言的训练，忽视口头语言的训练。孔子那时有"言语"科，内容已不可考。大概春秋战国时，口头语言的运用还比较受重视，因为国与国之间的交涉很多，外交活动家必须有口才，而且要机智敏捷。春秋三传里记载了许多人物的对话。不仅纵横家，诸子百家都是能说会道的。《孟子》《庄子》《荀子》《韩非子》等等，无不记载了大量的谈话和辩论。以后，封建统治阶级搞科举考试，特别重视文章，连所谓"策问"也是笔答，不是当面口试。读书人都是靠"几篇文章定终生"。相沿成习,许多年以来,人们对写一直是最关心的。当前,……许多青年写的能力很差,社会上更加重视书面语言的培养。其实,如果仔细观察一下,青年的口头表达能力又怎样呢?就我所见,许多青年口头语言十分贫乏,很不规范,甚至粗野。他们何止是书面语言能力差啊!

二是有一种错觉,以为口头语言很容易掌握:从小就会说话嘛!并且对听说的重要性也缺乏认识。实际上,以说话为工作的主要手段的很多,如教师、演员、外事人员、工厂里的外勤人员等等,决不比以写文章为主要工作手段的少,尤其是教师,他不仅用说话来进行工作,而且他的口头语言对他教育过的那些满天下的桃李弟子的一生都会产生影响。口头语言的用处和重要性决不低于书面语言。

一般的论者,所见大抵到此为止。而张志公则进一步从现代传声技术的发展和电子计算机的运用,要求对口头语言的训练给予足够的重视这个角度,强调口语教学的重要。[①]"随着科学技术的发展,时代要求我们具备很高的语言能力。语言不仅是人跟人之间的交际工具,已经成为人跟机器之间的交际工具了,靠说话来办事情,来处理工作,靠说话来解决问题,这种机会越来越多,具备高明的说话能力,也就越来越重要了。通过电话来处理重要、紧急的工作,几分钟之内就解决了,必然要求语言快捷而清晰,毫不含糊,简洁而周到,没有漏洞,确切而得体,没有毛病。"[②] 这就很有现实性和前瞻性。

他还进一步认识到口语能力体现了人的素质:"口语水平反映人的素质。不能把说话看成无所谓的小事,一个人能够心平气和地、恰当得体地与人交谈;能够快捷而准确地理解别人,表达自己;叙说事情,简要明晰,不烦琐,不语无伦次;申述见解,有理有据,不强词,不傲慢;即使争辩,也能不卑不亢,不骄不躁,不粗暴,不以气势凌人;即使对非善意的攻击,不可容忍的挑衅,也能据理反驳,可以义正辞严,决不面红耳赤,暴跳如雷,能使对方心服口服,得到

[①] 张志公著,庄文中编:《要重视接受与表达的训练》,见《张志公语文教育论集》,人民教育出版社1994年版,第406–407页。

[②] 张志公著,庄文中编:《谈中学生的语言美教育》,见《张志公语文教育论集》,人民教育出版社1994年版,第517页。

旁观者的同情支持；在大庭广众之中说话能保持从容不迫，自然大方……凡此种种，都能反映一个人有文化，有教养，有知识，有气度，总之能反映一个人的文明素质。这是处在现代社会，一个文明国家的公民应当具有的修养。"[1] 这说的既是口语交流的技能，更是言说的态度、修养。能从一个现代人所需要具备的素质的角度，认识口语教学的意义，这是很深刻的。

他还认为，中学生口语、书面语要协调发展："人们进行交际，决不能只靠口耳相传。写，用文字进行交际，无疑是十分重要的。在中学阶段既重视写，同时也重视听说，使中学生在听说读写，也即口头和书面两个方面得到协调的发展，才是语文教育的正途。"[2] 这大致也是对的，但是，如何才能得到协调的发展才是关键所在。在我们以前的教材中提供了口语教学的知识了吗？在教学实践上，内容、教法和课时得到落实了吗？在各级考试中得到体现了吗？回答是：没有。同时，停留在"十分重要""协调发展"的认知层面还是不够的。基础研究要跟上，教育行政部门组织专家研究"口语交际学""口语教育学"了吗？回答还是：没有。

其实，就"协调发展"来看，就有许多问题值得研究。比如，听、说、读、写这四者间的关系如何，口语和书面语二者间的关系如何？日常口语和社交口语、公关口语等关系如何？"口语交际"教学的培养目标是什么？我以为，学生口头和书面能力的发展，在总体上说，在"协调发展"中还是要有所倾斜的，这就是书面语重于口语。因为书面语的表达要求和功能高于口语。在语文教育的不同阶段，不同职业取向的学生，在教学时数和实践要求上，可能会倾向于口语能力的培养，但是，在人类的文明创化和历史文化的承传上，就书面语的功能而言，是大于口语的。

在赞佩张志公认识敏锐之余，也感到有什么地方不大对头。在我们的教育中，有很多匪夷所思的事：一般老百姓都知道的，而主管部门、教育专家偏偏

---

[1] 张志公：《致全国师范院校"教师口语"培训班》，见王本华编：《张志公论语文集外集》，语文出版社1998年版，第241页。
[2] 张志公著，庄文中编：《口语、书面语要协调发展》，见《张志公语文教育论集》，人民教育出版社1994年版，第749页。

视而不见、充耳不闻。就拿语文高考来说，标准化搞了10多年，戕害了无数的学子，已经到了学者作家共诛、老弱妇孺皆骂的地步，可是，至今高考标准化试题仍占了相当比重。可像口语教学这些事就更荒谬，连最大牌的教育专家都说了，而且是反复地说，语文教学的政策和实践，居然就是毫无反应。《教学大纲》表面上有听、说、读、写的要求，但实际上从来就没有真正规范的口语教学，这是众所周知的，张志公也是知道的，否则他就不会提出意见。然而，就是这么敷衍着，多少代人都只学了半个语文以为就是全部，在求职和工作中因而碰壁也无人理会。不论是毕业会考还是高考，都没有听、说的要求。没有听、说的教学，语文教学就失去了半壁江山，失去了半壁江山还能算是语文教学吗？——前面说了，我们已经失落了文学教育，再失落了听、说教学，而且，实际上，写作教学也是有一搭没一搭的，有的高中三年居然可以不上一节写作课，据说上不上写作课于高考成绩都差不多，那么，语文教育还剩下什么呢？——语基？阅读？被弄成标准化的测字、猜谜的语基、阅读教学，培养的是语言基本功，是阅读能力吗？

我们不禁要问，究竟是谁把语文教育糟蹋成这般模样？按说，叶圣陶去世后，张志公先生应该可以算是天字第一号的权威了，该是说话算数、一言九鼎，居然也不管用，要什么没什么，也落到只能靠写文章空发议论的老百姓水平。究竟谁管用？是那些根本不研究语文教育的考试中心的官员，还是负责语文高考命题的学科秘书？谁该为中国的语文教育"贻误苍生"负责？张志公是有良知而且大度的学者，曾痛心地表示："一个中学生，在接受了基础教育以后，还不能达到听、说、读、写的要求，中国人学自己的语文甚至比学外语还要难，这是说不过去的事！我们这些搞语文的人是要承担责任的。"[①] 他把责任揽到了"我们"的身上，连尊敬的张志公都把自个儿搭进去了，我们还有什么可说的，承担就承担了吧，可问题并没有因此就解决了，比该谁来负责更重要的应是认真检讨究竟问题出在哪里。

---

① 引自宋祥瑞：《写在前面的话》，见《张志公自选集》，北京大学出版社1998年版，第4页。

从学术的角度检讨，张志公在口语教育的认识上也存在一些误区，这或许也是口语教学没有实质性进展的原因之一吧。他认为："美的语言首先是合乎规范的语言，是合乎交际需要的语言，同时又是动听的，有说服力的，能让人家信服的。"①"现代社会要求语言标准化、规范化。在现代社会，由于人与人之间、国家与国家之间交往日趋频繁，凡能够标准化、规范化的事物，都要求做到标准化、规范化。……现在各国学汉语的人越来越多，眼见汉语即将更大规模地走向世界，如果我们还是各说各的话，各写各的字，做不到标准化、规范化，那就是置身于国际信息网络之外，也就是自外于国际文化科技信息的交流，自己把自己封闭起来。在科学技术迅猛发展、日新月异的国际社会中，这种状况只能使我们处于十分可悲的落后境地。因此，我们把推广普通话、推行《汉语拼音方案》、推行简化汉字定为我们国家的语言文字政策，这是时代前进、社会发展的要求，不是任何个人的主观意志所能左右的。"②"还有很重要的一点需要说一说。教普通话、《汉语拼音方案》、简化汉字虽然主要是语文科的任务，然而语文教师不能孤军作战，各学科都要与之相配合，全校要提供这样一个环境。……所以我们规定，普通话要成为教学语言，校园语言。"③——将口语教学相当程度上等同于普通话教学，这是张志公的一个误区，也是今天语文界的一个误区。上面是张志公在全国师范院校"教师口语"培训班上的发言，讲的都是推广普通话，对"口语"学习基本上不置一词，这种情况在他关于"口语"教学的多篇文章中，都不同程度地存在。比如《关于口语研究和口语教学的三个问题》④，主要讲的也是推普。这就造成了广大语文教师的误解，以为所谓的"口语交际"教学，就是教学生说好普通话，口语课等于正音课，或朗诵课，在口语教学即普通话教学的误解下，使极其有限的口语教学误入歧途。可见，没

---

① 张志公著，庄文中编：《谈中学生的语言美教育》，见《张志公语文教育论集》，人民教育出版社1994年版，第517页。
② 张志公：《致全国师范院校"教师口语"培训班》，见王本华编：《张志公论语文集外集》，语文出版社1998年版，第241–242页。
③ 同上，第243页。
④ 载《语文建设》，1994年第10期。与王本华联名发表。

有基础研究的跟进,基础研究的滞后,是不可能有教育实践的进步的。

我们今天还是没有认真的口语教学和研究,这从现行主要教材"口语交际"部分的低层次,从口语应用研究和口语教学的低水平,教师对口语教学普遍的无知,可见一斑。——这是就总体而言的,口语交际领域的某些自发的研究,在有些方面已取得相当的进展,则另当别论。比如,孙绍振、李明洁等人的研究,就很有成绩。这显然是不够的,少数人的研究和努力,在缺乏强有力的行政资源支持的情况下,结局只能是自生自灭。我们的行政决策部门的冷漠和低效,何时是个头啊。从张志公呼吁口语教学的重要性开始,十几年过去了,真正的口语教学仍然落空,语文界何颜见张志公!

> 一直探索语文知识和技能、理论和实践的关系问题,反对排斥语文知识,倡导加紧研究有关说话、读书、写文章的科学的知识系统。由于没能走出语言学怪圈,所以未能建起科学的语文学。

在语文教学中,要不要提供系统、完整的知识,这个问题一直困扰着语文界。2001 年颁布的《全日制义务教育语文课程标准》(实验稿)的提法是:"语文是实践性很强的课程,应着重培养学生的语文实践能力,而培养这种能力的主要途径也应是语文实践,不宜刻意追求语文知识的系统和完整。"[①]——似乎杀鸡用牛刀、快刀斩乱麻,极轻松的一句话就把这个复杂问题解决了。莫名其妙地将实践性与知识性对立起来,并轻率地将实践性作为否定追求知识的系统与完整这个论断的判据,这种推理的武断和逻辑的错乱,都到了令读者当场惊诧得晕厥过去的程度。实践性强,与追求知识性并不矛盾,难道只有实践性不强的学科,才能追求知识的系统与完整?实践性与知识性难道不可以统一,不

---

① 中华人民共和国教育部:《全日制义务教育语文课程标准》(实验稿),北京师范大学出版社 2001 年版,第 2 页。

可以相辅相成？体育运动，实践性强不强，为什么还要学"运动生物力学""运动解剖学""运动心理学""运动生理学"等呢？问题不在于要不要系统的知识，而在于实践与知识二者怎么结合，在教学中知识如何呈现。

其实，语文教学的知识问题的争论由来已久，始终未解决，只是以"教育部"名义发布权威性文本加以"定论"还是第一次。张志公先生认为在语文教育中否定知识的观点，不论在现代还是古代，都是占据主导性地位的观点："近二十年来，语文教学中流行几种说法。比如：'语文课是实践课，技能课，不是知识课。''不要把语文课教成政治课或者文学课，也不要把语文课教成单纯的语文知识课。''语文知识是辅助性的，是为培养读写能力服务的。''必须把知识化为技能。'被普遍接受的教学语文的有效办法、经验或者说规律，是'精讲多练'和'多读多写'。……大概可以得出这样一个看法：除了个别的很短的时期之外，除了少数的学校和教师、少数的研究者之外，我国从古及今历来的语文教学工作中是不大重视或者很不重视以至排斥教学语文知识的。"[①] 我以为张志公的描述是客观的。排斥知识，是由我们古代的"神而明之"的神秘主义和现代的经验主义传统所造成的。今天的"语文课程标准"排斥语文知识的观点，也就是这一传统的回光返照。

张志公对这二者的关系作如是观："需要深入研究知识和技能之间的关系。理论必须联系实际，不能为知识而知识；有用的知识是必要的，不能排斥知识，不能满足于'习惯成自然'，仅知其然不知其所以然的技能。有的技能就是来源于生活实践，几乎不需要求之于任何理性认识，至少就一般人（非专门家）是如此；有的技能要求某些知识为其向导，至少，具备不具备某些知识对于所形成的技能有影响，产生精粗、高下、快慢的区别。……总之，情况是复杂的，不宜简单化，不宜执其一端，不及其余。需要一般的研究这些问题，更需要具体的研究各项语文知识和语文技能相互关系的诸多实际问题。这样就能更自觉地设计出方案，采取有效的方法，加快知识到技能的转化过程，使它们相互为用，

[①] 张志公著，庄文中编：《怎样对待语文知识》，见《张志公语文教育论集》，人民教育出版社1994年版，第412页。

相互促进。"① 他对技能作了具体分析，认为有的技能不一定需要知识，有的技能则需要。的确如此，技能有简单和复杂之分，有机械性和创造性技能之别，是不能一概而论的。毫无疑问，言语技能是一种复杂的、创造性的技能，有没有知识的支持，在技能获得上，效果是不一样的。

  张志公回答了什么样的技能是需要知识的，这从道理上说大体上是对的，而问题恰恰也出在这里，不妨说开一些。语文教学排斥知识的认知，和叶圣陶、张志公们的"语文是工具""写作系技能"这一类的观点是有联系的。一般认为，工具，操作而已；技能，"手熟"而已，熟能生巧，是无需什么知识的。由于"语文是工具""写作系技能"观念的作茧自缚，这就顺理成章地导致了后来排斥知识的"能力、训练本位"思维的产生。其实，语文，岂是"工具"二字所能涵盖的；语文的水平，也不完全是技能的体现。这一点，是从叶圣陶、张志公先生到今天绝大部分语文教师都没有严格厘清的。把语文——写作确定为工具、技能，本身就是认识上的严重偏颇。语文、写作行为和水平，有技能的因素，可还包含着其他诸如才气、学养、情意、阅历、见识等因素，这些因素比技能更重要。言语能力，是人的言语综合素养的体现。虽然叶圣陶等前辈也偶尔谈到"语文素养"，但是，一遇到具体问题，就马上退回到"技能"上去。今天，对此认识已有所进步，在语文课程标准中开始将"语文"视为"素养"了，但是，要使语文界对此有足够清醒的认识，在语文教学实践中真正转到言语素养教育上去，还有一个漫长的过程。

  张志公也对理论与实践的关系进行探讨："脱离实践的理论，或者没有理论指导的盲目的实践，都是不可取的。回顾过去，我们为理论而理论，脱离实践，这样的情况有过，我们应该引为殷鉴，决不能重复。然而，忽视理论，特别是在语文教学之中，认为学语文、教语文没有什么理论可言，说就是了，读就是了，写就是了，这种时候恐怕是更多一些。大家知道，近一二十年或者二三十年以来，在世界上不少国家里，已经出了几种影响很大，并且实践也证明有相

---

① 张志公著，庄文中编：《怎样对待语文知识》，见《张志公语文教育论集》，人民教育出版社 1994 年版，第 413–414 页。

当效果的教学论。大家知道，所谓'应用语言学'，在世界许多国家是新起的、深受重视的一门'边缘科学'，而应用语言学的一个重要内容就是语言教育之学。相当系统的、有些新内容的教学论和应用语言学，在咱们这里，几乎还是一个空白。……我们的任务应该是：对于现状取得充分的了解，对于过去作出恰当的分析研究，对于别人的经验、做法进行客观的、实事求是的分析判断，经过讨论、研究、试验，形成我们自己的，适合我们国家，适合我们中国的学生学习自己的语文的整套的或者不止一套两套的理论，用实践来检验这些理论，找出对我国最适用、最有效的途径来。"① 这体现了张志公对新知识的关注和作为一个语言学家的优势。但从现在看来，他对国外教学论和应用语言学的了解还是不够深入的，实际上这些理论对汉语教育，对语文教育实践的作用都还是很有限的。国外教学论对汉语教学有一定的借鉴作用，但毕竟说的是外语教学，应用语言学研究也还远没有到了可以应用的水平，与我国传统的文章学，在整体上比，还是很贫乏的。

张志公对知识和实践的关系的认识，总的来说是把握得比较准的。在具体的论述中，在指导思想上也大致是对的。但是，有时也有前后自相矛盾的地方，大约是由于时间的推延致使认识发生了变化，由于矛盾的两种说法出现在同一本书中，就显得有失严谨了。比如：

张志公在考察传统语文教育初步的读写训练阶段时感到："前人似乎发现，如果在这个阶段，在加强种种实际训练的同时，教给学生一点有关文字、声韵乃至语法的基本知识，能够提高他们学习语言文字的自觉性，这对提高读写基础训练的效率是有帮助的。"② 他提出了两点看法：

第一，我们常常有一种印象，认为传统的语文教育只是教学生死念书，死背书，丝毫没有科学，完全不讲知识。这其实是一种误解，并不符合实际的情况。……真正的传统语文教育经验是，在以读写实践为主的前提下，在适当的

---

① 张志公：《有关语文教学研究的几个问题》，见《张志公自选集》，北京大学出版社1998年版，第307-308页。
② 张志公：《传统语文教育教材论》，上海教育出版社1992年版，第102页。

时机需要教给学生一些必要的知识，教给他们使用基本工具书的方法，使他们把不自觉的学习逐渐转化为自觉的学习，从而提高其学习效率。

第二，基础训练怎样进行，教学生做什么样的练习，学哪些知识，二者怎样配合，这在很大程度上决定于本国语言文字的特点。前人的做法是，文字方面用的工夫特别大，首先用种种办法教学生识字，然后又用种种办法帮助学生巩固已识的字，进而多方面地进行语汇教学……语汇是语言的根基，文言如此，现代白话也如此，汉语如此，别的语言也如此，而汉语、汉字的特点，使得语汇之学的重要性格外突出。我们的先人一上来就抓住了语言的根本，可以说，这在世界早期语言学中，见解是很高的，成就是很大的。接着教学生一些有关文字的基本知识，特别着重在造字的原则、字的结构，帮助学生辨音、辨形；语法方面，则只讲一些虚词用法，很少讲词法、句法的知识，而是着重采用属对练习这种方式，帮助学生掌握词的运用和句子结构。这些做法显然同汉语汉字的特点有密切关系。在这一点上，传统的经验对我们是颇有启发作用的。①

上面他肯定传统语文教学是有知识教学的，而且言之凿凿，在同一本书的"附录"部分，他似乎又否定了这种认识——大约这种知识教学虽有，后来觉得还是比较薄弱的，所以就加以否定。他认为现在的语文教育的无知识状况，是传统的积弊所致，也是现在某些人认识上偏颇使然，主张应向孩子提供系统的语文知识："……进了小学，进了中学，始终不向孩子们提供系统的语言知识，始终走着摹仿、体会、摸索的道路。直到中学毕业，怎么说，怎么读，这么写，还是全凭经验办事，说不出个所以然。这是为什么呢？是语言这个客观事物没有规律可言，没有系统的知识可讲？还是它的规律太玄，不好认识，关于他的知识太难，无法学习？恐怕都不是，而是前边说的传统忽视知识教育的积弊在作怪。……实在需要从传统加于我们的忽视以至否定语言知识这个桎梏中解脱解脱了！要加紧研究有关说话、读书、写文章的科学的知识系统，把教学这些知识和指导运用这些知识与听说读写的实践活动科学地组织起来。如果说，我们对这些知识研究得还不透彻，教学知识还不得法，那是对的；但是否定知识，

---

① 张志公：《传统语文教育教材论》，上海教育出版社1992年版，第110–111页。

认为提高语文能力根本不需要科学知识,甚至根本没有科学知识之可言,这种认识是错误的,对于提高下一代所需要的语文能力是不利的,应当彻底改变。"①他对经验主义的批评,是很中肯的。而究竟传统语文教学是否重视知识,也许很难一概而论,有的重视,有的不重视吧。我想,在字、词、篇章、文体、音韵、格律等知识上,应该是有的。我国的文章学知识的丰富,文论的发达,其实主要就是为了适应教学的需要的。在教学中,教师是否运用了这些知识,如何运用,是因人而异的。

语文和语文教学有没有知识,或需要不需要知识,这问题本身就问得有点奇怪。任何事物都有规律、道理在,也就是都有其知识;只要是科学的知识对实践一定是有益的。问题只是在于,语文教学中是否要传授系统的知识,如何传授。在这一点上,的确在 20 世纪 80 年代到世纪末这 20 年间做得不是很好,主要问题有三:一是所提供的知识本身不科学或陈旧;二是知识的给予方式不得体,量比较大,且枯燥乏味,大多采取直接灌输的方法让学生被动地接受;三是严重脱离言语运用实际,知识教学低效或无效。正是由于此,导致了当今否定系统语文知识这种糊涂认知的抬头。课程标准的制定者,将以往的知识教学的无效,归咎于传授的语文知识过于系统和完整,而不去分析究竟问题出在哪里,是知识本身的问题,还是教法上的问题——这一历史教训是很值得总结的。

语文界排斥知识的观念由来已久,许多忙于应试教育、不思进取的语文教师,可谓正中下怀。因此,"不宜刻意追求语文知识的系统和完整",一方面可能使语文教育进一步向着蒙昧主义坠落,训练主义、经验主义甚嚣尘上;另一方面,有可能加剧语文教师对新知识的拒斥心理,遑论进行教学科研,导致"非专业化"的合法化,这是十分危险的。

在我看来,现在的语文教学不是知识太多,太系统、完整,而是太少,简陋、陈旧而凌乱,还没有建立起一套科学有效的知识体系,根本就不存在"宜不宜"的问题,而是"有没有"的问题,今天,我们就是想要刻意追求"系统和完整"也不可得。因此,目前的任务应当是思考和建构合乎汉语教学实际的

---

① 张志公:《传统语文教育教材论》,上海教育出版社 1992 年版,第 161–162 页。

应用和操作理论系统,任重而道远,张志公毕其后半生想要实现的"按照知识与实践的合理关系组织语文课"的构想,至今还只是空中楼阁,关键就在于未建构起一个科学的语文知识系统。

总之,张志公对语文知识与能力、练习关系的思考,也是我们今天仍然在认真思考的问题,他所说的基本道理,大多是正确的,是从对历史和现实大量的教学实践的思考中形成的,比起大多数人的思考都更加开阔和持久,不囿于经验,坚持辩证的知识论和实践论,因此,他是值得肯定的。

> 主持制订《暂拟汉语教学语法系统》和《中学教学语法系统提要》,语法教学、语文教学长期成效不彰,陷入了"语言学"困境和"语法学"难题之中。语言学给他带来最大的荣耀,也是他的滑铁卢。

再进入张志公先生的语文知识论领域作一番深入的考察。

张志公的传统语文教育研究,属基础研究。使有心的读者受益匪浅,使他自己也获得了语文教育的发言权,而这些,由于在语文教学中没有直接的体现,囿于读者圈较小,鲜为人知。而他的汉语研究,尤其是语法、修辞研究,许多就是以教材的形式呈现的,特别是他主持制订《中学教学语法系统提要(试用)》,成为中学《语文》教材的语法内容的编写基础,《语文》教材的发行量之大,影响面之广,是《传统语文教育教材论》无法比拟的,自然使他获得了巨大的声名。

要论张志公的强项,从研究成果的量看,无疑是语言学研究,说得更精确些,是语法研究。他是由语法学切入到词汇、修辞、逻辑,以至后来的"汉语辞章学"的研究。

对张志公在语法研究上的贡献,我赞成田晓琳女士的叙述和评价:

《现代汉语》教材中的语法部分较集中地反映了张志公先生几十年来在语法研究上的新看法,并用较长篇幅阐述了他对汉语语法特点的认识。由吕叔湘先生审定、张志公先生主持制订的《中学教学语法系统提要》，是吸收了在哈尔滨召开的全国语法和语法教学会议上众多专家的意见形成的，也在很大程度上，反映了张志公先生对汉语语法架构的构拟。

首先是对汉语五级语言单位的确立。语素，词，短语，句子（单句、复句），句群是由小到大的五级语言单位。对于语素、短语、句群的概念都有较多的描写。

然后是语言单位如何组织起来，语法规则是什么，语法手段是什么。张志公先生在《现代汉语》教材中就明确提出"组合"的理论。组合，就是采取一定的语法手段，把两个或两个以上较小的语言单位组织起来，构成一个较大的语言单位。汉语的五级语言单位就是由小到大一级一级组合起来的，张志公先生明确指出汉语的组合方式主要有两种，一种是以语序为手段的直接组合，一种是以关联词语（虚词）为手段的关联组合。并对组合的各种关系作了详细分析。特别指出汉语组合的简易性和各级组合的一致性是汉语语法的特点。

在《现代汉语》论及组合的一章里，从语序、关联、搭配、扩展、变换几个不同侧面，描述了汉语各级语言单位在组合中的各种形式，其中结合逻辑、修辞的研究，反映出汉语语法丰富多彩的方方面面。

从张志公先生对汉语语法的研究上，可以看出他研究语法的态度是实际的（注重汉语实际），客观的（尊重各家的研究，客观评述各家研究），辩证的（从不把问题看死，不把话说死，不搞形而上学）。

50年代《暂拟汉语教学语法系统》的拟定是由张志公先生主持的。1954年至1956年，在教育部和语法学界的支持下，张志公先生主持了多次讨论，吸收各家之长，拟定了《暂拟系统》。在此期间，他亲自到北京教师进修学院试教一年——这种精神难能可贵，试问今天的教材专家有几个能做如此踏实的教学实验工作。随后，他主编了《语法和语法教学》（人民教育出版社1956年出版），全面阐述《暂拟系统》的内容。50年代曾有"文学""汉语"分科试验，《汉语》课本初中一至六册就是张志公先生主编的，在课本里全面体现了《暂拟系统》的要求。后根据《汉语》课本改写为《汉语知识》（人民教育出版社1959年出版）一书，供教师和一般读者参考。

80 年代初，语法学界、语文教育界对《暂拟系统》提出了不少改进意见。受教育部委托，张志公先生再次主持新教学语法体系的制定工作。经过 1981 年哈尔滨的全国语法和语法教学讨论会后，制订了《中学教学语法系统提要》，作为学校教学和教材编写的语法依据。

从 50 年代到 80 年代，张志公先生能主持两次教学语法体系的制定，这除了他理论语法的研究成就外，就是他兼容并蓄的学术态度。有人称他是建立我国教学语法名副其实的奠基者。[1] 我以为一定要这么说的话，还是称"奠基者之一"比较好。因为当年黎锦熙的《新著国语文法》，就是用于配合《国语》教学的，实际上就是"教学语法"，他才称得上名副其实的奠基者。张志公的学问和贡献，令人敬佩。自然，其功过则另当别论。与其表达一份学界晚辈的崇敬之情，不如向张志公进一步讨究学问、切磋道理。

毋庸讳言，这几十年中，不论是《语文》教材的编写，还是其中的汉语知识的内容和呈现方式，都是不理想的。我以为，比起解放前夏丏尊、叶圣陶编的那些教材，以文章学知识为框架，兼顾文选、文法、作法、修辞、习问，其科学性、实践性都相距甚远。汉语知识内容，特别是语法知识如何联系、指导实践，在教学实践中是否有成效，这是张志公始终十分关切、备受困扰，且无法解决的问题。对此，张志公是有自知之明的。我们不能不承认，对语法教学没有成效，对理论知识与实践之间存在的隔膜，对语文教学中不能采用语言学知识系统，而应该采用语言应用理论系统，这些，他是非常清醒的，他比谁都清楚，可又回天乏术，只能面对他人的质疑，一遍一遍耐心地解释。可以想见，从 50 年代中期编写《汉语》教材开始，内心的焦虑和煎熬就没有停止过，他比谁都着急上火。

张志公坦陈："语法教学一直是不理想的。在使用暂拟系统以前，很多地区是用黎锦熙先生的《新著国语文法》系统，有的地方使用王力先生的《中国语法理论》系统，有的地方使用吕叔湘先生的《中国文法要略》、《语法修辞讲话》

---

[1] 参见田晓琳：《张志公先生的学术生涯和学术成就》，见中国教师网，2004 年 10 月 19 日。

的系统，有的地方使用语言研究所的《现代汉语语法讲话》，无论用哪一家的系统，效果都不是非常理想的。一直到暂拟系统，到现在使用新的系统，仍然如此。不够理想的具体表现为学的时候有相当的难度，尽管暂拟系统比较好懂，它也有相当的难度，而学过以后用处不大，至多能够简单地分析分析句子，改改语病，作用非常有限。"① 他认为语法研究工作脱离实际的倾向，在各个有关方面已经产生了十分令人忧虑的影响，师生都很不满意。

他多次谈到下面让他刻骨铭心的经历：有一位念速成中学的山东小伙子在温习语法课，他问："这门功课好学吧？"回答说："诚难哩啊！"张志公说："学了有用，难一点怕什么？"他皱了皱眉头："用不杭（去声）啊！"（意思是"用不上啊！"）这件事对他震动很大。有一次，"我和几位初三学生闲聊，问：'你们最喜欢什么课呀？'他们说：'那很难说，数学、物理、化学、音乐、体育、美术，哪一样都可能喜欢，每个人喜欢的也不相同。'又问：'你们最不喜欢哪门课呢？'有个学生说：'有门课我们大家都不喜欢，但都不敢说。'我说：'在学校里、在老师面前不敢说，在我这里可以说吧。''在您这里我们也不敢说。'那我就大概明白了，我又接着问：'第二不喜欢什么课呢？'有个同学说：'第二不喜欢的我们在学校敢说，在您这里不敢说。'我又明白了，这是说语文。我又问：'语文应该是很有兴趣的，为什么不喜欢呢？''有两条：一是老师讲得太多，我们都懂了，他还在那没完没了的讲，本来很有兴趣的，讲来讲去，都把我们讲睡着了。二是语法，老是背名称术语，比如"桌子"，知道它是名词怎么样，不知道又怎么样呢？桌子不还是"桌子"吗？'问得我瞠目结舌，回答不出"。②——之所以作如此冗长的引录，一方面是因为对张志公的坦诚的钦佩，一方面是因为这些对话的生动和难忘，在张志公的著作中，像这么生动的讲述是难得一见的。当然，最重要的是这真实地反映了语文、语法教学的困窘。有时，学生朴素的感觉，胜过专家深思熟虑的大道理。我记得韩寒也说过类似的

---

① 张志公：《谈〈暂拟汉语教学语法系统〉》，见《张志公自选集》，北京大学出版社1998年版，第544页。
② 张志公：《改进中学语法教学》，见《张志公自选集》，北京大学出版社1998年版，第561页。

话，他不知道语法，但是他能把句子组织得比那些知道语法的更像句子。的确，许多语言学家的语言，不敢恭维，这大约就是作茧自缚、作法自毙吧。——张志公的语言原先也还是不错的，至少大体上还算比较平稳畅达。但是，渐渐地就有些枯槁。及至1994年，他为《叶圣陶教育文集》写的"序言"《叶圣陶先生——教育界一代宗师》，这部文集，是"献给叶圣陶诞辰一百周年"的，而作为叶圣陶最亲近的后学和知音，张志公的这篇文章的内容和语法自然无可挑剔，只是枯槁得厉害，除了叙述叶圣陶的贡献外，就没别的了。他居然把缅怀性文章写成甘蔗渣，我很伤心。

张志公还如实表达了教师们的意见，连同自己对教师语法教学的意见：教语法的语文教师近年来都为语法体系分歧、莫衷一是而苦恼，这是人所共知的事，不去说它了。有些教师还有一个更大的苦恼：学生运用语言的能力，看不出显著的提高，至少，提高的程度跟他们学习语法所付出的劳动不相称。"更不好的影响表现在中等学校的语法教学上。前边说，有的语文教师为语法教学不能很好地提高学生的语言能力而苦恼。可惜的是，这样的教师在今天并不占多数。更多的教师却跟着专家们走上了为理论而谈理论的道路。尽管教学大纲上明白指出语法教学要密切联系实际，要重视练习作业，要善于启发学生的思维活动，可是不少教师往往还是习惯于开口先讲一个术语，讲一套理论，然后举两个例子的教学方式。教师们聚在一起的时候，讨论得最热烈的不是怎样指导学生作练习，怎样让学生说得写得更好，而往往是'为什么说这个是词，不是词组呢？为什么说这个是主语，不是宾语呢？'这一类'理论'问题。作为语法工作者队伍中的一员，我不愿意责备教师不懂语法教学，我不赞成'教学问题是教师的事，不能让科学家兼作教师'这种说法。中学教师是从我们的语法著作里学到语法的，是从我们高等学校的课堂里出去的。在我们讲语法的著作里和课堂上，语法就是这样讲的，中学教师怎么会不跟着走呢！中学的语法教学要是不能收到较好的效果，我认为语法研究工作者是不能辞其咎的。"[①]

[①] 张志公：《语法研究的理论意义和实用意义》，见《张志公自选集》，北京大学出版社1998年版，第447–448页。

这里谈到了三个问题：一是对学生来说语法既难学且无用。二是对教师来说明知语法无用，只是为了必须教而教。三是语法研究工作者应该为语法教学无效承担责任。虽然张志公虚怀若谷，把自己放进责任人之列，但是问题并不因此迎刃而解。

他认为语法教学无效，根本原因在于语法系统无论哪个流派、哪个学派都是从西方引进来的。实事求是地说，到现在为止，恐怕还没有任何一部是真正汉语的汉语语法。马建忠、黎锦熙就已经发现汉语语法和西方语法有很多地方是不一致的，注意到汉语有一些特点，后来注意得越来越多一点，如王了一先生、吕叔湘先生，还有好些位研究者，拿他们的框架来，把我们的东西尽可能多地装进去，多注意我们自己的语言现象，我们语言的实际情况。然而始终没有提出建立有中国特色的汉语语法，更不用说实际去做。在这样的情况下，大家也感觉到不行，于是我们也出这个主意、那个论点，但都只有论点，没有根据自己的论点编出一套可供人学习的语法教材。

针对这个问题，他认为需要改革三样东西："一个是语法体系、系统，要真正探索出具有汉语特色的汉语语法，真正是汉语的汉语语法。二是根据这样的系统，这样的指导思想，编写汉语语法教材。现在的教材，理想的极少，讲解定义时，一般就是举几个例子，让学生学点概念拉倒，不管用。第三是教学法。我们现在教语法的方法是不得当的，把语法里面的一些现象绝对化，或把一些规律绝对化。规律可以有例外，可以同这个规律不相符合的表达，也是合法存在、合理存在、为大家所公认的。不承认这一点，就是僵化的。也有的仅根据那些特殊的情况，否定语法有规律，这也不符合辩证法。研究汉语语法的问题，首先，要从方法学上端正研究思想、研究态度，好好地研究建立我们自己的语法体系，编写更实用的有针对性的合用的教材，让学的人感到有兴趣，愿意学，学了有用。汉语语法教学要从这三个方面作大幅度的改革。"[①] 这三点的确都很重要，改革起来却不容易。第一、三点是要害。第一点，"真正是汉语的汉

---

① 张志公：《谈〈暂拟汉语教学语法系统〉》，见《张志公自选集》，北京大学出版社 1998 年版，第 547—548 页。

语语法",似乎迄今还没人探索清楚。能否探索得清楚,从道理上讲这是不该怀疑的,那么该怀疑的就是语法学家的智慧了。第三点就有点玄,按照张志公说的,就是探索清楚了汉语语法,怎么教还是个问题。他说的对语法现象和规律不能绝对化,也不能因为有特殊的情况,就否定规律,这很辩证。只是这么一来老师就没法教了,或者说教也白教,因为谁能说明白什么算规律外的"合法存在、合理存在"呢,是规律重要,还是规律外的存在重要?

张志公在论及语法研究或语法教学的时候,最关心的就是是否对学习者有用,是否联系语文实际。诚如他自己所说,他是日夜都在思考这些问题,希望能从根本上改,动大手术,从根本上解决问题,建构一个真正的汉语语法系统。他的确也作了一些尝试,想出了六个字的方针:精要、好懂、有用,准备拿个提纲出来。他认为语法是组合法,就是把语言成分组合起来。组合有一定的手段,就像用木头做桌子,可以用钉子钉,可以用胶粘,也可以直接镶嵌。汉语语法大体上属于镶嵌类。句子不一定都是六大成分,汉语的句子就不一定都是主语、谓语两大部分,等等。但是,说实在的,可以看出,他也不是很有把握和信心,他明确说"我有可能拿得出来的东西不可能从根本上全面地非常理想地解决问题"。可是,作为一个语法学者,一个语文教育界最有影响的当家人,他没法说泄气的话,相反,他别无选择,只能义无返顾地鼓劲,他多次对反对学语法的人们说的"司马迁没学过语法,照样写《史记》,曹雪芹没学过语法,不影响他写《红楼梦》"给予澄清,指出他们是学了语法的,只是没学过语法书而已;他对"淡化语法"的意见进行反驳,尤其是对"扭断语法的脖子"的愤激之词甚为不满。——他明知语法研究当时完全没有达到应用的水平,语法教学没有什么实际效果(在我看来,没有效果,就是反效果),师生都很反对这种教学,但是,他还是坚持说不能等语法研究改革好了再教,"未尝不可以凑合着用","……体系还是要的,要研究,同时把'实施意见'作为一个治标的办法,教下去,让语法教学虽然不能产生那么理想的效果,至少让它有相当的改进,加强一下教语法和学语法的信心,不必再过多地淡化它,而使语法教学产生一定的实际效用"。① 这种说法情有可原，可是显然不是那么科学、理性，有点执迷不悟的意味。明知语法教学没有什么效果，但是要淡化、取消又是他没法接受的。他指出问题之所在，这已经到了他的自我批评、否定的底线了。

张志公有他的苦衷，他明知要搞出一套全新的汉语语法力不从心，要当今语法学界很快弄出个体系来，也没有太大指望，专家们大多是这个主义、那个观点地纸上谈兵，这种失望，从他多次直言不讳地指责语法学者的无能，拿不出真正的研究成果来，以至自己不得不以老迈之躯披挂上阵，可以看出；他明知语法教学没有效果，师生都不愿教、不愿学，学生因此把语文列为"第二不喜欢的"课，却不能撇开语法，另辟蹊径，只能修修补补，先搞个《中学教学语法系统提要（试用）》，不行，再搞个《实施意见》凑合着教。他的身份，使他只能强撑着，守着这块语言学、语法学地盘，冒着颗粒无收的风险，身先士卒，苦心经营，在一片嘘声中，表现出某种有信心的乐观姿态。

说实在的，他并不是没有另起炉灶的念头。这个念头，从50年代后期就萌发了，一直折磨着他。他在听到前面提到的那位山东小伙子觉得学语法无用的话后，第二天，就作了一次慷慨激昂的发言，后来将讲话内容写成《语法研究的理论意义和实用意义》一文，发表在《中国语文》1957年1月号上。从那以后，就开始考虑怎样才能使语法有用，连带想到语音知识、语汇知识、文字知识、修辞知识等，怎样使这些知识好懂管用。"慢慢地，我想到了一点，但不敢太自信，我觉得像这样一些学科，语言学、语音学、语汇学、文字学、语法学、修辞学、逻辑学、心理学等，都是哲学社会科学的基础理论知识学科；而语文教学是要培养、提高学生实际运用语言的能力，这应该说是属于应用学科的。我当时朦胧地意识到：基础学科和应用学科不能直接联系起来，直接挂上钩。怎么解决这一问题呢？……我为此苦恼了许多年，自己拿不出方案，也没有看到其他的同志拿出可行的方案来。在这种情况下，我开始想到要搞一门汉语辞章学的课，看看它能不能起些作用。……我想明确地提出来：汉语辞章学是一门'桥

---

① 张志公：《改进中学语法教学》，见《张志公自选集》，北京大学出版社1998年版，第565页。

梁性'的学科。所谓桥梁性，是说这门学科是基础理论与应用技术之间起桥梁作用的过渡性学科"①"汉语辞章学是一门综合性的学科。所谓综合性包括三个方面：其一是指把有关语言、语文方面的基础知识，包括我们常常讲的语音知识、文字知识、语汇知识、语法知识，乃至逻辑知识等，融合起来；其二是指把运用语言的各种能力，包括口头上的听、说和书面上的读、写，融合起来；同时还涉及到其他一些问题，如心理因素、社会因素、民族特点等。汉语辞章学就是要把这些有关的因素融合起来，而不是孤立地一样一样地去研究，所以说它是一门综合性的学科。"②可见，张志公之所以想搞"汉语辞章学"研究，初衷就是想从单一的无效"语法"教学中脱困。不能不承认，这是个两全之策，既包含了语法，整合了语言学、文章学、语文学知识，又使之理论联系实际，变得有用。

这其实已经表明了对单一的语法教学的否定。他看到了孤立地一样一样地去研究是无效的，也就是说，他自己所说的语法研究和语法教学的改革，也是孤立的，因而也是无效的。那么，他殚精竭虑提出的汉语辞章学究竟是什么呢？其实，就是古已有之的"辞章之学""文章学"的变体，可以称之为现代版"文章学"。尽管张志公的努力无可非议，而且挑战之勇气可嘉可敬，但是，现代版未必胜于古代版；或者可以肯定地说，现代版还不如古代版。这是从一开始就注定了的。拉开距离之后看，这好像是一场学术游戏、命运的捉弄。

先看一看张志公的一些界定："古人说的'辞章'或者'词章'，就是文章；'辞章之学'，就是文章之学。"③"辞章学是研究诗文写作中运用语言的艺术之学。"④"汉语辞章学是企图用现代科学观点，其中包括并且着重运用现代语言学观点整理探讨我国传统的辞章之学的一门语言应用学科。"⑤他还有一种阐释："我个人曾经倡议建立一门'汉语辞章学'，并且有机会在大学里试讲了一次。那可

---

① 张志公：《汉语辞章学概说》，见《张志公自选集》，北京大学出版社1998年版，第642–643页。
② 同上，第641页。
③ 张志公著，王本华编：《汉语辞章学论集》，人民教育出版社1996年版，第12页。
④ 同上，第20页。
⑤ 同上，第23页。

以说是文章之学的一个侧面吧。虽然从这一个侧面入手已经感到很不简单，但毕竟只是一个侧面——用英语来表述，我准备把它称作 The Art of Writing: a Linguistic Approach（写作艺术：从语言学角度探索）。这个英语名称表明，是准备侧重从语言学角度入手。"① 这些界定和阐释存在两大问题：

一是和上面关于"综合性"的论述有比较大的出入，前面说辞章学是"把运用语言的各种能力，包括口头上的听、说和书面上的读、写，融合起来"，而这里说的则是"辞章学是研究诗文写作中运用语言的艺术之学"，"写作艺术"。从《汉语辞章学论集》看，讨论的主要是"写"，是"诗文写作"，这显然遵循的就是古代文章学的思考路径，"读"和"听""说"基本没有涉及，只是在"汉语辞章学引论"的第四讲"语言的应用——简论'听说读写'"中，浮光掠影般地谈到一下。

二是可以看出他的"汉语辞章学"的两大渊源：辞章之学（文章学）和语言学。辞章之学："传统的所谓辞章之学这个概念，从前人所谈的有关辞章的各种具体问题来看，包括的范围相当广泛。可以说，凡是写作（作诗和作文）中的语言运用问题，无论是关乎语法修辞的，关乎语音声律的，还是关乎题材风格的，都属于辞章之学。"② 我以为，准确地说，所谓的"辞章之学"，其实就是写作学，或称之为"文章写作学"，而且包含了"语法修辞""语音声律"等汉语知识在内。主要是从对文章的品读、研究中，认识写作的规律和奥妙。这是一门相当感性的、实践性很强的学问。再看语言学，我们知道，现代语言学，一般包括文字学、词汇学、语法学、修辞学、逻辑学等。这是一门较为抽象、理性的离文章写作实践比较远的学问。于是，矛盾就产生了。

张志公所要做的，是要用离写作实践比较远的现代语言学，来"整理探讨我国传统的辞章之学"——也许他想做的不止这些，但是，毫无疑问，这是其中最重要的一个部分，因为从张志公的"汉语辞章学引论"十五讲的框架看，所讨论的内容，基本是沿袭了传统文章学的研究范畴。这些内容，在80年代以

---

① 张志公著，王本华编：《汉语辞章学论集》，人民教育出版社1996年版，第42–43页。
② 同上，第13页。

后出版的大量的"文章学"论著中多有涉及,如张寿康的《文章学概论》(山东教育出版社 1983 年版),蔺羡璧的《文章学》(南开大学出版社 1985 年版),程福宁的《文章学基础》(湖南大学出版社 1989 年版),张会恩、曾祥芹的《文章学教程》(上海教育出版社 1995 年版)等等,这些著作,所讨论的问题,远比张志公的"汉语辞章学引论"丰富而系统。所不同的是,张志公先生的出发点是"融合"文章学和语言学,或者说是希望用语言学来改造文章学。然而,对他来说,一方面,文章学素养不足,掌握的文章学的资源并不充沛;另一方面,试图以并不成熟的现代语言学来改造学问积累十分深厚的文章学,其结果是不中不西,两败俱伤。文章学原本对写作实践的亲和力,让位于由于大量抽象的语言学知识的进入而产生的隔膜。请看张志公的"汉语辞章学引论"的"十五讲":第一讲,汉语辞章学概说;第二讲,说语言;第三讲,汉语简论;第四讲,语言的应用——简论"听说读写";第五讲,篇章论(上);第六讲,篇章论(下);第七讲,句读论;第八讲,语汇论——词;第九讲,语汇论——虚词;第十讲,语汇论——成语、习惯语;第十一讲,字;第十二讲,说"比、兴";第十三讲,体裁论;第十四讲,风格论;第十五讲,结束语。从中可以清楚地看出二者糅合的结果,几乎完全失去了文章学的贴近于文章现象的特性,变成了既不是文章学,也不是语言学的非牛非马的样子。进一步看,传统"文章学"研究也有其局限,就是基本上是孤立地研究一个一个文章现象,与写作行为存在一定的距离,而张志公的研究把这种脱离写作行为实践的局限也一并继承下来了,依然是孤立地研究文章现象。——研究"汉语辞章学"的目的,本来是要救语言学、语法学脱离实践之失,其结果是离实践更远。

失败的原因很简单,没有改变脱离汉语实际的"语言学、语法学"的"西化"现状,试图通过与文章学嫁接的方法走出困境,那是缘木求鱼,只会将有着千百年思想积淀的、哺育了无数民族文化精魂的文章学也拖下水。这种换汤(加进文章学)不换药(语言学、语法学)的思路,从一开始就决定了它的结局。试想,中学生读了这样的"汉语辞章学引论",会懂得"诗文写作中运用语言的艺术"吗?会懂得听、说、读、写吗?还不如去读夏丏尊、叶圣陶的《文章讲话》或《文心》呢。——不信可以试验一下,作一个调查。

张志公先生的思维陷阱就是语言学、语法学。他陷得太深，无法自拔。他背着由马建忠、黎锦熙、朱德熙、吕叔湘等传下来的精神十字架，自己既是语文教育界的权威，又是语文教育界中的语言学家，而且在语言学界也享有盛名，这就注定了他只能默默承受着愈来愈沉重的压迫，外部的，自我的，无可逃遁，没法挣脱。他明知语法研究不得其要，语法教学无效，但是他只能维持、修补，没法丢弃。这种重压，几十年如一日，且与日俱增，使他忧心如焚。他明白《语文》教材中的语法，根本就不是"汉语语法"，而真正的汉语语言学、语法学是怎样的呢？他百思不得其解。再目睹师生用他编写的教材，语言学、语法学知识严重脱离实际，对他们的言语能力的提高没有什么帮助，既难学又无效，各地对教材使用的意见，师生的无奈和反抗的情绪，最终都汇集到了他的面前，而他又无力回天，他既没法改变语法研究的现状，又没法改变语文教材的格局。拿掉字、词、句、语、修、逻知识，则意味着倒退回封建主义的"文章学"知识教学，意味着不要科学化、现代化，这是他所担当不起的。他左右为难，进退维谷。面对"淡化语法""取消语法""扭断语法的脖子"等或委婉或强烈或愤怒的批评、反对的呼声，这种慢性的痛苦、焦虑和烦躁无时不在，长时间地咬噬着这位有着强烈的责任感、使命感的学者的心，损害着他的健康。换一个人很可能精神崩溃，所幸的是他还能勉力支撑，但也还是明显地感觉到与年龄不相称的衰老。

　　他所能做的就是一方面想方设法寻求语法研究的突破，另一方面也尝试开辟改良传统文章学的新路。从1954年主持编《汉语》，到60年代初，他提出了建立汉语辞章学的构想，到1981年首次为北京大学中文系本科生开"汉语辞章学讲话"选修课，1986年、1987年两度为北京外国语学院在职研究生班和北京师院中文系研究生开这门课，再到第四次，1990年为北京师院中文系研究生开设这门课程，最终形成了"汉语辞章学引论"十五讲。前后跨越了30多年时间，而遗憾的是成果居然不尽如人意。其中大部分内容是以前发表的语言学、语法学、语文教育学方面的文章的合成，没有理论的突破，也未构成严密的系统，对于语文实践想必收效甚微。现在我面前就摆着这本书，这本张志公寄予厚望的《汉语辞章学论集》，读它非但没有阅读的喜悦，没能感受到思想的魅力，竟然感到难以卒读。读不下去的原因，一部分是因为内容几乎率由旧章，一部分是因为他的思考既没有丰富古代的辞章之学，且远远地落后于现代写作学研究。书已经出版许多年了，不知现在还有多少人读它。这座苦心孤诣搭起的"桥梁"能通达语文的彼岸吗？孩子们愿意读这样的语文知识书吗？对他们的读、写学习究竟有多大作用？数十年心血几付东流，真是令人扼腕。其实，冷静下来想想，倒也不必过于伤感，学术研究本来就是如此，被时光淹没的比留下来的要多得多。天空是否留下翅膀的划痕，并不重要，重要的是鸟已飞过。张志公当可无悔。

美国语言学者的教学实验表明，语法学习无助于写作能力的提高。西方的"形态语言"尚且如此，"非形态语言"的汉语（而且对其语言规律还不甚了了）就更是如此。对语言学、语法学有着精湛研究的张志公应该比任何人都更明白，汉语语言学、语法学研究的困难，就在于"非形态语言"的规律的难以捉摸，而且，其组合方式的灵活和多变，几乎是难以穷尽的。即便能总结出一些规律，也只是冰山一角，盲人摸象（每个语法学家"摸"到的都只是语言现象、语法规律这只"象"的一部分，这就是张志公也曾感慨万分地指出过的，有多少个语法学家就有多少种语法体系的原因所在），这样局部的、片面的规律，对于表达实践的指导作用自然是极其有限的。即便是百分百地揭示了汉语语法规律，也同样对表达实践作用不大，因为语言学、语法学知识只能使人懂得语言规范，而言语表达不是照葫芦画瓢，而是一种个性化的创造性的语言运用，是规范与反规范的统一。你可以教会学生什么是表达的规范，而反规范是教不会的，反规范是"巧"，"大匠能予人规矩，不能使人巧"。——明白这一点，语文教育就不会吊死在语言学、语法学这棵树上了。

这还只是限于语言表达技能来说，哪怕最粗浅的思维，也能很容易了解到一个人语文能力的提高所需要的素养是多么的丰富，语言表达技能只是其中的一个因素。即便是语言技能，语言学、语法学的规范，也决不是靠知识的学习和训练就能奏效的。在教学实践中，语言学知识学习的投入、产出的不对等状况，是有目共睹的。这也就表明，张志公先生和其他一些前辈语言学家，试图靠语言学、语法学知识提高语文能力的思路，在现代语文教育百年后的今天，是需要深刻反思的。它已经虚耗了无数专家和师生的生命,是到了应该觉悟的时候了。

以语言学、语法学知识系统建构起来的语文教学系统的无效,主要原因有三:

一、语言学、语法学,是对语言现象的肢解和抽象。经过抽象后便没法还原到具体,就变成了什么都是,什么都不是。例如,"桌子"这个概念,是从形形色色的桌子中抽象出来的,它有着一切桌子共同的特征,却不是具体的某一张桌子了。同样,语言学、语法学从全体(假定是"全体",实际上不可能)言语现象中抽象出共同的规律,这个规律就已经不再是某一语言现象了,个别总是大于一般。因此,这些语言知识和言语现象总是存在着距离,是雾中花、水中月。这就是为什么学生感到语法难学的一个原因,因为这些所谓的语言规律,与他们对语言的丰富的感性认识之间有较大的距离,不完全对应,甚至正相反,是错位的。对于汉语这种"非形态语言"来说,无疑比"形态语言"的英语,形态更繁复,组合方式更自由、多样,因此,语言规律和言语现象之间距离要大得多,关系要复杂得多。经过抽象之后,要还原到具体,困难也就更大。

二、更重要的还在于,理论语言学、语法学的研究对象,并不是语篇,或篇章,只是字、词、句,到句子为止,即索绪尔所说的"语言",而不是"言语"。语言学认为,只有"语言"是可以研究的,"言语"是不可研究的。因为"语言"是共同的、约定俗成的,而"言语"是个人的,是创造性的语言组合,往往刻意追求"陌生化"。——而听、说、读、写,恰恰不是"语言",而是"言语"。"语言"是规范,"言语"既是"规范"的,又是"反规范"的,"言语"的本质是"反规范"的。而且,愈是"艺术"的言语,愈是要"反规范"。这就是传统的语言学研究与语言实践之间的一个难以克服的矛盾。

三、后来的语言学家意识到了这一矛盾,希望以"言语"为研究对象,于是应用语言学、篇章语言学应运而生。按说矛盾应该可以消除了。但是,由于应用语言学、篇章语言学,即便它们的研究对象是"言语",要命的是这个"言语"依然还不是言语实践,离言语实践还有极大的距离。作为语言学研究对象的"言语",是静态的,是结果,是凝定的;而"言语实践"是动态的,是一个过程，是发展的。不论是语言学还是应用语言学，都无法逾越和言语实践之间的鸿沟。言语实践要求的是比言语应用（表达）更综合、更广泛的素养，这是语用学鞭长莫及的。这也就是为什么今天的语用学虽然能解释一些言语行为，但仍然不实用的原因。

那么，就言语实践而言，它需要研究的是什么呢？其实很简单，就是我们前面所说的"言语创造学"，就是与听、说、读、写对应的"写作学"（文章写作学）、"阅读学"（解读学）、"口语交际学"（口才学），可以总称为"语文学"。我们的古人是很有智慧的，所谓的"辞章之学"或"文章学"，实际上就包含了写作学和阅读学的萌芽。再追溯到先秦，到孔夫子那会儿，他老人家开设的"言语"科，就包含了"说"和"写"，而"文学"科，就是"读"。语文，不就是"说"（包含"听"）、"写"、"读"吗？——这不是说不要语言学或语法学，只是说，要知道，语言学、语法学在语文学知识结构中只是一个小小的分支，它只是对语言现象作静态的解释，对于言语生成的动态过程和复杂机制来说，它的作用是微乎其微的。

在语文学的写作学、阅读学、口语交际学中的某些领域，适当运用语言学知识、作一些语言学阐释是必要的；单纯从语言学角度来研究写作、阅读、口语交际，把汉语辞章学归入语言应用学科，那就完全不得要领、本末倒置了。不论是现在我们界定的语文学、古代的文章学，还是语文学之下的写作学、阅读学、口语交际学，都比语言学层级高、范围广。这也就是为什么语言学、语法学在语文教学中无效，无助于提高言语能力的根本原因。就是建立了真正意义上的汉语语言学、语法学也是如此。语文教学的出路，是建立科学的语文学：写作学、阅读学、口语交际学。这是一门大学问。其实，如前所说，张志公不是没有意识到，而是由于种种原因身不由己。

> 结语：他的"入行"和成就，时代成全了他的声名。他是一个忠厚朴实的学者，达到了那个时代的高度，然而，作为语文界的统帅，他缺少大气，繁重的事务消蚀了他的才气。他独自支撑着语文教育，勉力承当一切，终为时势和自己所累。

从某种意义上说，张志公是幸运的。

和叶圣陶、黎锦熙等先生比，张志公是晚辈。从某种意义上说，他一直在前辈的思想光晕下思考和做事，这些前辈的威望和地位，高高在上，笼罩一切，加之处于当时封闭的政治和学术氛围下，他也还不具备开宗立派的资历和条件。论才分和气质，张志公也与他们相异。他缺乏叶圣陶的深厚和多才，言语和文学素养稍逊一筹，也缺少黎锦熙先生的大气和深刻，对语文教育的有些认识还未能达到高屋建瓴。但是，他也有他的长处，比如，他善于求教，虚心学习，在语文教育思想上，他遵从叶圣陶的基本理念；在语言学研究上，他汲取了黎锦熙之所长。在叶圣陶日渐老迈，黎锦熙不再介入语文教育之时，他适时地填补了学术空白，等距离地站在二者之间，收左右逢源之利——这也是一种难得的学术智慧吧。

他的学术智慧还在于懂得另辟蹊径，特别是向前人取法。对传统语文教育的研究，使他有了独立的学术领地，这个领域是叶圣陶、黎锦熙先生都还无暇关顾的。他突破了两位前辈的研究樊篱，终于找到了自己。在20世纪60年代那没有学术的年代，他以极大的勇气，孤军深入"封建主义教育"的"糟粕"之中，披沙拣金，思考语文教育的历史传统，激浊扬清，继承其精神命脉，为一蹶不振的"新语文教育"注入了生机。这为他奠定了学术地位，赢得了崇高声誉。在这一方面，当代学者是注意得不够的，一般只将其作为张志公所做的诸多工作之一加以肯定。我以为，诸如倡导语文学科科学化、建构教学语法体系、创立汉语辞章学学科等，与此相比，皆不足道。张志公的最大贡献就在于此。就他自己而言，也就是靠这方面的积累和思考，为后来的一切研究和见解打下基础，可以这么说，张志公留给我们最宝贵的精神财富，就是传统语文教育研究。

然而，他又是不幸的。一般人在学术研究上大多是"高潮在后"，而他则是"高潮在前"。一般人大多是经过长时间的研究后才达到了一种高度，与众不同的是，他出手不凡，一下子就占据了传统语文教育这块学术领地，而且主编《汉语》教科书，领衔制订"教学语法体系"，语言学研究方面也颇有成果，很快就为大家所认可，成了语文界的领袖。这么一来，名声和事务接踵而至、应接不暇，从而使后来的研究，只是在原来课题上稍有深化，在其他方面再也没能超越这个高度，所关注的问题和领域越来越庞杂。对此，我常感到遗憾：张志公要是不把自己的研究铺得那么开，要是能专心致志于语文教育史的研究，那么，他的思想成就和学术地位就将完全不是今天这个样子。他的传统语文教育研究还只是一个开端，主要是在传统教材的文本考订和资料分析上，作了一些初步的工作。3000年的中国语文教育史，可以研究总结的方面和问题真是太多了，哪怕在其中一个领域深入下去，也会有很多的发现，哪里是一部10多万字的著作所能囊括的（《传统语文教育教材论》22.5万字，共288页，其中"蒙学书目和书影"占了将近100页）。在他的《传统语文教育教材论》中，最大的篇幅是介绍各个时期的各类教材，作为以"论"冠名的专著，穷根溯源、讨究因果明显不足。他自己也曾谦虚地说："就'论'而论，浅了些。"其中的每一个经验与问题，几乎都有深度展开的空间，可是，基本上都只点到为止。体例缺乏严谨周密的架构，具体阐述则比较简单，感到说理和论证的粗疏，甚至还有前后参差矛盾的地方。此外，主要是对传统语文教学实践的描述，文化、精神、社会层面接触较少。在阅读过程中，固然获益良多，亦不时产生遗珠之憾。

张志公的不能深入自有他的难处。他做的事太多，比谁的都多，他几乎把整个的语文教育都扛在了自己的肩上，还意犹未足：语文基础教育、幼儿语言教育、大学语言教育、职工成人语言教育、兄弟民族汉语教学、对外汉语教学、汉语英语教材编写……他期望过高，压力过大，夜以继日，苦拼苦熬。许多年来，每天至少工作十二三个小时，至于夜车开到凌晨两三点，乃至彻夜工作，也非偶然的事。他熬夜居然还丝毫不影响第二天的工作，开会都不打盹儿。

有人劝他不能长此下去，他风趣地说："不要紧，我只要活到60岁，就等于有些人活到七八十了，折不了本。"①他就这样忘我地工作，无止境地扩大自己的研究范围，一会儿提出"汉语语法的双向研究问题"，一会儿提议建立一个"编辑学科"，一会儿提出要建构一个"汉语辞章学学科"。再加上各种会议上应景的发言，为各种书写的无数的序言，他还身兼无数的学术和非学术的、实的和虚的职务，这也耗去了许多精力和时间。这么繁杂的职务搁满头上、肩上，没事也闹心。很多问题他都敏锐地意识到了，期望解决这些问题，比如"口语教学""文学教育""语文教育的科学化、现代化"等，这些问题哪一个都重要，可是力不从心，蜻蜓点水，做得太匆忙，有限的才智和精力捉襟见肘，不能不流于浅陋。所以，我们往往从他的文章中读到粗浅的构想和泛泛之论。他不是不想踏踏实实做学问，只是分身乏术。

张志公很聪明、很有学术抱负，也不乏坚韧和刻苦。可是，说句不中听的话，他得亦聪明，失亦聪明，为聪明所累。他可以几十年思考一个课题，也许只用三五年，断断续续、零敲碎打地做一个课题，这恐怕已经算是大投入了，因为他的战线拉得太长，他没有时间。并不是他偷懒，他一直在忙着，比谁都忙，他的行动赶不上思维，他为无数的发现和种种的杂务所绑架，缺乏快刀斩乱麻的果断和作出弃取得失的决断。什么都能做出点样子，然后便放下，功亏一篑，就差一步之遥。读张志公的著作，我始终处于这么一种连绵不断的惋惜之中：为什么说那么多没有深度思考的话？为什么刚刚说到一点就停住，不再往前走呢？——研究口语教学，为什么就停留在学普通话和语言的标准化、规范化上，不进一步考虑口语的特点和口语教学重点是什么？研究文学教育，谈到了人文熏陶、智力开发的功能，为什么不进一步探讨一下文学教育美育和诗意人生的引领？倡导汉语辞章学，已经走出了语法的困境，为什么不能走出语言学的困境？

就像一个漫天撒网的渔夫，以为网撒得愈大，捕获的鱼就愈多，而不考虑

---

① 参见田晓琳：《张志公先生的学术生涯和学术成就》，见中国教师网，2004年10月19日。

自己到底能不能拉得动这么大的网，结果，不是鱼死，就是网破。连不会打鱼的人也知道，网的大小和渔获量是不成正比的呀。还不如像海明威笔下的桑提亚哥老人，看准了一条大鱼，不计代价，舍命也要逮住它，逮住了，一辈子没白活，即便只拖回来一副鱼骨架，也成就了一个顶天立地的硬汉子。这个道理很简单，很多学者都懂，但就是舍不得割爱。愈是聪明的，愈是糊涂。他们思维很活跃，发现和见解层出不穷，哪一个掂了掂都舍不得撒手，甘蔗哪头都甜，都想啃一口。自然，成功的几率也不是没有，但即使偶然和成功劈面撞上了，也往往未必是什么大建树——凭他们的才分和勤劳，本来是可以做得更好的啊。

我深知，一个学者的选择，并不能完全取决于主观意愿。像张志公，先是处于那么恶劣的学术环境，后来又负有重任，羁于声名之累，身不由己。能做出这么一番成绩，堪称一代之翘楚，够难能可贵的了。就是在今天，学者的生存境遇虽然有所改观，但是也仍然没有良好的学术生态，一个真正的学者要靠自己的力量作好研究，也还是处处掣肘，百般艰难。张志公的不能专心和仓促，是可以理解、应该谅解的。只是由于张志公的影响太大了，语文学者和老师把他作为权威膜拜，他的著作中的每一句话，都可能为他们的治学和教学所遵循，都可能成为他们文章立论的依据，所以，不能不对他的思想方法、研究方法和语文教育观念作一番较为深入的检讨。

在前面行文中所作的随机的检讨，就是基于这样的原因，希望能对他的见解有一个客观的认识。但是，前面所提出的这些问题也许都还不是最重要的，如果要问什么是最需要检讨的，我以为是思想方法上的教法主义、技术主义、实用主义。由于张志公所承担的工作，如编写教材、规划教学、听取教学反馈等，都特别贴近师生的教学实践，又由于语文教学始终效果不佳，各方面反应很强烈，这似乎和教学内容、教学方法有直接的关系，他不能不经常琢磨教法问题。也许，还有一个无意识的因素在起作用，这就是在教育政策和教育思想上，他习惯于依赖叶圣陶的思想。在语文教育本体论上，他承袭、遵循、捍卫了叶圣陶的"工具论""应需论""阅读本位""阅读独立目的论""阅读是吸收，写作是倾吐"等观念，以此为指导思想，说的大致上都是叶圣陶说过的话（"三老"在语文教育本体论上是统一的）。久而久之，便失去了对语文教育精神层面问题的探索热情。在教育哲学上，他基本上没有独立的见解。只是偏向于教材和教学问题研究，对这些显出特殊的兴趣和敏感。这从好的方面说，是注重理论联系实际，注重教学的实际效果；就其负面说，是只见树木不见森林，不知不觉地沉溺于中观、微观思维之中，往往被语文教育中各种纷乱的问题牵着走，缺乏对教育现象的深刻把握，在本体论上缺乏精见。

对教学微观问题的长期关注，沉迷于直观的教学实践，加剧了他对教育原理探究的拒斥心理。例如，他对语文教育原理的探讨就表现出强烈的不满，坦率地表明自己不感兴趣，并将其提到是否有"科学态度"，是否"实事求是"的高度大加挞伐：

要探索语文教学的规律，逐步做到教学比较地科学化一些，先决的是要有科学的态度。关于科学的态度，我曾谈过实事求是的问题。这里，我想再加上两点，连起来说就是从实际出发，实事求是，讲求实效。从实际出发，它的对立面就是从概念出发；实事求是，它的对立面就是不注意探索客观事物的规律，不尊重客观规律；讲求实效的对立面就是搞形式主义，走过场，做一些劳而少功，劳而无功或华而不实的事情。咱们的语文教学在这些方面不是没有问题的。比如，语文教学的性质、目的任务问题，50年代末、60年代初就讨论了一气，现在又讨论起来了。——语文课是"工具课"？是"思想性很强的基础工具课"？思想政治教育与语文训练二者并重吗？如果不是并重，那么，又以哪个为主？等等，等等，众说纷纭。再比如，语文课的"语"是语言，"文"是什么呢？有的说是文字，有的说是文学，有的说是文章，辩论得很热闹。我对这种讨论兴趣不大，觉得偏于概念的性质多了点。我并不一般地否认讨论概念的必要性；我也不否认把某些概念弄清楚对于教学工作有益处；我更不否认，现在大家之所以关心这类问题，是出于高度的积极性。不过，我觉得，当我们对有些概念讨论到一定程度，暂时不能更前进一步、更深入一步的时候，不妨把它放一放，这也许并不会影响实际工作。例如，不管对"语文"二字怎样解释，你反正得把这本《语文》课本教好。课文里的字，总得让学生认识吧？一篇篇的文章，总得让学生读懂，有些还得读熟吧？有些文学作品，总得让学生能够适当领略吧？好些课文讲了重要的道理，有助于提高思想认识，总得让学生明白吧？一本一本的《语文》课本教下来，总得让学生听、说、读、写的能力一步一步地不断提高吧？我倾向于在这些实实在在的事情上多多下工夫，试试看，怎么教法效果最好，效率最高，多找出些办法来，多蹚出些路子来。①

从字里行间我们不难感受到张志公的厌烦情绪，对语文教学性质、目的、任务，"语文"是什么等讨论的厌烦，当然，他的厌烦不止这些，而是一切的"脱离实际"的教育思想论争——概念之争。他批评这是"从概念出发"，"不注意探索客观事物的规律，不尊重客观规律"，"搞形式主义，走过场"，"劳而少功，劳而无功或华而不实"。他推崇的是所谓的"从实际出发，实事求是，讲求实效"，就是"在这些实实在在的事情上多多下工夫，试试看，怎么教法效果最好，效率最高，多找出些办法来，多蹚出些路子来"。——这种不论指导思想、教育观念的正确与否，只重视"实效"、教法的认识，在这二三十年中已经给语文教育造成了灾难性后果，而且在语文教师的思想方法上，造成了偏见和短视。在教法主义、技能主义、实用主义的观念下，最风行的就是"教师为主导""训练为主线"的语文"标准化""模式化"教学，这对于"应试"能力的提高，的确是"实实在在的事情"，然而，造就的是同一型号的应试机器，而不是有着独特言语个性的"自觉的有意识的"人。

这种研究方法论上的"本体论禁忌"，或称为"恐高症"，如果"患者"是普通教师也就罢了，可偏偏是我国语文教育当家人张志公，这问题就严重了。这时，叶圣陶已老矣，张志公正如日中天，其影响之深远就可想而知了。上述观点发表于1979年，恰是"文革"后拨乱反正，教育逐渐走上正轨，教师们思想解放，敢于对教育观念进行反思，对教育政策畅所欲言之时，他旗帜鲜明地提出了反对概念之争、倡导能力训练和教法研究的观点，在该文中所谈到的都是诸如作者生平、时代背景要不要介绍，怎样介绍，各个年级的学生能认多少字，掌握多少词，他们的思维能力能达到什么程度，怎样消灭错别字、病句，

---

① 张志公：《科学态度和科学研究》，见《张志公自选集》，北京大学出版社1998年版，第223–224页。

等等，这些就是他所认为的从实际出发，讲求实效的研究。其观点就是讲科研方法的，是指导科研方向的，其导向作用一直延续至今，造成多数语文教师基本没有理论兴趣，而且反对学科基础理论研究，经验主义、实用主义思想甚嚣尘上。应试教学畅行无阻，语文教学形而上学猖獗，与教师思想自由受抑恐怕不能说没有关系。

从深层本质上检讨，是张志公认知缺陷所致。他的哲学、教育哲学修养是比较欠缺的。张志公倡导科学态度和实事求是精神，批评从概念出发、不尊重客观规律，形式主义、走过场等等，从文字表层看，冠冕堂皇、无懈可击，他的论述也是辩证的。而实际上，他以为的科学态度和实事求是，恰恰是伪科学、形而上学的，因为科学不是耽于表象，而是追求本体价值，不排斥理性的；对今天抓课文的理解，抓听、说、读、写的训练，只盯着教法改革的教研，如果"实事求是"地作出判断，应是大家公认的，张志公自己也承认的：语文教学效果极差，教师厌教，学生厌学。实事求是地说，这三四十年的语文教育科研和实践，基本上就是遵循着张志公指引的教法主义、实用主义的道路前进，这一点，不论从教学大纲、考试大纲，还是从语文教学刊物看都是如此，除了能力还是能力，除了训练还是训练，这"法"那"法"满天飞。真正的语文教育理论研究则十分稀少，偶尔发表一两篇，编辑部就会招来老师们的一片斥责。为了定数起见，主编们不得不屈尊哄着"上帝"，保证决不再登这些"华而不实"的"无用"文章。大家为什么不想想：几十年来，我们一直在"实实在在的事情上多多下工夫"，各种教法都多到泛滥成灾了，语文教育怎么就没见有什么起色？我们做的是不是南辕北辙的傻事呢？——20 世纪末的"误尽苍生是语文"，就是本体论研究受阻，语文教育人文关怀失落的必然，是盲目追求功名、功利、实利、技能教育的必然。

此非张志公之过，是教育体制、文化、意识之过。是两千年的追逐功名的科举教育意识，建立在工具理性之上的现代实利主义教育文化，借张志公之口，说出了这一番"日月不刊"之道理。醒醒吧，我们！

这么直言不讳地论说张志公的短长，似乎使人觉得不够厚道：每个人都有他的局限，不应这么"苛求"于他。请相信我绝没有丝毫低看或诋毁他的意思，我以为前面我对他学术和智慧上的肯定，比以往空泛的赞美，更为实事求是，也更加具体而充分。我们今天走近张志公，就是想要与大师敞开胸襟对话，增进对他的了解，就是要既从他那儿感受成就和经验，也从他那儿讨究教训，使语文界能有更加开阔的精神视野，以便更好地接续语文教育研究的思想血脉。如果不是这样，我又何必徒废精神呢？

张志公走了，意味着一个时代的终结。如果说叶圣陶、黎锦熙是现代语文教育的揭幕者，张志公则是为现代语文教育谢幕的。从此，语文教育界开始了没有大师、没有权威的时代，进入一个百花齐放、众声喧哗的时代。

永不凋萎的美：文学、写作教育理论的奠基人
——走近朱光潜

> **导言**：我国现代最杰出的语文教育理论家。从未当过语文教师、没有写过语文教育学著作，但他对语文教育理论的贡献，比起同时代语文教育家的总和还要多。他学海无涯、曲径通幽的治学观，发人深省。他的研究方法代表着语文学研究的方向。

1982年，《朱光潜美学文集》出版，那时，我大学刚毕业，留校教写作。我买了，读了。当时的欣喜程度可以用"爱不释手"四个字来形容，这部文集，成了引领我教学入门的书。我也从中获得了最初的专业学养。就在那时，我写出了平生第一茬的教育论文，投给了《教育研究》，接连都发表了，其中有一篇就是《朱光潜写作教学观初探》，这部文集，也成了引领我科研上入门的书。在之后的漫长的教学生涯中，遇到了许多不懂得写作教学的同行和不懂得语文教学的中学教师，我常窃喜，庆幸自己刚入行就遇到了朱光潜，也替他们惋惜，为什么不去读一读朱光潜呢？哪怕就读一遍，至少不至于误人子弟啊，如果能读到三遍以上，就一定可以成为一个不错的语文教师，我坚信。——我想告诉每一位语文教师，《朱光潜美学文集》应当成为你的"案头书"，不论你翻烂了多少部《语文教育学》一类的书，不如专心读一部《朱光潜美学文集》。也许没

永不凋萎的美：文学、写作教育理论的奠基人
——走近朱光潜

有多少人会赞成我的这个看法，如果你在语文教育这个行当，只认自己的教学经验，或只认"三老"（叶圣陶、吕叔湘、张志公）的"经典"的话。其实也难怪他们，朱光潜这个名字，对于多数语文教师来说，的确是太陌生了，单看这套书的名称"美学文集"，便让许多教师以为与己无关，或望而却步。

朱光潜先生（1897—1986），一代美学宗师——这是无可争议的。

称朱光潜是一个语文教育家，可能就没有多少人会认可；如果进一步说，他是我国现代文学、写作教育的奠基人，是最杰出的语文教育理论家（不是"之一"），可能会招来大家更加惊讶的目光：他连中学语文教师也没有当过，也没有写过什么"正经"的语文教育学论著啊！——似乎朱光潜是否有资格作为本书的研究对象都是成问题的。

事实就是如此奇怪。恩格斯曾盛赞巴尔扎克："他在《人间喜剧》里给我们提供了一部法国'社会'特别是巴黎'上流社会'的卓越的现实主义历史。……在这幅中心图画的四周，他汇集了法国社会的全部历史，我从这里，甚至在经济细节方面（如革命以后动产和不动产的重新分配）所学到的东西，也要比从当时的所有职业的历史学家、经济学家和统计学家那里学到的全部东西还要多。"[①] 朱光潜先生也一样。我们可以毫不夸张地这样说：我们从他的《给青年的十二封信》《文艺心理学》《变态心理学》《谈美》《诗论》《谈修养》《谈文学》《谈美书简》等著作中，学到的美学、文学、写作、阅读教育的道理，甚至在应用和操作层面上，比起从同时代所有的语文教育家、语文学者、语文教师著述里得到的总和还要多。

朱光潜的语文学理论是沿着这样的路径拓展的：美学（诗学）—文学—写作学—阅读学—其他，从而构成了语文学理论之洋洋大观。当然，这是透过他浩瀚的美学、文艺学，一点一点地读出同样浩瀚的语文学。朱光潜太博大了，博大得使人炫惑、惊惧。犹如立于千仞之巅，观无涯之沧海："日月之行，若出其中，星汉灿烂，若出其里。"对叶圣陶、黎锦熙、张志公诸大师的领略，虽属管窥蠡测，尚可勉力为之——对朱光潜，唯有望洋兴叹。

---

① 《马克思恩格斯选集》（第 4 卷），人民出版社 1972 年版，第 462–463 页。

朱光潜是一位哲人，他的著作给人的感受是大气而雅致。对所研究的问题，他总是能高屋建瓴、鞭辟入里地阐明自己的意见，而抒写则温婉典雅、诗意盎然，可以见出他的学问的精深和为人的恭敬。我喜欢他说的"深人所见于物者亦深，浅人所见于物者亦浅"这句格言式的话，他就是这么一位"深人"。他的论述，"两头见底"：在抽象的层面，概括不厌其高，在具体的层面，还原不厌其低。抽象得意之麟髓，具体得象之精微。

他是极懂得教育规律的学者，他的著作，极深奥也极平易，在大学者中，能像他那样把道理说得如此深入浅出的还很少见。朱光潜的文字清浅流畅，仿佛写得毫不费力。其实这才是大手笔，非等闲可及，也非技巧、个性使然。他的成就，得益于理论素养和笔力的深厚。从某种意义上说，"浅出"比"深入"还难，唯有深不可测之人，才能平易通俗地浅出。不能浅出，是因为还不够深入。难能可贵的是，早在20世纪二三十年代，他就以一个平辈人的身份与青年人说美谈文论艺，其精辟的说理、朴实的文风，如春风甘霖，使读者为之倾倒。诚如他自己所言，他力避"高头讲章"式的指导，"努力做到'切实'二字"，既使读者在"印证经验"的思考中受益，又给他们以理论上的熏陶，这就是他的论著所独具的魅力。

如果说叶圣陶有一个"平民情结"的话，朱光潜则天生和青年有缘，有一份"青年情结"。他许多书就是直接写给青年人读的，如《给青年的十二封信》《谈美——给青年的第十三封信》《孟实文钞》《诗论》《我与文学及其他》《谈修养》《谈文学》《谈美书简》等，他还是《中学生》杂志热心的作者。还很少有大学者能像他一样，能如此热衷于和青年交流，而且深受欢迎。从他的文字中，可以体会到什么叫作真正的倾心、体贴和关切，他的文字与读者有着特殊的亲和力。这是一种博大的天性，慈爱的性格，恬静的心境。不论他如何挺拔参天，根，永远扎在年轻人心灵的热土上。一个大学者，能一生都躬身和青年平等地交谈，他的心一定特别的温存沉静，他的心理一定特别的年轻踊跃。他一定不会老。晚年的他，在未名湖畔蹒跚漫步的这位美学老人，他的心一定还在和无数年轻的心一起热烈地跳动着。

他用清浅平实的优美文字，侃侃而谈，润物无声，在潜移默化中提升青年的修养和品位,行审美、文学、写作、阅读教育之实。要说什么叫作素养教育,大约这就是最好的方式了。他的研究和与青年交流的内容,几乎关涉到语文素养的方方面面。还很少有哪一位语文教育家关注的面这么广,思考得这么深。而且,他与叶圣陶、张志公们不同,他的著述不是零星的感悟,兴之所至发发议论,而是学术化、系统化的,但又是通俗、普及的。不但教师可以读,学生也可以懂。读过他的书的青年不计其数,可以断言,凡读过他的书的没有一个不喜欢的。他的出发点既是与青年"印证经验",于读者便有共鸣,作者、读者便心有灵犀、视同知己。从这个意义上说,他比任何一位语文教师教的学生都多,教的效果也很好,他的学生遍天下,他怎么不是语文教育家呢?而且还是一位了不起的语文教育理论家。

在我国现代的大学者中,学贯中西的不乏其人,但是要论专业学养、西学素养的驳杂深邃、博而能一,恐怕就很少有人可与其相比了。就求学而言,朱光潜自己也感到困惑,他曾经坦陈,原来并不如自己先前想的那样,做几首诗,发表几篇文章,甚至翻译过几篇伊索寓言或是安徒生童话,就算是"研究文学",真正学起来竟没个完,要绕许多弯路,要做许多干燥辛苦的工作,所学的还几乎都不是"文学"。绕了一大圈以后,好不容易才回到文学上来。用他自己的话说是做了30年的学生,才弄懂什么叫作"研究文学"——绕没绕过圈子,是大不一样的,径直"研究文学"的人,大约只是原地踏步,没有什么大出息。他的求学、求知的方法和经历,本身就是成就一个大学者的榜样。

事情仿佛有点奇怪,朱光潜原先认为自己是"研究文学"的,绕过圈子"觉悟"过来后,还是认为自己是"研究文学"的,但是,多数人只认他是"美学家",很少有人说他是"文学家",自然更没有人说他是语文教育家。其实也不奇怪,"文学"也是包含在"美学"之内的,文学的至高境界是诗,文学学也就是诗学——美学。"美学""文学"和"语文"本来就是难解难分的一家人,如果抽掉了"美学""文学",语文还剩下什么?何况,正打歪着、歪打正着的事多着呢。值得忧虑的不是这些,倒是除了文学,别的什么也不学,甚至连文学也还没学多少,路子越走越窄,只学其中的一小段,或一个作家、一本书的,这能懂得文学,也算"研究文学"吗?当今不少"研究文学"的,一辈子就啃鲁迅或巴金、曹禺等人的大有人在，不少年轻人刚写了一篇博士论文，就自诩是研究某某的专家，自以为了不得了，学问大得很。真应该向朱光潜学学。

他也曾将自己学习美学的经验与青年分享：从前我决没有梦想到我有一天会走到美学的路上去。我前后在几个大学里做过十四年的学生，学过许多不相干的功课，解剖过鲨鱼，制造过染色切片，读过建筑史，学过符号名学，用过熏烟鼓和电气反应表测验心理反应，可是我从来没有上过一次美学课。我原来的兴趣中心第一是文学，其次是心理学，第三是哲学。因为喜欢文学，我被逼到研究批评的标准、艺术与人生、艺术与自然、内容与形式、语文与思想诸问题；因为喜欢心理学，我被逼到研究想象与情感的关系、欣赏和创造的心理活动以及趣味上的个别的差异；因为喜欢哲学，我被逼到研究康德、黑格尔和克罗齐诸人讨论美学的著作。这么一来，美学便成为我所欢喜的几种学问的联络线索了。我现在相信：研究文学、艺术、心理学和哲学的人们如果忽略美学，那是一个很大的欠缺。[①]——他这个美学家原来是这么不经意地拾来的。他的治学法，可以称为"曲径通幽"法。他对不应忽略美学的告诫，也同样适用于研究语文的人们。这也使我们明白，为什么他的美学有文学的影子，他的文学也不无美学的痕迹。学问都是相通的。

对于有志于研究的人来说，这种觉悟的确是非常重要的。我们这些所谓"研究语文"的，有几个不是径直"研究语文"的？有多少人奉行的是"新拿来主义"（剽窃主义）？在今天高度商业化的社会中，学者内心的浮躁往往导致了学术的快餐化。政府官员决策靠拍脑袋，学者做学问也靠拍脑袋。其结果是有论文、专著，没学问。"写"的论文比读的论文多，"写"的书比读的书多，这已经见怪不怪了。在语文教育界这种情况尤甚：著作大同小异，论文移花接木。论点、论述几乎都是别人的，读起来大多似曾相识。

近年在一些学界大腕的倡导下，掀起了写"教育叙事"之风，虽然写比不

[①] 朱光潜：《文艺心理学》，见《朱光潜美学文集》（第一卷），上海文艺出版社1982年版，第6页。

写好，通过叙事进行教育反思也不无益处，但是，务必警惕，只是一般的做些记录，发些感慨，作一些浅层思考，并不等于教育反思，更不等于教育研究。如果没有学问的基础，缺乏基本的学养及正确的理念与方法，不论正思还是反思，都思不出什么有价值的成果来。这样做，反而会在相当程度上助长经验主义的风气，是对浮躁心态的迁就，长此以往，甚至可能导致学术品质的下降，使教师、语文研究者越发不读书，不求学问，越发没理论。语文教育理论化程度低，与研究者学养的贫弱和求知的倦怠有直接关系。把一本语文教学杂志拧一下，湿漉漉的都是水分，能剩下多少有学术含量的干货？在急功近利的年代，稍微读了几本书的，就称得上学问家、学科精英了，出洋一年半载的"海龟"，上岸刚探出头来，便大言不惭地自诩学贯中西，朱光潜在天之灵岂不笑煞？

朱光潜的研究，代表了语文学研究的方向。他最懂得科学，但是没有生硬地搬弄，没有陷于科学主义的泥沼，而是最大程度地使之中国化、民族化、通俗化。他不作纯理论的演绎和新概念的堆砌，没有局限于语言学、语法学或美学、心理学、文学的某种单一视角，而是时时从人、人格和言语实践出发，研究人的言语感知、想象和创造的规律，将静态的文本分析与动态的行为分析相结合，演绎与归纳相结合，经验与学识相结合，研究语文现象，使语文学与人的言语生命、言语实践达成了高度的亲和与融合，为我们指引了语文学研究的正确的方法。

朱光潜半个多世纪来，在美学、文学等方面著作甚丰，堪称文艺论坛巨子，也是语文学理论的奠基人。在美学、文学、写作、阅读等方面的研究，体现了作为一个大学者的非凡气度和深厚学养。他对语文学的见解，不拘于文本的字句篇章，既能入乎其内，又能出乎其外，对语文现象作鞭辟入里的把握和淋漓尽致的阐示，真可谓得心应手、左右逢源、挥洒自如。他特别注重习作者的内在修养，注重言语主体健全的人格心理品质的建构，注重纯正的写作审美趣味和良好的言语行为习惯的养成，其见解具有很高的文化品位和内涵，读其论著，能使人真正领略到何谓学问文章、道德文章。朱光潜的语文教育观的显著特点是对言说的"人"的关注，对人的言语素养的关注，在这一点上，他的有关论述超过这一时代的其他论者，因而，他的语文教育观，堪称立足于学习主体人格心理品质建构的人本主义语文教育观。

> 开创了美感和美感教育理论,美育是为了"尽性""脱俗"与实现完美人生,是超越利害、培养"无所为而为"的心性。为文学审美教育开辟了通道、确立了价值,也为语文、文学教育打下了基础。

也许可以这么认为,在朱光潜先生之前,中国没有真正的文学审美教育理论。我国文学的历史很悠久,但没有真正的文学审美自觉,自然也就没有规整的审美教育。古代的"文学"教育和哲学、历史教育等没有严格的界限,即所谓"文、史、哲不分家"。如果把《诗》教",当作古代的"文学"教育,这种"文学"教育的审美意味是比较淡的,较为倾向于道德伦理教育,往高处说,也可以认为是对人施行基本的教养、教化。不能说没有审美的内容,如《诗》教的"温柔敦厚",兴、观、群、怨等,都涉及了优美和审美,但说到底,最注重的仍是生活、社会实用技能教育,将实用教育置于审美教育之上。如孔子所说,"诵《诗》三百",如果不能处理好政务,不能进行外交的酬酢应对,读得再多也没有用。在生产力低下的时代,自然摆在第一位的总是实用性、社会性需要。这一点,西方哲人有所不同,他们对文艺的作用更看重的是"善"。古希腊哲学家们是很看重审美教育的。由于太看重,以至达到了"害怕"的程度。柏拉图设计的理想国,对某些诗人(诗教)不得不采取敬而远之的态度,因为他认为某些不健康的诗歌会败坏人心、妨碍道德。柏拉图的态度是矛盾的,他既欣赏荷马,又有所顾忌,认为《荷马史诗》将神和英雄描写得无恶不作,有着与常人一样的各种恶习和欲望,有碍于世道人心的高尚纯洁,在反复权衡利弊之后,忍痛将诗人逐出理想国。尽管如此,柏拉图还是想把审美教育纳入到教化中,他在《文艺对话集》中,借苏格拉底之口说出了这种矛盾,也阐明了对审美教育的认识:

永不凋萎的美：文学、写作教育理论的奠基人
——走近朱光潜

我们是否只监督诗人们，强迫他们在诗里只描写善的东西和美的东西的影像，否则就不准他们在我们的城邦里做诗呢？还是同时也要监督其他艺术家们，不准他们在生物画图、建筑物以及任何制作品之中，模仿罪恶、放荡、卑鄙、和淫秽，如果犯禁，也就不准他们在我们的城邦里行业呢？我们不是要防止我们的保卫者们在丑恶事物的影像中培养起来，有如牛羊在芜秽的草原中培养起来一样，天天在那里咀嚼毒草，以至日久就不知不觉的把四围许多坏影响都铭刻到心灵的深处吗？我们不是应该寻找一些有本领的艺术家，把自然的优美方面描绘出来，使我们的青年们象住在风和日暖的地带一样，四围一切都对健康有益，天天耳濡目染于优美的作品，象从一种清幽境界呼吸一阵清风，来呼吸它们的好影响，使他们不知不觉地从小就培养起对于美的爱好，并且培养起融美于心灵的习惯吗？①

柏拉图的聪明表现在他懂得具体分析，懂得什么是该限制的与该培养的，实际上是在提倡进行有益于身心健康的良好的审美教育。在亚里士多德的论著中也有不少对于美和美感的讨论，《诗学》《形而上学》《政治学》等，对悲剧美、审美的净化作用、审美教育的价值等，有着精湛的见解。

在如何看待审美教育问题上，中国的哲人走的是另一种路径。由于审美、文学教育，其价值和教育的实用、教化功能是有矛盾的，因此，在教育实践中大都不是太受欢迎，或者说，至少都是有保留的。但是，艺术、文学作品又是无可回避的客观存在，对人的精神成长有着重要的影响，任何时代的教育，也无法将其排除在外。中国的先哲因为懂得中庸之道，善于灵活变通，所以处理起这一类事就比柏拉图"高明"些——准确地说，是有点笨拙、机械，弄巧成拙。他们认为最好的办法就是尽可能地将其文学性剔除掉，使之变成普通的文字，将其一律视为语言比较优美的文章。先秦时期，读的虽然是诗歌，学的却是了解社会风俗人情、口语的机智应对这一类本领，只是附带着熏陶性情。这样，文学作品既可以吸引学生，又可以作为语文训练的材料，从中学习言语技

---

① 转引自北京大学哲学系美学教研室编：《西方美学家论美和美感》，商务印书馆1980年版，第36–37页。

巧。这种传统一直流传至今，我们现在的教学中，依然将小说、散文，甚至戏剧，都当作记叙文教，讲的都是"六要素"，将诗歌中写景物的部分当作说明文教，写人物的部分当作记叙文教，抒怀写意的部分当作议论文教。如今高考试卷中的古诗词鉴赏和散文阅读，除了考文字的理解外，就是孤立地考写作技巧、修辞手法，与诗词、散文的意象美、情意美无关，更谈不上审美、人文的感染、体验。经常是专门把写景物的文字抽取出来，专门分析它的写作方法、修辞手法。就这么把文学的美感给消解殆尽了。

还有另一种办法用来偷换文学的审美属性，或者说抑制文学性特征，以凸显某些非文学性特征。这来自"文以载道""文以贯道"的传统和"政治标准第一"的文学主张。张志公先生在研究传统语文教育时，就曾揭示其"文、道统一"的教学规律，后来被不加分析地贯彻到现代语文教育中。这一观念，又恰好和解放后的"教育为无产阶级政治服务""政治挂帅"等方针不谋而合，"道"成了"政治性"的同义语，语文界由被动接受到普遍"认可"。在宏观层面上，把语文教学目标简单化地概括为处理好文、道关系，文学和非文学的界限从而消失了。"道"高于"文"，"政治性""思想性"高于文学形式美、意象美、情意美，认为文学作品的教学，首要的是"政治标准"，而非"审美标准"——这不能不说是和文学教育的特质相错位的，于文学教育的影响是灾难性的。

朱光潜的文学教育观的渊源，承接的就是西方文艺美学的传统和精神。可以说，他首先带给文学教育的是美学启蒙。或者说，他的文学教育观是以审美为主要特征的，在相当程度上也服从于教化需要，他看重高尚的美学"趣味"，在这一点上和柏拉图不无相似之处，但是，显然，他又对柏拉图的认识有所扬弃，使审美意味重于教化意味。同时，他的审美教育有着自己的特点，这表现在他的审美教育往往和文学教育是一体的。他的审美教育在很大程度上就是文学教育，审美、文学教育主要都是诗性的教育。他赖以分析、立论的物质基础，主要是我国的古典诗词，他的美学论著，几乎篇篇有"诗"。套用他自己说的一句话"一切纯文学都要有诗的特质"，或许也可以说：一切美都离不开诗，最高的美就是诗。他不论是美学还是文学研究，都可以说是"诗"学研究。他的《谈美》《诗论》《谈文学》等书，便是美学和文学——诗歌融会贯通的明证。美学、文学二者本来就是难解难分的。

此前的政治家大多是以政治干预文学，教育家是从道德、教化介入文学（他们也不得不接受政治学文学观），而朱光潜是美学家，他是从美学进入到文学的。固然文学与政治、道德、教化脱不了干系，但是，毫无疑问，美学是离文学最近的，或者说文学是归属于美学的。因此，可以说朱光潜找到了开启文学之门的钥匙，使文学回归到了审美的属性。

说到美育，我们自然会想到蔡元培先生的"以美育代宗教说"（是否能代替另当别论，一般而言，我以为是代替不了的），蔡先生在我国现代教育中首倡美育，并在北京大学付诸教育实践，这是值得肯定的。但是，由于他并没有形成自己的美学、美育理论，更没有进入到文学审美认知的领域，所以在当时也就没有产生多大的影响，在教学实践中也没有什么成效。真正的美学、审美教育理论，以及美学与文学融为一体的教育理论，则始于朱光潜。朱光潜的《文艺心理学》《变态心理学》《西方美学史》《谈美》《谈文学》等书从学理上和普及上，为我国的美学和美育打下了坚实的基础。

他在《谈修养》一书中有一篇《谈美感教育》，是为青年写的美育专论。在这篇文章中，他首先阐明了"爱美"是人的三大天性之一。他说，世间事物有真善美三种不同的价值，人类的心理有知情意三种不同的活动。这三种心理活动恰和三种事物价值相当：真关于知，善关于意，美关于情。人能知，就有好奇心，就要求知，就要辨别真伪，寻求真理。人能发意志，就要想好，就要趋善避恶，造就人生幸福。人能动感情，就爱美，就喜欢创造艺术，欣赏人生自然中的美妙境界。求知、想好、爱美，三者都是人类天性；人生来就有真善美的需要，真善美具备，人生才完美。[①] 他认为教育的功用就在顺应这三种天性，使之得到最大限度的调和发展，以达到完美的生活。于是就有了智育、德育、美育。我以为这就为美育找到了心理和行为的基础：在内是"尽性"，在外是求得完美人生的实现。并以人内在需求为本，他把教育视为与人的三种心理相关的三种

---

① 朱光潜：《谈美感教育》，见《朱光潜美学文集》（第二卷），上海文艺出版社1982年版，第503页。

价值的实现，是对人的求知、想好、爱美的天性的顺应，这是注意到了教育的社会性与人的生命性的统一。——教育本质上是生命的召唤。任何脱离人的生命性需求的教育，都是无效、失败的。

他认为在"三育"中，美育是最被忽视的，原因是人们认为美育对德育有妨碍。他批评这种片面的观念说：理想的教育不是摧残一部分天性而去培养另一部分天性，以至造成畸形的发展；理想的教育是让天性中所有的潜蓄力量都得到尽量发挥，所有的本能都能得到调和发展，以造成一个全人。所谓"全人"，除体格强壮以外，心理方面真善美的需要必都得到满足。只顾求知而不顾其他的人是书虫，只讲道德不顾其他的人是枯燥迂腐的清教徒，只顾爱美而不顾其他的人是颓废的享乐主义者。这三种人都不是全人而是畸形人，精神方面的驼子跛子。——这篇文章最初是发表在1940年8月（第七期）《读书通讯》上，在那个战乱的年代，民不聊生、教育颓败的年代，朱光潜却倡导"全人"教育（大约是从康德、小原国芳那里来的），关注人的精神健康，强调成全人的全面的天性和潜力，不以摧残一部分天性而去培养另一部分天性，使人精神上得以和谐健全地发展，将精神成长与肌体强健看作是同样重要的事，这使我们不能不感佩。

他把美感教育定位为"情感教育"，并把美育视作德育的基础。他肯定儒家的教育观，认为儒家重视的诗、礼、乐三项都属于美感教育。而儒家的着重点无疑是在道德方面，德育是他们的最后鹄的。他认为美育和德育二者是不矛盾的。儒家将美育视为德育的必由之径，他以为这是比西方的哲学家、宗教家柏拉图、托尔斯泰高明的地方。——这也是比我们今天将所谓的德育置于美育之上优越的地方。

他认为美育的价值还不止于此，艺术和美育的功用是"解放的，给人自由的"。——这回到了美育的根本：培养人的精神自由。他分别从三个方面加以论述：

第一是本能冲动和情感解放。这讲的是人的欲望和情感，在现实中常常被压抑，造成精神上的种种病态。而这种潜力可以借由文艺发泄，而且文艺还把带有野蛮性的本能冲动和情感提到一个较纯洁的境界去活动，所以有升华作用，有寄托、解放情感的作用。

第二是眼界的解放。一般人对于本来在那里的新鲜有趣的东西不容易"见"着，是因为有所"蔽"，使我们对它以外的世界都视而不见，听而不闻。诗人和艺术家所以超过我们一般人者就在感情比较真挚，感觉比较敏锐，观察比较深刻，想象比较丰富。我们"见"不着的他们"见"得着，并且他们"见"得到就说得出，就使我们也可以见着。美感教育不是替有闲阶级增加一件奢侈品，而是使人在丰富华严的世界中随处吸收支持生命和推展生命的活力。

第三是自然限制的解放。自然世界是有限的，受因果律支配的，其中毫末细故都有它的必然性，人在自然中是极不自由的。但是在精神方面，人可以跳开自然的圈套而征服自然，他可以在自然世界之外另在想象中造出较能合理慰情的世界。这就是艺术的创造。在艺术创造中人可以把自然拿在手里来玩弄，剪裁它，锤炼它，重新给予生命与形式。多受些美感教育，就是多学会如何从自然限制中解放出来，由奴隶变成上帝，充分感觉人的尊严。①

最后他谈到人的爱美的天性，是需要在年轻时去培养，否则就像花草不及时下种、培植会凋残萎谢一样，这部分的天性也会变得麻木。年纪愈大，外务愈纷繁，习惯的牢笼愈坚固，感觉愈迟钝，心理愈复杂，艺术欣赏力也就愈薄弱。他批评国人对艺术的漠不关心，表示了民族生命力的降低与精神的萎靡。从历史上看，一个民族在最兴旺的时候，艺术成就必伟大，美育必发达。他举史诗悲剧时代的希腊、文艺复兴时代的意大利、莎士比亚时代的英国、歌德和贝多芬时代的德国为证，并赞扬我国古代诗乐舞的盛行，呼吁我们想要复兴民族，必须恢复周以前歌乐舞的盛况，必须提倡普及的美感教育。

在40年代，朱光潜就高举"全人"教育的旗帜，指出人缺了美育，就成了精神残废的人，这样的人生是不完美的。使教育回归到人的本性，回归到人的精神上的全面发展，这不能不说是先见之明。他的"全面发展"，指的是人天性中所有的"真、善、美"的全面发展，是一种天性的成全，是在观念上的知、

---

① 朱光潜：《谈美感教育》，见《朱光潜美学文集》（第二卷），上海文艺出版社1982年版，第507–511页。

情、意，教育上德育、智育、美育的交互并进，而美育是生命化、人性化、情感化、精神化的，将美育的功用确定为：解放的、给人自由的，并进一步分解出"三大解放和自由"的属性。可以说教育的人性化、天性化、美学化，是朱光潜的贡献。不同于今天压抑人的天性的有点变味的压得人喘不过气来的"全面发展"，这种所谓"全面发展"，是生硬的道德说教，是面面俱到、平均要求的德育，是技能化、形式化的美育。尤其是让所有孩子不堪重负的摧残人的心智的"智育"：教学目的、要求上的巨细不遗、面面俱到，教学内容上繁、难、偏、怪，一刀切，这种违背人自然的个体发展需求和可能性的"全面发展"，也同样造成的是畸形的人。朱光潜的全人教育、全面发展是以人的天性和潜能为前提的，而今天的"全面发展"，是抹杀人的个体特异性，带有教育的外在强制性，统一的机械的全面发展，认识这种差异很重要，因为这关系到是助成人的发展还是导致人的异化。

这一"解放的，给人自由的"美育观，至今没能贯彻，也许还难以被人们理解。其实，这一美学观和马克思的"人学"有着某种精神上的一致性。马克思在《1844年经济学哲学手稿》"异化劳动和私有财产"一节中指出："一个种的全部特性、种的类特性就在于生命活动的性质，而人的类特性恰恰就是自由的有意识的活动。生活本身仅仅表现为生活的手段。动物和自己的生命活动是直接同一的。动物不把自己同自己的生命活动区别开来。它就是自己的生命活动。人则使自己生命活动本身变成自己意志的和自己意识的对象。他具有有意识的生命活动。这不是人与之直接融为一体的那种规定性。有意识的生命活动把人同动物的生命活动直接区别开来。正是由于这一点，人才是类存在物。或者说，正因为人是类存在物，他的活动才是自由的活动。"[1] 马克思所说的"自由的有意识的"这一人的类特性，就是美育的目的：解放的，给人自由的。这就是说，我们的教育还不是真正意义上的"人"的教育。我们的教育，除了政治化、概念化的德育外，智育和美育基本上都是实利教育、技能教育。以为上点音乐、

---

[1] ［德］马克思：《1844年经济学哲学手稿》，见《马克思恩格斯选集》（第一卷），人民出版社1995年版，第46页。

美术课就是美育了，而包含在语文教育内的文学教育，也不被作为美育的内容，一般是一方面归到德育，宣传作品的思想意义，一方面归到智育——语文实用技能训练。实在很难找到朱光潜的人性化、美学化和"三大解放和自由"的成分。可见，文学教育的美学、诗学回归，也就是人的回归，其意义十分重大。

当然，朱光潜的观点也不无可商榷之处。他把孔子的诗、礼、乐都不加区别地归于美育，认为"诗与乐相关，目的在怡情养性，养成内心的和谐"，似未必妥当。《诗》教，只能说有美育的成分，也有德育、智育的成分，是三育并重的。如孔子说："《诗》可以兴，可以观，可以群，可以怨。迩之事父，远之事君；多识于鸟兽草木之名。"（《论语·阳货》）这里的兴、观、群、怨，就包含了"三育"的成分。事父、事君，是德育。多识于鸟兽草木之名，是智育。但从总的目的来说，孔子的《诗》教，还是倾向于德育和智育的，其最终的指向，不是艺术性的，而是实践性的。礼教，是德育。要说美育，主要还是在乐教。"兴于《诗》，立于礼，成于乐"（《论语·泰伯》），"兴于《诗》"，是身体力行、学会做事；"立于礼"，是立身处世、学会做人；"成于乐"，是真正成为有美感气质、精神修养的人。——乐教是最高的终极的教育。美感境界，使人超凡脱俗，不为物质名位所累，是人生修炼的最高境界。从严格意义上说，乐教才是美育。

其实，不论美感教育还是文学教育，朱光潜的出发点和归宿都是超实用的，在于提升人生的境界。朱光潜的《谈美》，可以看作就是一部为中学生写的美学入门书，美学教科书。要想进入美学之门，要想获得心灵的"解放和自由"，可以读一读《谈美》。

这是一般的中学生都读得懂的。此前他已有一本《给青年的十二封信》，所以他把这本书称为"给青年的第十三封信"。这本书写于1932年，他在"开场话"中，讲到自己在国难当头的时刻，选择写《谈美》这本书，是因为自己的脑际盘旋的实际问题都很复杂错乱，引起的感想也因而复杂错乱，而现在的青年不应该再有复杂错乱的心境了。他们所需要的不是一盆八宝饭而是一帖清凉散。他是思虑再三后才决定和他们谈美的。——可以想见，朱光潜当时的这种苦痛的心情是难以言喻的，他是"想写点什么寄慰你"，即陷于苦难中的青年朋友，试图以"美"来抚慰疗治他们心灵的创伤，挣脱利害、净化灵魂，这是一种大悲悯。

该书讲的就是一个中心意思:"在这封信里我只有一个很单纯的目的,就是研究如何'免俗'。"[①]他的"开场话"悲伤而激愤:"……听说我的青年朋友之中,有些人已遭惨死,有些人已因天灾人祸而废学,有些人已经拥有高官厚禄或是正在'忙'高官厚禄。这些消息使我比听到日本出兵东三省和轰炸淞沪时更伤心。"他接着说的这些话,在今天依然振聋发聩:

人要有出世的精神才可以做入世的事业。现世只是一个密密无缝的利害网,一般人不能逃脱这个圈套,所以转来转去,仍是被利害两个大字系住。在利害关系方面,人已最不容易协调,人人都把自己放在首位,欺诈、凌虐、劫夺种种罪孽都种根于此。美感的世界纯粹是意象世界,超乎利害关系而独立。在创造或是欣赏艺术时,人都是从有利害关系的实用世界搬家到绝无利害关系的理想世界里去。艺术的活动是"无所为而为"的。我以为无论是讲学问或是做事业的人都要抱有一副"无所为而为"的精神,把自己所做的学问事业当作一件艺术品看待,只求满足理想和情趣,不斤斤于利害得失,才可以有一番真正的成就。伟大的事业都出于宏远的眼界和豁达的胸襟。如果这两层不讲究,社会上多一个讲政治经济的人,便是多一个借党忙官的人;这种人愈多,社会愈趋于腐浊。现在一般借党忙官的政治学者和经济学者以及冒牌的哲学家和科学家所给人的印象只要一句话就说尽了——"俗不可耐"。

人心之坏,由于"未能免俗"。什么叫做"俗"?这无非是象蛆钻粪似的求温饱,不能以"无所为而为"的精神作高尚纯洁的企求;总而言之,"俗"无非是缺乏美感的修养。[②]

朱光潜是一个性情温和的人。他思想机敏,而文字从来就是不愠不火、心平气和的。读他的许多著作,这是第一次发现他"金刚怒目"的一面,因此特

[①] 朱光潜:《谈美》,见《朱光潜美学文集》(第一卷),上海文艺出版社1982年版,第447页。
[②] 同上,第446页。

别使人感到震撼！他站在美感之巅，高高在上，俯视苍生，俯视"利害"这一人类苦难的根源，声讨由此滋生的欺诈、凌虐、劫夺种种罪孽，尤其是对"借党忙官"的指斥与不屑，溢于言表。在《谈美》短短的"开场话"中，他三次情不自禁地怒斥国难中却在"忙"高官厚禄的人，说这比听到日本出兵东三省和轰炸淞沪时更伤心，怒斥其"俗不可耐"，痛砭"象蛆钻粪似的求温饱"导致的人心之坏。哀其不幸，悲其不争，这是真伤心，真生气！大约没有什么比这些更刺激他的纯净美好的心灵。在他看来，这种"俗"、卑贱是和"美"最不相容的。他在人格上像巴金，是非分明，纯洁得容不下半点丑陋和瑕疵；他也像沈从文，是活在充满诗意的精神世界里，见不得污浊卑劣的灵魂。在他看来，人格卑贱之人，孜孜于功名利禄之人，只求温饱（功利）之人，是不配谈美的。"人要有出世的精神才可以做入世的事业"，这句话可以作为我们的座右铭，这确是人生、人类的一剂"清凉散"。

他是站在全人类至高的境界，呼唤"免俗"、摆脱"利害"——意味着追求纯美；只有脱俗之人，才有资格谈美。他把精深广博的美学，浓缩为"免俗"两个字，就这么简单，一语中的，但这两个字的确切中了人类、人性的弱点，指示了一切尘世纷争的根源，因此，这个话题并不轻松，只要人类生存，就有利害之心，就难以"免俗"，由此凸显出"无所为""出世"精神之重要，这是"美学"的根本。这半个多世纪前说的话，还似乎是对今天的人们说的，对今天的各式各样"忙官"的、只求"温饱"不求精神完善的人说的，今天的"青年才俊"尤需一读。不能"免俗"，一心想着利害关系，与"美感"便格格不入。毋庸讳言，今天抱着入党当官，读书当官，学位、职称、学问求官、求财、求利、求名的学生和学者，比以往任何时候都多，已经到了泛滥成灾的地步。2006年，一个国家公务员的职位，最抢手的居然有两千多人报考，平均报录比是42∶1，这大约是超过了其他任何职业的求职比例。美育固然不能治其顽疾，但是，如果能从小培养人的"无所为而为"的高尚纯洁的心性，超越温饱、利害，追求理想和情趣，想必对于世道人心，人的发展，人类的文明、进步都会有所裨益。

朱光潜在接着和青年"谈美"之时，则是另一副心情，显得出奇的随和平易,努力把这门深奥的学问说得明明白白、娓娓动人。正如他自己所说:在这里我只是向一位亲密的朋友随便谈谈,竭力求明白晓畅。在写《文艺心理学》时,我要先看几十部书才敢下笔写一章;在写这封信时,我和平时写信给我的弟弟妹妹一样,面前一张纸,手里一管笔,想到什么便写什么,什么书也不去翻看,我所说的话都是你所能了解的,但是我不敢勉强要你全盘接收。——他的美学观也体现在他的深入浅出的文字中和对青年读者的亲切委婉诚恳的态度上,他的目的很简单,就是要把自己研究美学的心得介绍给他们,使他们读过这封信之后,看到一首诗、一幅画或是一片自然风景的时候,比较从前感觉到较浓厚的趣味,懂得像什么样的经验才是美感的,然后再以美感的态度推到人生世相方面去,他的心愿就算达到了。可见,朱光潜做这一切不仅是为了使读者懂得什么是美,更重要的是从中学会一种为人处世的态度,养育一种超凡脱俗的人格。这样,我们就能理解为什么他在"开场话"中几乎不讨论关于美感的问题,而是连篇累牍地批判"俗不可耐"之人,深恶痛绝于"借党忙官"的行径,原来他不只是为了诠释何谓"美感",更是为了进行"美感教育",欲使人从种种利害关系中抽身出来,使人生变得纯洁美丽,这便是他的美感教育的目的。美感教育,不是知识技能教育,而是人生教育、世界观教育,是对人、世界的漂白澄净。

"无所为而为",是朱光潜美感教育的核心。《谈美》第一部分可以看作是全书的总纲。重在区分"实用的、科学的、美感的"三种价值,为美感价值定位:人的实用的活动全是有所为而为,是受环境需要限制的;人的美感的活动全是无所为而为,是环境不需要他活动而他自己愿意去活动的。在有所为而为的活动中,人是环境需要的奴隶;在无所为而为的活动中,人是自己心灵的主宰。……美是事物最有价值的一面,美感的经验是人生中最有价值的一面。朱光潜用最深情、优美的笔触讴歌美,讴歌美的创造,去唤起年轻朋友美感的觉悟:

许多轰轰烈烈的英雄和美人都过去了,许多轰轰烈烈的成功和失败也都过去了,只有艺术作品真正是不朽的。数千年前的《采采卷耳》和《孔雀东南飞》的作者还能在我们心里点燃很强烈的火焰,虽然在当时他们不过是大皇帝脚下的不知名的小百姓。秦始皇并吞六国，统一车书，曹孟德带八十万人马下江东，舳舻千里，旌旗蔽空，这些惊心动魄的成败对于你有什么意义？对于我有什么意义？但是长城和《短歌行》对于我们还是很亲切的，还可以使我们心领神会这些骸骨不存的精神气魄。这几段墙在，这几句诗在，他们永远对于人是亲切的。由此例推，在几千年或是几万年以后看现在纷纷扰扰的"帝国主义"、"反帝国主义"、"主席"、"代表"、"电影明星"之类对于人有什么意义？我们这个时代是否也有类似长城和《短歌行》的纪念坊留给后人，让他们觉得我们也还是很亲切的么？悠悠的过去只是一片漆黑的天空，我们所以还能认识出来这漆黑的天空者，全赖思想家和艺术家所散布的几点星光。朋友，让我们珍重这几点星光！让我们也努力散布几点星光去照耀那和过去一般漆黑的未来！①

　　这些话一定是一气呵成的，是心催着笔、笔追着心写的，激情洋溢，酣畅淋漓。朱光潜用一连串的叩问和感叹，欲唤起青年作为心灵主宰和从事审美创造的渴望。这段话，如他所说，不是作为学术论著写的，是很随便、坦诚地与青年谈心抒怀。——可能是写得太快太欢畅的缘故，笔误在所难免：他举的"长城"的例子可能不是很妥当，"长城"在秦朝是用来防御外敌入侵的，建筑者的意图是"实用"的，不是艺术的、审美的，只是在拉开了时间距离之后，失去了实用性，它的审美价值才逐渐显现出来，成为主要的价值。他所讲的"骸骨不存的精神气魄"，也不是长城本身的，而是在长城上的将士的，是一种审美联想或象征。其中对"帝国主义"和"反帝国主义"等"纷扰"的不以为然，则是朱光潜当年的观点，自有其道理，事过境迁，自然无须深究。——读了朱光潜的深情呼唤，感受他的宽广博大的胸襟，谁不会在心中涌起对美的感动，对创造者的崇敬，对艺术的生命冲动？这就够了。

　　不可否认，"利害"——实用价值，是任何时代、社会的基本价值，自然也是当代社会的主流价值。在教育中，最大的"利害"便是应试。应试教育，无时不刻、无孔不入地强化着实用——功利价值，美感和献身精神，"无所为而

---

① 朱光潜：《谈美》，见《朱光潜美学文集》（第一卷），上海文艺出版社1982年版，第452–453页。

为"态度的失落，已到了令人瞠目的地步。可悲的是，今天的孩子，大多从小就只认识一种价值，就是实用价值，根本不知道还有超越于实用之上的审美、精神价值，根本不知道什么是忘我和牺牲。而科学价值是介于二者之间的，它虽然是一种认识价值，但是对于寻求科学价值的人来说，是可以一分为二的：如果将科学价值仅仅作为牟利求官的手段，就沦落为实用、实利价值；如果作为一种兴趣之所在或自我实现、为人类谋福祉的理想，它就升华为审美、精神价值。教育对审美、精神价值倾斜，养成良好的价值判断力，对于人生的美好和国家、民族的强盛，至关重要。这也是美育的价值所在。

在《谈美》中，朱光潜为青年打下了审美的也是精神的基础。其中的一些观念都是最基本的，十分重要，读来又很亲切。比如他谈到了"艺术和实际人生的距离"，说的就是今天耳熟能详的"距离产生美"，这"实际人生"是泛指，应指的是生活、事物等。任何事物离得太近，或太熟悉了，就会失去美感。习见的事物，我们往往想到的就是它的实用价值，就不能见出它本身的美，所以应该推远去看才能取欣赏的态度。不过，这个"距离"要适当：艺术一方面要能使人从实际生活的牵绊中解放出来，一方面也要使人能了解，能欣赏，"距离"不及，容易使人回到实用世界，距离太远，又容易使人无法了解欣赏。艺术不就是实际人生，就因为有距离才成其为艺术，艺术都带有若干的形式化和理想化，都有几分的不自然，似乎不近情理。如果艺术的最高目的就在于妙肖人生和自然，我们已有人生和自然了，又何取乎艺术呢？但是，虽然艺术是主观的，是作者情感的流露，但是也要经过几分的客观化，艺术所用的情感不是生糙的而是经过反省的，需要由站在主位的尝受者退为站在客位的观赏者，把切身的经验放在一种距离以外去看，才能创造艺术。——这其实说的道理和写作很切近。我们今天一个劲儿地呼吁"贴近生活"，写真实——不论是反映客观的还是主观的真实，都是不明白"距离产生美"，距离要"适当"，客观要主观化，主观要客观化这些最浅显的美学理论，它对写作和写作教育的影响当是观念性的。——当我们看到似是而非的"贴近生活""写真情实感"的口号和做法的时候，看到被无数次复制的"语文学习的外延与生活的外延相等"这句荒谬的"格言"的时候，除了付之一笑，还能说些什么呢？请屈尊读读朱光潜的

《谈美》，学会区分实用与审美吧！

此外，他还谈到了"宇宙的人情化"，"美感与快感"，"美感与联想"，"考证、批评与欣赏"，"美与自然"，"写实主义和理想主义的错误"，"艺术与游戏"，"创造的想象"，"创造与情感"，"创造与格律"，"创造与模仿"，"天才与灵感"，"人生的艺术化"。这些，哪一条和阅读、写作都有关系，仍然切中时弊，很想联系现状阐发一通，只怕说来话长，如此就有喧宾夺主之嫌，还是留给师生们慢慢地欣赏享用吧。我只想说：朱光潜的美感教育，他的《谈美》，是可以当作文学教育来看的，懂得美感和审美，才懂得文学。朱光潜当年写给青年读者的，今天我们仍受益匪浅啊。钱理群先生一直呼吁语文教育是"立人"的教育，要为人生"打底"，而语文教育的"立人"不是大而化之的思想教育，或者人文教育，其实最恰当的就是通过文学审美教育来实现，通过审美使人"脱俗"，逐渐超越"实用"和"占有"，成为一个懂得欣赏、追求、创造美的人，成为一个能为理想献身的人。

其实，美育是一个悖论呢。美感是"无所为而为"，超功利的，而"美育"则是"有所为而为"，是"实用"的，既是"教育"，就是有目的的，就是说，美育本身就是和美感精神相抵触的。不知朱光潜如果意识到其中的矛盾还会对美育津津乐道，会怎样来阐述"无所为而为"的美育，应该怎样克服二者的矛盾。这也是我们每一位语文教师应当考虑的啊！

> 文学是人格的流露。使文学教育回归到普遍的人格修养和趣味上。"趣味"是其核心概念。反对低级趣味，培养高尚纯正的趣味，主要途径是读诗，是"佳妙"的领悟。有所付与才有所得。实践上兼顾写实与想象。

不知道张志公先生大力倡导文学教育，提议将文学作为一门独立的课程的时候，他读过朱光潜的书没有，想必没有。否则，他不会对文学教育谈得如此空洞简陋，也不会将语文教育和文学教育作硬性的切割。张志公要把语文教育和文学教育分开来，说到底是被"工具论"、实用论、语言学等观念给困住了，以为语文教育就只能是纯粹的语言文字技能训练，是一种形式的训练，除此之外便是"非语文"，以为语文教育可以撇开文学，文学教育是"非语文教育"，所以应该另外设课。一叶障目，以至对语文的审美、生命、人生教育的本质视而不见，使语文成为没有灵魂的躯壳，纯粹的工具。如果他能意识到语文的灵魂，是审美性、文化性、生命性、精神性，工具只是它的外显的形态，意识到朱光潜所说的情感思想与语文是不可分离的，也许就不会有将二者泾渭分明地分别设教的奇想了。

其实张志公的想法也并非原创，细究起来，一方面大约是直接受到汉语、文学分科教学的影响。他就是在分科教学时真正进入语文教育领域的，由于"出道"不久就赶上了分科实验，他在人民教育出版社负责编写"汉语"教材，感受到了他的那些语言学内容装进汉语教材的便利，唯有把文学性剔除出来，语言学知识才能独立，所以对此印象深刻。另一方面，更为重要的，势必受到师执辈论者的影响，这大约是观念性的、决定性的。如叶圣陶、黎锦熙、夏丏尊、朱自清等，也往往是把二者——语文训练与文化训练——分开，有的重"质"，有的重"文"；有的主张合，有的主张分。主张分的，将二者对立起来，认为二者合一必会两败俱伤，分开才能各得其所。这些前辈大约也是受语言学、文艺学和苏联俄语、文学分科教学等的影响吧。例如叶圣陶就说："语言和文学在一块儿教学，教学任务不具体。大家只是笼统地知道，语文教学应该对学生进行语言教育和文学教育，并且通过语言教育和文学教育进行思想教育。至于语文教育的具体任务到底是什么，应该给学生哪些基础知识，学科的体系又应该怎样建立，这些问题都还没有得到明确的解答。""只有语言和文学分开来，一科分成两科，各自组成完备的课程，才能使学生受到充分的系统的语言教育和文学教育，才能有效地提高教学质量。"[1] 这种思维今天看来是如此奇怪，有点匪夷所思，就像将一个人的形和神截然分开，而且想分就分，想合就合，把神

---

[1] 叶圣陶：《关于语言文学分科的问题》，见《人民教育》，1955年第8期。

抽掉，居然形还能活着；没有了形，居然也能传神。以为文章思想、情感可以和语言形式剥离得一清二楚，语文教育可以完全撇开"质"，专学习"文"——语言文字应用技术。如此看来，语文教学培养的就是语文技工了。在今天，电脑都已经可以做诗、写小说了，应用文更不在话下，语文课程、语文训练是否便可以取消了？因为已经不需要培养简单劳动者了。语文教育，除了言语生命、言语人格和言语创造力的养护和培育外，剩下的，不就是电脑都能干的活？这里孰为轻重是显而易见的。

当然，持分开的观点的，其初衷也出于重视二者的特殊性。如叶圣陶所言，为了使之更加的完备、系统。但是，这要看是否有这种可能性，这么做究竟利弊得失如何。在我看来，是完全没有分开的可能和必要的，强行分开的结果，也同样是两败俱伤。文学教育，难道可以只"欣赏"，而不思考、体验、练习？张志公先生说文学教育是要培养想象力和语感的，想象力、语感的培养难道离得开思考和练习？语文教育，难道可以只管字、词、句、篇、语、修、逻、文，而不管学生的情感是否充盈、学养是否丰厚、思想是否敏锐深刻？此外，母语基础教育有必要追求汉语知识、文学知识的完备和系统的掌握吗？那是高等教育的事。更不用说现在这些汉语知识的不科学，根本就难以指导言语实践，甚至对言语实践还产生反作用。

我以为如果一定要独立设教的话，该设的不是文学教育——文学教育本来就是语文教育分内之事，语文教育如果将文学完全剔除出去，或者将文学作品只作为"语文训练"的材料，那是不可思议的事，语文成了没有灵魂的躯壳，这样的语文课还能上得下去吗？如此枯燥乏味的语文课，孩子们不集体大逃亡才怪呢。该设的应该是美育，或生命、人生教育——"人"学（在这些教育中，文学自然也要占一席之地的，但只是作为美育的素材之一），以改变当代教育严重的智育化、技能化，或政治化倾向，以改变迄今为止的教育导致人的"异化"的严重偏差。——我们的教育中有生物学、物理学、地理学……，唯独没有"人"学，这不很可笑吗？不知"人"，焉知"物"？现在的课程设置表明，我们所要培养的就是没有生命和灵魂的机器人。

我们回顾前代人发表的著述，就会感到语文界某些大师在思维上的荒疏。

他们往往只有观点，只表达意见，比较好的情况，也只有对自己意见的最简单的说明，一般不作论证，绝无旁征博引、长篇大论。大约他们从来就坚信自己是对的，一言九鼎，自己说的话便是真理——一般也没有什么人敢于反对（就是有也无足轻重）。既没有不同意见，论证就成了多此一举。因此，即便有分歧，也不过各自说自己的观点罢了，难得见到真正的"论争"。没有辩驳、论证，就不知其所以然，也便没有理论和学问的形成，所以，对他们的意见的原由，只能靠猜测；所以，迄今为止的语文学科便有些轻飘飘的，没有多少厚重的思想积淀。更糟糕的是，在这种土壤中成长起来的语文教师和语文学者，以为这些没有根的意见就是正宗学问，这些意见的最简陋的表达和对其一鳞半爪的了解，就成为他们全部的学术背景；这种研究方法为他们所效法，致使他们一般也就写点学术随笔、教育叙事，发表些零星感想，也同样不论证。一旦面对稍有些理论性的论著，便大感不解，大呼为什么已经把意见表达出来了还不肯罢休，一句话就完事的观点，居然没完没了、啰里啰嗦说了几页纸，如此浪费笔墨做什么？这些人自然是不读也读不了纯理论论著的——也许朱光潜的深入浅出的理论，适合于培养他们初步的理论兴趣，可以作为理论阅读的启蒙，至少使他们懂得什么是说理，什么是思维，什么是思想的层次与逻辑。语文界要走出感想式"研究"，朱光潜的著作是可以当作教研启蒙读物来读的。

朱光潜的文学教育观与其美学教育观一脉相承。他认为除了白痴，每个人都有欣赏、创作文学作品的资禀，文学教育是每个人都需要的：要每个人都成为第一流文学家，这不但是不可能，而且也大可不必；要每个人都能欣赏文学，都能运用语言文字表现思想情感，这不但是很好的理想，而且是可以实现和应该实现的理想。在《谈文学》中有一篇专门讨论人的文学资禀与修养二者的关系，强调文学教育的普遍性和重要性。——这和语文界一些人长期奉为圭臬的"学校不培养作家"，因而武断地认为无须进行文学教育的观点迥然不同，可以看出两种思维方式在认知上的巨大差异。

以"学校不培养作家"为理由排斥文学教育的观点，长期以来为语文界多数人所认同，"不能把语文课上成文学课"的意见，似乎也顺理成章，一呼百应。可见"工具论""实用论""语文技术训练论"的根深蒂固。教育观上普遍的短视和浅薄，使教育始终与人的发展形成严重错位。朱光潜就是要使文学教育回归到人的基本修养上来，回归到审美趣味的养成上来。他很清楚，作为普及性要求的文学教育，对学习主体的发展的根本要求是什么。这可以从两方面说：

从主体性的培养上说，朱光潜高屋建瓴地指出：文学是人格的流露。一个文人先须是一个人，须有学问和经验所逐渐铸就的丰富的精神生活。有了这个基础，他让所见所闻所感所触很本色地流露出来，不装腔，不作势，水到渠成，他就成就了他的独到的风格，世间也只有这种文字才算是上品文字。除了这个基点之外，如果还另有什么资禀使文人成为文人的话，那就只有两种敏感。一种是对于人生世相的敏感。事事物物的哀乐可以变成自己的哀乐，事事物物的奥妙可以变成自己的奥妙。"一花一世界，一草一精神。"有了这种境界，自然也就有同情，就有想象，就有彻悟。另一种是对于语言文字的敏感。语言文字是流通到光滑污滥的货币，可是每一个字在每一个地位有它的特殊价值，丝毫增损不得，丝毫搬动不得。许多人在这上面苟且敷衍，得过且过，对于语言文字有敏感的人便觉得这是一种罪过，发生嫌憎。只有这种人才能有所谓"艺术上的良心"，也只有这种人才能真正创造文学，欣赏文学。[①] 朱光潜注重的是作者的人格养成，这关系到两点：一是丰富的精神生活、本色的流露和独到的风格；一是两种的敏感：对事物和对语言的敏感。他关注的不是技能，而是对人生世相的同情、想象、彻悟的精神境界和不苟且敷衍的艺术上的良心。总之，文学主体最需要的是对精神生活、精神生命、艺术良知的关切。

从文学感觉的培养上说，注重的是"趣味"的养成。他说："文学作品在艺术价值上有高低的分别，鉴别出这高低而特有所好，特有所恶，这就是普通所谓趣味。辨别一种作品的趣味就是评判，玩索一种作品的趣味就是欣赏，把自己在人生自然或艺术中所领略得的趣味表现出就是创造。趣味对于文学的重要

[①] 朱光潜：《从我怎样学国文说起》，见《我与文学及其他》，广西师范大学出版社2004年版，第106页。

于此可知。文学的修养可以说就是趣味的修养。"①"我认为文学教育第一件要事是养成高尚纯正的趣味,这没有捷径,唯一的办法是多多玩味第一流文艺杰作,在这些作品中把第一眼看去是平淡无奇的东西玩味出隐藏的妙蕴来,然后拿'通俗'的作品来比较,自然会见出优劣。"②"真正的文学教育不在读过多少书和知道一些文学上的理论和史实,而在培养出纯正的趣味。"③——这也与文学技能训练无关。培养文学的"趣味",文学的修养就是"趣味"的修养,这是朱光潜谈文学教育的基本观点。"趣味"一词,是朱光潜文学教育的核心概念。他谈文学,谈的就是"趣味"二字。

这首先要做的便是辨别文学上的低级趣味。他认为文学本身上的最大毛病是低级趣味。所谓低级趣味,就是当爱好的东西不会爱好,不当爱好的东西偏特别爱好。文学的创作和欣赏都要靠极敏锐的美丑鉴别力,没有这种鉴别力就会有低级趣味,把坏的看成好的。这是一个极严重的毛病。只有祛除低级趣味,才能养成高尚纯正的趣味。

他分别从"作品内容"和"作者态度"两个方面列举了10种低级趣味。关于作品内容方面:第一是侦探故事;第二是色情的描写;第三是黑幕的描写;第四是风花雪月的滥调;第五是口号教条。关于作者态度方面:第一是无病呻吟,装腔作势;第二是憨皮臭脸,油腔滑调;第三是摇旗呐喊,党同伐异;第四是道学冬烘,说教劝善;第五是涂脂抹粉,卖弄风姿。"作者态度"的五个方面,在今天都还适用,由于事过境迁,"作品内容"的五个方面,有的自然不一定都适用,比如,侦探故事、黑幕的描写,只要写得有情趣、有深度、有个性,也未尝不可,可以看出,朱光潜之所以反对,就是出于审美趣味的标准。他也不是绝对地反对,而是认为这些小说大多达不到文学的要求:文学作品之成为文学作品,在能写出具体的境界、生动的人物和深刻的情致。它不但要能满足理智,

---

① 朱光潜:《谈文学》,见《朱光潜美学文集》(第二卷),上海文艺出版社1982年版,第253页。
② 同上,第275页。
③ 朱光潜:《谈读诗与趣味的培养》,见《朱光潜美学文集》(第二卷),上海文艺出版社1982年版,第490页。

尤其要感动心灵。他认为读侦探小说往往关注的是故事，这会影响读真正好的文学作品。而黑幕小说，大多贪图的是感官的刺激，一般也达不到悲剧美的境界，他不以社会学、政治学价值为评判标准。美感，是他的第一要求：在文艺作品中所当要求的是美感，是聚精会神于文艺所创造的意象世界，是对于表现完美的惊赞；而不是实际人生中某一种特殊情绪，如失恋、爱情满意、穷愁潦倒、恐惧、悲伤、焦虑之类。自然，失恋的人读表现失恋情绪的作品，特别觉得痛快淋漓。这是人之"常情"，却不是"美感"。[①]他所反对的这些低级趣味，有的也许近乎苛刻，但是由此也可以看出一位严肃学者的审美尺度的严格，同时，也提供给我们对文学创作和语文教学中"写生活""写真情实感""写真实"等的反思。

并非如今天语文界普遍认为的那样，只要是生活的、真实的都值得写。这里值得一提的是当今的文学写作、网络文学存在的低俗化倾向，以及语文教育方兴未艾的"真实写作""真作文""原生态作文"等观念和实践。文学写作的低龄化和网络创作的兴盛，固然有利于文学的普及与发展，但是其中存在的"成人化""功利性"倾向和"身体写作""下半身写作"等糟粕，便包含着朱先生所批评的低级趣味，是需要给予剔除的。语文教学从写虚假回归到写真实、写个性，这固然是一个进步，但是也隐藏着一种危险，就是以为只要是本真的感知和体验都值得写，不论趣味如何，情意是否粗糙低劣。而在朱光潜那儿，则认为人性的尊严和世相的壮丽，深刻的情致和意象的美感，才是值得追求的。原生态包含一种原始的美，但是原始的感知并不都是美好的；人性、个性也是需要打磨切磋的。

朱光潜反对写失恋、爱情满意、穷愁潦倒、恐惧、悲伤、焦虑之类，主要是出于审美上的考虑。我以为，也由于这些是属于人类的"缺乏性需要"。无论是作家还是学生的写作，情绪的宣泄，有时是必要的、不可避免的。但是，这些纯粹的个人性的宣泄，只能限制在一定的范围内，不能成为写作的主要的题

[①] 朱光潜：《谈文学》，见《朱光潜美学文集》（第二卷），上海文艺出版社1982年版，第263页。

材,因为它属于人的"基本需要"的范畴,是较为个人化的、狭隘的情感,没有多少对人生世相的深刻的理解和揭示,因此也就没有太大的价值。在初学写作者那里可以作为动机之一,适当写写,使他们感觉到写作对于平衡心理的作用,知道可以借助写作抒发排遣郁闷,知道写作对于调节心情、点染人生是有作用、有意义的。但不能作为写作的全部,真正的写作,应是建立在人的"发展需要"——"丰富性需要"之上的。使人、人生、人类变得更纯粹圣洁、庄严豪迈,是优美与崇高的统一。

至于如何养成这种高尚纯正的趣味,朱光潜认为唯一的办法是多多玩味第一流文艺杰作,在这些作品中把第一眼看去是平淡无奇的东西玩味出隐藏的妙蕴来,然后拿"通俗"的作品作比较,自然会见出优劣。除了要读好作品外,还要读得广。因为读书的功用在于储知蓄理,扩充眼界,改变气质。读的范围愈广,知识愈丰富,审辨愈精当,胸襟也愈开阔。——"多多玩味第一流文艺杰作","还要读得广",这是提高人格品位和审美趣味的铁律。反观今天的教材和学生的课外读物,显然经典之作太少,是不足以养成高尚的人格和趣味的。水太浅,养不活大鱼。民族文化、世界文化精品的阅读,需要有一定量的保证,我国百年"新学"教育没有培养出文学大师,是需要认真检讨的。

在趣味的养成上,朱光潜最强调的是读诗。他认为:"要养成纯正的文学趣味,我们最好从读诗入手。能欣赏诗,自然能欣赏小说、戏剧及其他种类文学。"[①]"我相信文学到了最高境界都必定是诗,而且相信生命如果未到末日,诗也就不会至末日。"[②] "诗是培养趣味的最好的媒介,能欣赏诗的人们不但对于其他种类的文学可有真确的了解,而且也决不会感到人生是一件干枯的东西。"[③] 因为一切纯文学都要有诗的特质。一部好小说或是一部好戏剧都要当作一首诗看。诗比别类文学较谨严,较纯粹,较精微。如果对诗没有兴趣,对于小说、戏剧、

---

① 朱光潜:《谈读诗与趣味的培养》,见《朱光潜美学文集》(第二卷),上海文艺出版社1982年版,第489页。
② 朱光潜:《给一位写新诗的青年朋友》,见《朱光潜美学文集》(第二卷),上海文艺出版社1982年版,第226页。
③ 同上,第493页。

散文等等的佳妙处也终不免有些隔膜。……读小说只见到故事而没有见到它的诗,就像看到花架而忘记架上的花。他严格区分了"故事"和故事背后的"情趣"。认为所谓诗的"趣味",就是对诗的"佳妙"的了解和爱好。他举了贾岛的《寻隐者不遇》和崔颢的《长干行》这两首诗为例,说:这两首诗之所以为诗,并不在这两个故事,而在故事后面的情趣,用一种恰如其分的简朴而隽永的语言表现出来的艺术本领。这两段故事你和我都会说,这两首诗却非你和我都作得出,虽然从表面看起来,它们是那么容易。读诗就是要从此种看起来似容易而实在不容易作出的地方下功夫,就要学会了解此种地方的"佳妙"。对于这种"佳妙"的了解和爱好就是所谓"趣味"。

他认为虽然人的天资不同,但是趣味是可以培养的。而且趣味不是一成不变的,趣味的培养,需要不断地扩大欣赏的种类和范围:文艺上的纯正的趣味必定是广博的趣味;不能同时欣赏许多派别诗的佳妙,就不能充分地真确地欣赏任何一派诗的佳妙。趣味很少生来就广博,好比开疆辟土,要不厌弃荒原瘠壤,一分一寸地逐渐向外伸张。趣味是对于生命的彻悟和留恋。生命是时时刻刻在进展和变化的。水停蓄不流便腐化,趣味也是如此。

我以为,从这个意义上说,阅读教学主要就是趣味的培养,"佳妙"的发现。教师如何引导学生寻获文学作品中的佳妙,读出故事背后的趣味,至关重要。阅读作品可以做的事情很多,在教学中是无须面面俱到的,关键是透过字面,寻觅其中的"佳妙"和趣味。因此,教师是否拥有感受"佳妙"的能力,是否具有纯正的文学趣味,在相当程度上决定了教学的成败。因此,寻获诗文的"佳妙"之处,破译其"趣味",应成为阅读教学的常规。语文老师往往苦恼于"怎么读",朱光潜的寻"佳妙"、品趣味,就是良方。

许多人都主张读诗,读文学作品,但是,道理都没有朱光潜讲得透。张志公反对把文学教育变成语文技能的训练,注重的是想象力和创造力的培养,看到的也主要是实践层面的技能性内容,而朱光潜注重的是佳妙的把握、趣味的养成,反对种种低级趣味,与由此学会对纯文学的鉴赏,并进而嘉惠人生,可以看出这是在两种水平上的发现。张志公毕竟文学眼界较为狭隘,他反对"技术",而看到的也仍然只是"技巧",走不出"技"的范围。而朱光潜注重的是

"道",是趣味和境界。他能从对诗意的品鉴中来统驭一切的文学作品,以诗为文学教育的突破口,收以简驭繁之功效。在这一点上,反思我们的语文教育,诗的教学基本上还停留在"技术"层面,离朱光潜的还隔了两层:技巧、道。教师的教学大多不得要领,抓不住佳妙,品不出趣味。读文学作品,读到的不是故事,就是人物、景物,而看不到这背后的诗意。而且,诗歌的篇数也偏少。如此,文学教育只能说是徒有形式、浪费精神。

从写的具体练习着眼,所要做的就更多了。朱光潜认为实地的观察体验,对于文艺创作或比读书还更重要。观察体验一则可以增长阅历,一则可得自然界、社会人生的瑰奇壮丽之气与幽深云渺之趣,这必使习作者在养成纯正趣味上受益。

朱光潜认为一个人在创作和阅读中所表现的趣味,大半由"资禀性情、身世经历和传统习尚"这三个因素所决定。这三个因素的影响有好有坏,也不必完全摆脱。我们应该做的功夫是根据固有的资禀性情而加以磨砺陶冶,扩充身世经历而加以细心的体验,接收多方面的传统习尚而求截长取短,融会贯通。纯恃天赋的趣味不足为凭,纯恃环境影响造成的趣味也不足为凭,纯正的可凭的趣味必定是学问修养的结果。而这种学问修养的高尚纯正与否,又主要表现在阅读鉴赏力与写作主体人格品质这两个方面。阅读鉴赏力的高尚纯正,主要指对作品能作优秀的评判,具有辨别作品好丑妍媸的敏感。

在文学阅读上,朱光潜"欣赏也是在创造"的观念,值得我们给予特殊的关注:"我们可以说,每人所见到的世界都是他自己所创造的。物的意韵深浅与人的性分情趣深浅成正比例,深人所见于物者亦深,浅人所见于物者亦浅。诗人与常人分别就在此。同是一个世界,对于诗人常呈现新鲜有趣的境界,对于常人则永远是那么一个平凡乏味的混乱体。这个道理也可以适用于诗的欣赏。"[①]"每人所能领略到的境界都是性格、情趣和经验的返照,而性格、情趣和经验是彼此不同的,所以无论是欣赏自然风景还是读诗,各人在对象(object)中取得

[①] 朱光潜:《诗论》,见《朱光潜美学文集》(第二卷),上海文艺出版社1982年版,第55页。

（take）多少，就看他在自我（subject-ego）中能够付与（give）多少，无所付与便不能有所取得。不但如此，同是一首诗，你今天读它所得的和你明天读它所得的也不能完全相同，因为性格、情趣和经验是生生不息的。欣赏一首诗就是再造（recreate）一首诗；每次再造时，都要凭当时当境的整个的情趣和经验做基础，所以每时每境所再造的都必定是一首新鲜的诗。"①这对于文学鉴赏是很有启发意义的，为今天的个性体验、多元解读提供了理论依据。他说："一首诗做成之后，不是就变成个个读者的产业，使他可以坐享其成。他也好比一片自然风景，观赏者要拿自己的想象和情趣交接它，才能有所得。他所得的深浅和他自己的想象与情趣成比例。读诗就是再做诗，一首诗的生命不是作者一个人所能维持住，也要读者帮忙才行。读者的想象和情感是生生不息的，一首诗的生命也就是生生不息的，它并非一成不变的，一切艺术作品都是如此，没有创造就不能有欣赏。"②朱光潜阐明了一个很重要的观点：读诗就是再做诗。由此推广开去，读一切文学作品，都是再创作一切的文学作品，欣赏包含着创造，没有读者的再创造，就算不得欣赏，算不得阅读。而这种阅读不是只需要"读懂"文本，而是要用自己的想象和情趣交接它，如果没有付出自己的想象和情趣，就无所得，就不是真正意义上的欣赏和阅读。这就从根本上改变了现有的以"理解""读懂"为目的的主流阅读观，把阅读和表现联系在一起，就是说，阅读的意义在于读者的再创造，是读者的自我表现。——朱光潜的这一发现，后来成为了我的"表现论"阅读（阅读指向表现）和反对"阅读有其独立的目的"（叶圣陶、张志公等人的观点）的理论依据之一。

我认为欣赏中的创造与写作中的创造在性质上是有所不同的。欣赏中的创造属于二度创造，是在别人创造的基础上的再创造；而写作中的创造是一度创造，就是原创。二者对创造力的要求有所差异。因此，朱光潜又指出，从文学作品的写作这一面来说，创造之中都寓有欣赏，但是创造却不全是欣赏。欣赏

---

① 朱光潜：《诗论》，见《朱光潜美学文集》（第二卷），上海文艺出版社1982年版，第56页。
② 朱光潜：《谈美》，见《朱光潜美学文集》（第一卷），上海文艺出版社1982年版，第496–497页。

只要能见出一种意境,而创造却须再前进一步,把这种意境外射出来,成为具体的作品。他重点讨论了创作过程中的想象和情感的作用。这对于欣赏和写作都很重要。老师们对想象和情感这两个概念并不陌生,但是对二者在读写中的作用却不甚了然,就不能在教学中发挥其作用,因此,很有必要增加了解。尤其是想象,想象力的有无、强弱,对一个人的成长与发展都是决定性的,而文学教育,无疑是培养想象力的一个重要途径。

这种创造观和阅读鉴赏观是带有"建构主义"色彩的。决定人的"取得"的,是"付与",就是人格、认知建构。"每人所见到的世界都是他自己所创造的",这说出了物、我交融的秘蕴。主体的性分情趣决定了是否能见出对象的性分情趣,认知图式的丰富完善程度,决定了认知的深浅多少;既然世界是认知主体创造的,阅读鉴赏的对象自然也是认知主体创造的。这就打破了感知对象和阅读鉴赏的"机械反映论"的规范,尤其是打破了阅读鉴赏只是理解、吸收或"再现"的传统思维方式,揭示了创作与鉴赏的深层联系,使创造性感知和鉴赏成为教学的合理诉求,认为不论创作还是阅读都是一种主体心理的投射,都是一种主体的"表现",使一切教学行为最终都指向了创造,使读写一体,为"表现论"阅读教学奠定了理论基石。

文学教育在实践层面,朱光潜继承了西方 19 世纪浪漫主义文艺观,关注想象和情感的作用。

他说文学的表现有"写实"与"想象"的区别。这是一个很有现实意义的问题。朱光潜认为这个问题不仅有关于写作态度上的分别,而且涉及对于文艺本质的认识。浪漫作者坚信文艺必须表现情感,而表现情感必借想象。在他们的心目中与想象对立的是理智,是形式逻辑,是现实的限制;想象须超过理智打破形式逻辑与现实的限制,任情感的指使,把现实世界的事理情态看成一个顽皮孩子的手中的泥土,任他搬弄糅合,造成一种基于现实而又超于现实的意象世界。写实作家的信条在消极方面是不任主观,不动情感,不凭空想;在积极方面是尽量寻求实际人生经验,运用自然科学的方法搜集"证据",写自己最清楚的,愈忠实愈好。浪漫派的法宝是想象,毕生未见大海的人可以歌咏大海;写实派的法宝是经验,要写非洲的故事便须背起行囊亲自去非洲观察。他认为,凡是真正的艺术作品都必同时是写实的与想象的。想象与写实相需为用,并行不悖,并不如一般人所想象的那样绝对相反。他指出了极端写实派的错误在只求历史的或现象的真实,而忽视诗的真实。艺术作品不能不有几分历史的真实,因为它多少要有实际经验上的根据;它却也不能只有历史的真实,因为它是艺术,而艺术必于"自然"之上加以"人为"。"大约文艺家对于人生自然必须经过三种阶段。头一层他必须跳进里面去生活过(live),才能透懂其中甘苦;其次他必须跳到外面观照过(contemplate),才能认清它的形象;经过这样的主观的尝受和客观的玩索以后,他最后必须把自己所得到的印象加以整理(organize),整理之后,生糙的人生自然才变成艺术的融贯整一的境界。写实主义所侧重的是第一个阶段,理想主义所侧重的是第三个阶段,其实这三个阶段都是不可偏废的。"[①]——这实际上谈的是现象的真实与文学的真实的关系,是写实与想象的不可或缺。在以往的写作教学中,偏于写实,一般要求的是写真实熟悉的,表现真情实感,而忽略了第三阶段,借助想象对素材进行加工整理,因此培养的是"依样画葫芦"的写作匠,而不是具有创制力的作者。而对学生来说,就其素质而言,其实也有偏于写实和偏于浪漫的区分,所以,既需要对他们提出二者兼顾的要求,又要根据他们的才分,作各有侧重的培养。

　　朱光潜尽管没有忽视写实,但尤其注重创造中的想象的作用,多次论及想象。他说想象就是在心里唤起意象。比如看见寒鸦,心中就印下一个寒鸦的影子,这种心镜从外物摄来的影子就是"意象"。意象在脑中留有痕迹,我眼中看不见寒鸦时仍然可以想到寒鸦像什么样,甚至于你从来没有见过寒鸦,别人描写给你听,说它像什么样,你也可以凑合已有意象推知大概。这种回想或凑合以往意象的心理活动叫作"想象"。想象有再现的,有创造的。一般的想象大半是再现的。原来从知觉得来的意象如此,回想起来的意象仍然如此,这就是再现的想象。艺术作品不能不用再现的想象,但是只有再现的想象决不能创造艺术。艺术既是创造的,就要用创造的想象。创造的想象也并非无中生有,它仍

[①] 朱光潜:《谈文学》,见《朱光潜美学文集》(第二卷),上海文艺出版社1982年版,第362页。

用原有意象，不过把它们加以新配合。创造的定义就是：平常的旧材料之不平常的新综合。创造的想象可以分析出"分想"和"联想"两种心理作用。"分想作用"就是把某一意象（比如说鸦）和与它相关的许多意象分开而单提出它来。这种分想作用就是选择的基础。许多人不能创造艺术就是因为没有这副本领。有分想作用而后有选择，只是选择有时就已经是创造。诗有时只要有分想作用就可以作成。例如"采菊东篱下，悠然见南山"，"寒波澹澹起，白鸟悠悠下"，"风吹草低见牛羊"诸名句就是从混乱的自然中划出美的意象来，全无机杼的痕迹。

不过创造大半是旧意象的新综合，综合大半借"联想作用"。联想分为"接近""类似"两类。"怀古""忆旧"的作品，大半起于接近联想，例如看到赤壁就想起曹操和苏东坡，看到遗衣挂壁就想起已故的妻子。类似联想在艺术上尤其重要。《诗经》中"比""兴"两体都是根据类似联想。因为类似联想的结果，物固然可以变成人，人也可以变成物。物变成人通常叫作"拟人"。一切移情作用都起于类似联想，都是拟人的实例。例如"感时花溅泪，恨别鸟惊心"和"水是眼波横，山是眉峰聚"一类的诗句都是以物拟人。人变成物通常叫作"托物"。"托物"者大半不愿直言心事，故婉转以隐语出之。最普通的托物是"寓言"，寓言大半拿动植物的故事来影射人类的是非善恶。托物是中国文人最喜欢的玩艺儿。"拟人"和"托物"都属于象征。所谓象征，就是以甲为乙的符号。甲可以做乙的符号，大半起于类似联想。象征最大的用处就是以具体的事物来代替抽象的概念。艺术最怕抽象和空泛，象征就是免除抽象和空泛的无二法门。象征的定义可以说是："寓理于象"。①

我以为，就联想而言，似还可分出一类：对比联想。对比联想是由具有对立关系的事物引发的联想。臧克家的诗《有的人》，就是以对比联想来构思的。这是诗的第一节：

有的人活着

---

① 朱光潜：《谈美》，见《朱光潜美学文集》（第一卷），上海文艺出版社1982年版，第502–507页。

> 他已经死了；
>
> 有的人死了
>
> 他还活着。

这一节诗的前两行与后两行相互间是一个对比，它们各自本身又是一个对比。对比，也就是通过比较，突出事物的某种特征，以更为醒目地强调事物的优劣、差异。文学作品，常用对比的手法来鲜明地展示人物性格。老舍把老实巴脚的祥子和泼辣诡悍的虎妞拴在一起，莎士比亚把冷酷贪婪的夏洛克与热情慷慨的安东尼奥凑在一块，这种艺术手法就是建立在对比联想的基础上的。这种联想思路对于文章写作也是很有用的，记叙性文体常有截然对立的性格、思想、情景的相互衬托；说明性文体常考虑两种极度的情况、状态、性质；议论性文体可以藉此发现矛盾、树立对立面，从正反两面看问题，有助于论题的谨严与阐述的透彻。

就想象而言，创造想象，似也分为两种：合成想象和推测想象。朱光潜说的"平常的旧材料之不平常的新综合"，这是合成想象。合成想象（群体→个体）这是一种"合众为一"的思路，它要求我们把平日的生活积累打乱、分割，然后按照写作的需要，杂取种种的人物、故事、环境，通过想象，揉成一体，创造出一个新的人物、故事、环境作骨干，吸收同类型事物的有关特点，"集众美于一身"（或"集众丑于一身"），塑造出一个新的形象。鲁迅在《我怎么做起小说来》中讲道："所写的事迹，大抵有一点见过或听到过的缘由，但决不全用这事实，只是采取一端，加以改造，或生发开去，到足以几乎完全发表我的意思为止。人物的模特儿也一样，没有专用过一个人，往往嘴在浙江，脸在北京，衣服在山西，是一个拼凑起来的脚色。"[①] 这清楚地说明了合成想象的机制。由"见到或听到过"的，加以改造，生发或拼凑，其思路也是基于对人和事作"合理"的推测之上的。

推测想象（已知→拟测），这是一种通过对已知事物加以拟测、延伸、虚构

[①]《鲁迅全集》（第四卷），人民文学出版社1982年版，第513页。

的思路。它根据事物的发端和过程，推测它的未来；根据熟悉的事物，推测生疏的或不存在的事物。

鲁迅在《致徐懋庸》中说过："从这些目前的人，的事，加以推断，使之发展下去，这便是好象预言，因为后来此人，此事，确也正如所写。"[①] 鲁迅所说的由目前的人和事推断出后来的人和事，即从已知的事物（或现象、事理）推测出与此有必然联系的事物（或现象、事理）的方法，就是推测想象。这种由此及彼的推测究竟根据什么呢？根据的就是自身的经验与知识，即人对事物间客观存在的各种关系的理解。孩子的想象力是丰富的。但即使是孩子，他的想象力也是以已知为基础的。无论星月之上，地表之下，还是蚁穴之内，肯定都是孩子世界的再现或变形；而昆虫的语言，必定就是孩子的语言或孩子听过的声响。因此，要推测未知，必须熟悉已知。如果没有类似的经验或知识，违背了事物间的严格的逻辑联系，推测的结果就令人难以置信。

人们常说的"以己度人""设身处地"，说的也就是推测想象。歌德说："如果我和一个人谈过一刻钟的话，我在作品中就能让他说上两个钟头。"[②] 这就是调动自身经验，结合对对象的了解，作合乎生活逻辑的延展。推测想象可以补足人们直接经验的不足，可以窥视感官无法达到的事物。由于作者的思想、情趣与经历的不同，对同一事物的推测可能存在差异，但是，只要不违背生活的逻辑，各种各样的推测都是可以成立的，而且虚拟得越新奇越好。

除了想象之外，他也十分关注"创造与情感"的问题，情感问题是审美活动的一个重要问题，审美创造是由情感驱动的。他说：分想作用和联想作用只能解释某意象的发生如何可能，不能解释作者在许多可能的意象之中何以独抉择该意象。……联想并不是偶然的，有几条路可走时而联想只走某一条路，这就由于情感的阴驱潜率。……在艺术作品中人情和物理要融成一气，才能产生一个完整的境界。"情感是生生不息的，意象也是生生不息的。换一种情感就是换一种意象，换一种意象就是换一种境界。即景可以生情，因情也可以生景。所

---

① 《鲁迅书信集》（上卷），人民文学出版社 1976 年版，第 465 页。
② [德] 爱克曼辑录：《歌德谈话录》，朱光潜译，人民文学出版社 1978 年版，第 34 页。

以诗是做不尽的。……诗是生命的表现。生命象柏格森所说的,时时在变化中即时时在创造中。说诗已经做穷了,就不啻说生命已到了末日。"① "文艺作品都必具有完整性。它是旧经验的新综合,它的精采就全在这综合上面见出。在未综合之前,意象是散漫零乱的;在既综合之后,意象是谐和整一的。这种综合的原动力就是情感。凡是文艺作品都不能拆开来看,说某一笔平凡,某一笔警辟,因为完整的全体中各部分都是相依为命的。人的美往往在眼睛上现出,但是也要全体健旺,眼中精神才饱满,不能把眼睛单拆开来,说这是造化的'警句'。……功夫虽从点睛见出,却从画龙做起。凡是欣赏或创造文艺作品,都要先注意到总印象,不可离开总印象而细论枝节。"② 最后他总结说:艺术的任务是在创造意象,但是这种意象必定是受情感饱和的。情感或出于己,或出于人,诗人对于出于己者须跳出来视察,对于出于人者须钻进去体验。情感最易感通,所以《诗》可以群"。

他还教给我们欣赏和创造文艺作品的具体方法。他强调了两点。第一点着重于写,是阐明了情感的统摄作用,是选择意象、综合意象的依据,因此,不论是阅读还是写作,关键在于把握住情感特征,抓住情感特征一切便迎刃而解。第二点着重于读,要从整体上把握作品,也就是从整体入手,再以此观照局部,这就是今天提倡的整体感悟。——之所以要整体感悟,是因为作品的妙处是从综合见出,作品是由情感来综合意象的,只有从综合中才能见出情感特征。这两点的核心都在于情感。没有情感无从综合,没有整体无从认识情感。——今天的阅读教学注意到整体了,却没有说明为什么要注意对作品的整体观感,没能从作品的内在机制——以情感综合意象,来说清原因,只知道是一种方法罢了,知其然,不知其所以然,就难以成为行为的自觉。在教学中,往往把重心放在"词语"或"句子"的品味上,仍然是就局部论局部,却忘记了整体,这就本末倒置了。应该颠倒回来,就像朱光潜说的"钻进去体验",先领悟整体的

---

① 朱光潜:《谈美》,见《朱光潜美学文集》(第一卷),上海文艺出版社 1982 年版,第 509 页。
② 同上,第 510–511 页。

情感特征,再品味"词语"或"句子",才能真正见出"佳妙"。

由想象,到再造想象、创造想象,到分想和联想,再到接近联想、类似联想,进而到拟人和托物,到象征,由想象、联想再牵涉到情感的统领、选择作用,饱和意向作用,由抽象到具体,由概念的阐释,逐渐进到操作、练习的层面,将文学写作的基本知识、基本技能说得通俗易懂,而且可以转换成一定的读写练习,加以掌握。朱光潜对文学想象的解析是由理论而实践,一步一步地深入地展开的。

文学作品的教学,现在已经开始受到重视。在教材中的分量增大了许多。因此,怎么教的问题便显得比以往更加突出。朱光潜的文学教育观给我们以诸多启示:首先是纯正趣味的养成,也就是审美人格、心理的健全,这是在价值观层面的培育;其次是以读诗为重点,学会品鉴诗的趣味,推广到一切的文学作品,学会从"佳妙"的意象处领会其趣味,读出诗意,这是应用方法层面的指引;第三是落实在想象和情感上,培养想象力,学会分想、联想、象征等,以情感选择意象、综合意象,从整体上把握情感特征,体验、分析、品味文本情感和意象,营造或破译作品的意境,这是操作方式层面的指导。这其中贯穿着"取得"与"付与"的辩证观。注重主体的"付与",就是主体的精神和学养的建构。

文学教育的修养、审美的回归,固然是一个大进步,但是,如果说有什么依然使我们感到不满足,这就是他的核心概念"趣味",离人的文化性、生命性、精神性归依的教育,似乎还有一步之遥。美学背景,对朱光潜的文学教育观既有帮助,也有所遮蔽。给予他的帮助是,和作品靠得很近,对作品意象、意境美看得透彻,他目光犀利、中肯,语语中的,但是,由于靠得太近,也遮蔽、妨碍了他从人与文学、自身、世界,从人的哲学、生命哲学、存在哲学的立场,来认识文学教育。朱光潜不是没有涉及,他也有很深的哲学修养,只是在谈美、谈文学时注意、强调得还不够。也许他是为了深入浅出、雅俗共赏,尽量地迁就形而下的印证,不经意地损耗了某些形而上的思辨意味。其实,文学的本质既在审美、趣味,更在于哲思,是对人、生命、人生的终极叩问。诗意,是对世界万物之理的形象的深度思考。对于人自身而言,在于懂得对他人的感恩、怜爱与悲悯，在于真诚、高贵、执著、强盛的言语生命力的养成。——对于多数人来说，探询文学之美、之诗意，不在于写诗或读诗，而在于培护和养育诗意生命，最终使人可以"诗意地安居"，正是在这个意义上，文学才成为"人学"。

> 写作教育的核心是"真诚"，揭示了"四境"发展观，"四体"学习观，"四视"读者观，主张以日记为训练方式，注重模仿佳作，强调材料的选择，力倡克服心理的懒怠，以"苦思"解蔽。

文学教育和写作教育，是朱光潜对语文教育最具贡献的两个方面。朱光潜是十分关注写作教育的。如前所述，他的《谈美》，相当程度上是谈文学的旨趣；他的《诗论》，也可以认为是谈文学的实践，相当部分谈的也是写作；而他的《谈文学》，实际上主要是谈写作，说的基本上是普遍的写作规律，是一部写作教育论著。他之所以在这些书中似乎"游离"出论题，讲写作的道理，一是由于文学写作和非文学写作有许多方法是共通的，不论是在境界还是在基本的练习方法和途径上，有时的确都很难区分；一是和朱光潜本身的素养有关，他专精于研究，对议论说理特别在行，而且他的学识又特别深广，对各类写作现象都十分了然，这也使他会不由自主地涉及写作的普遍性问题，在探讨文学写作时，笔锋往往不由自主地滑向了论说性、实用性写作。他在写作上的深厚学养和经验，使他对写作教育理论的思考与论述，在总体上超过了同时代的其他论者。在今天仍然很有启示性，可资我们多方面借鉴。

朱光潜谈文学——写作，是十分小心谨慎的。因为他这代文学家对"文章做法""小说入门"一类书大都心存芥蒂，从鲁迅到叶圣陶都极力反对学生读这类书，固然他们自己仍时时在为习作者、文学青年指引写作方法。真是不知怎的，凡是涉及这一话题，便认为这类书无用，无端地板起了面孔，不问青红皂白狠批一顿。处于这样的语境中，我们便不难理解喜爱和青年们谈文论艺的朱光潜，为什么要在《谈文学》的"序"中，作一番此地无银三百两的辩白："……在写它们的时候，我一不敢凭空乱构，二不敢道听途说，我想努力做到'切实'二字。在这一点，我希望这个小册子和坊间一般文学入门之类书籍微有不同。我愿与肯用心的爱好文学的读者们印证经验。"① 朱光潜确实做到了这一点，他的谈文学——写作，对于我们是很"切实"的，的确是和读者在印证经验，读来没有丝毫隔膜。

朱光潜对写作教育的把握，和文学教育一样高屋建瓴、一语中的。他认为写作主体人格品质的高尚纯正，其核心内容是"真诚"。这一点和叶圣陶较相似。所不同的是他把道理说得更加透彻。他认为"真诚"可以从两个方面看：一是表现方面，作者必须有不得已要宣泄的思想感情，如无绝对的必要，最好守缄默；勉强找话说，动机就不纯正，源头就不充实，态度就不诚恳，作品也就不会有大的价值。二是传达方面，作者肯以深心的秘蕴交付给读者，就显得他对读者有极深的同情。如果作者内心上并无这种同情，只是要博取一点版税或是虚声，不惜择不很光明的手段，逢迎读者，欺骗读者，那也就决说不上文艺。"作者对自己不忠实，对读者不忠实，如何能对艺术忠实呢？这是作者态度上的基本错误，许多低级趣味的表现都从此起。"②

这种人格品质的真诚，也表现在朱光潜对写作练习的要求上，他对写作练习提出的一条"最重要的原则"便是"有话必说，无话不说，说须心口如一，不能说谎。……如果是存心说谎，那么入手就走错了路，他愈写就愈入迷，离文学愈远。许多人在文学上不能有成就，大半都误在入手就养成说谎的习惯"③。真诚，还表现在对写作应取严肃认真的态度，"每个作者必须是自己的严正的批评者，他在命意布局遣词造句上都须辨析锱铢，审慎抉择，不肯有一丝一毫含糊敷衍。他的风格就是他的人格，而造成他的特殊风格的就是他的特殊趣味。

---

① 朱光潜：《谈文学》，见《朱光潜美学文集》（第二卷），上海文艺出版社1982年版，第237页。
② 同上，第268页。
③ 同上，第277–278页。

一个作家的趣味在他的修改锻炼的功夫上最容易见出"①。可见，他对言语人格养成上的重视。这一点，在今天尤其有现实意义。今天的写作教育，恰是反其道而行之，是一入手便培养学生说谎的习惯。以高考为最高目标的写作教学，与科举考试如出一辙，一切的教学内容和命题，都是引导学生如何去迎合考题、评分标准和评卷教师，引导学生说言不由衷的话。培养的是言语人格分裂症患者。当今应试写作教育对人生的戕害怎么说都不过分。如果不从根本上铲除言语不诚实的土壤，不但写作教育一切都将落空，而且贻害无穷。

要养成高尚纯正的趣味不是单靠写作教学就能做到的，需要教育制度、机制的改变，需要社会大环境的改善，而且须习作者付出终身不懈的努力。但是，对初学者从一开始就提出这种要求，以培养健康的写作趣味和良好的写作心理、习惯，却又是极为重要的。因为一旦趣味不正，习惯不良，要改变就很困难。诚如朱光潜所说：作文如写字，养成纯正的手法不易，丢开恶劣的手法更难。……到发现自己所走的路不对时，已悔之太晚。由此反省，深感我们的教学在学生趣味的养成上颇多疏忽，学生在写作方面"说真话进来（入学），说假话出去（毕业）"的现象已成通病。教师如果真正是为学生"计长远"，就不能对此熟视无睹。在倡导实行素质教育的今天，朱光潜的写作人格观有着重要的现实意义。因为良好的写作人格，是所有写作素质中最基本的素质。没有意识到这一点，我们必将重蹈八股教育败坏人才、败坏世道人心之覆辙。

朱光潜是一个哲人，他对人在写作上的发展进程看得十分透彻。写作学习，"从初学到成家，中间须经过若干步骤，学者必须循序渐进，不可一蹴而就"，写作发展的程序问题，是写作学界普遍关注的一个问题。朱光潜把写作发展的程序划分为四种境界：疵境、稳境、醇境、化境。不单是文学写作如此，整个写作学习的普遍情形也如此。

他认为习作者最初便处于"疵境"，其特点是"驳杂不稳"。虽偶有好处，但就总体看去，毛病很多。通过学习，便能达到"稳境"，写出来的文章平正

---

① 朱光潜：《谈文学》，见《朱光潜美学文集》（第二卷），上海文艺出版社1982年版，第254–255页。

工稳，合乎规模法度，却不精彩，没有什么独创。再经过"荟萃各家各体的长处，造成自家所特有的风格"，就进入"醇境"，特色是凝练典雅，极人工之能事。任何人只要肯下功夫，都可以达到这种境界。这一切都还是"匠"的范围以内的事。写作的最高境界是"化境"，需要在人品学问各方面下一套更重要的功夫。其标志是成熟的艺术修养与成熟的胸襟修养融成一片，不但可以见出纯熟的功力，还可以表现高超的人格。而这就不是一般人所能企及的，只有极少数幸运者才能达到。

朱光潜把这四境区别为可借规模法度作导引的"疵境"和"稳境"（进而亦可扩展至"醇境"）及有时失其约束作用的"化境"这两种情况。他说："一个人到了艺术较高的境界，关于艺术的原理法则无用说也无可说；有可说而且需要说的是在'疵境'与'稳境'。从前古文家有奉'义法'为金科玉律的，也有攻击'义法'论调的。在我个人看，拿'义法'来绳'化境'的文字，固近于痴人说梦；如果以为学文艺始终可以不讲'义法'，就未免要误事。"[①] 这实际上指出了一般人写作学习的最高目标是"醇境"，而要达到"醇境"往往是毕生的事，所以，写作教学的目标，大约只能放在"有可说而且需要说"的"稳境"上，不论是要达到"稳境"还是"醇境"，均需经过规模法度（"义法"）的学习。

朱光潜说："由'疵境'到'稳境'那一个阶段最需要下功夫学规模法度，小心谨慎地把字用得恰当，把句造得通顺，把层次安排得妥贴，我作文比写字所受的训练较结实，至今我还在基本功夫上着意，除非精力不济，注意力松懈时，我必尽力求稳。"[②] 他把规模法度分为"抽象"的和"具体"的两种。抽象的规模法度是文法、逻辑、"义法"等，具体的规模法度即模范作品的命意、用字、造句和布局等。他认为抽象的原则和理论本身并没有多大功用，而对具体实例的揣摩则尤为重要。这基本上是一个揣摩依仿、修疵救失的过程，目的在于养成纯正的写作手法。

[①] 朱光潜：《谈文学》，见《朱光潜美学文集》（第二卷），上海文艺出版社1982年版，第364–365页。
[②] 同上，第365页。

"稳境"还只是平庸的境界。进入"稳境"后，不应被定型束缚住，不求变化，而应力求去打破定型，"……老是那样四平八稳，没有一点精采，不是'庸'，就是'俗'，虽是天天在弄那些玩艺，却到老没有进步。他们的毛病在成立了一种定型，不求变化。一稳就定，一定就一成不变，由熟以至于滥，至于滑。要想免去这些毛病，必须由稳境重新尝试另一风格。如果太熟，无妨学生硬；如果太平易，无妨学艰深；如果太偏于阴柔，无妨学阳刚。在这样变化已成风格时，我们很可能地回到另一种'疵境'，再由这种'疵境'进到'熟境'，如此辗转下去，境界才能逐渐扩大，技巧才能逐渐成熟，所谓'醇境'大半都须经过这种'精钢百炼'的功夫才能达到"[①]。

　　至于"化境"，则还要在人品学问方面另下一番更重要的功夫。虽然"醇境"和"化境"的修养均难以通过教学手段得以实现，一般人能达到"稳境"已属不易，但我们认为，无论教师还是学生，显然都有了解写作发展全程的必要。因为这对教师的教学内容、方法的总体把握，或是对学生学习进程的自我规划都不无裨益。

　　尤其值得注意的是朱光潜描述的由稳境尝试进入醇境所要付出的个人努力，需要打破已经熟练掌握的规模法度，超越自己，这是很难的，在这个过程中要经历许多的反复，可能又会回到疵境，教师明了这一点很重要。我以为，这种四境的划分，只是为了说明的需要，四境之间是没有俨然的界限的。其实，不单是从稳境到醇境，就是从疵境进入到稳境时，也同样会出现许多的反复。习作者的每一点进步，都是在打破"规模法度"中进行的，这个过程是很漫长的，因此，要取得写作上的成功，很可能会无数次地回到疵境，所以，教师对学生作文中的毛病不必吹毛求疵，不要以为是什么了不得的事，而应看作是一种必然，需要的不是批评，而是鼓励。——从某种意义上说，文章毛病多不是什么坏事，而是努力学习和有所追求的体现。创造性愈强的学生，他们希望打破常规，可能文字上出现的问题就愈多。这些前进中的疵病，就是没有人给他们指

[①] 朱光潜：《谈文学》，见《朱光潜美学文集》（第二卷），上海文艺出版社1982年版，第367页。

出，也将随着作文练习的进程而逐渐减少，以至消失。这是一个"自悟"的过程，需要一个宽松的学习环境，能不断地获得肯定和激励，教师的责任就是为他们创造这样一个环境，给予最大的精神上的褒奖，使他们看到自己的成功并激发出更高的期盼。

朱光潜的写作"四境"说与冯友兰先生的人生"四境"说可谓异曲同工。冯先生将人生分为自然、功利、道德、天地四个境界，恰与朱光潜的疵境、稳境、醇境、化境四个境界有着对应关系，写作的境界，在某种意义上说，就是人生的境界。人生境界决定写作境界，人生境界没有提升，写作境界也是难以提升的。因此，说到根本，语文教学还得在人生引领上下功夫。——我们倡导的言语人生、诗意人生的言语生命动力学语文观，就是为写作四境立本的。以往多数学生半途而废，原因就是缺乏内驱力，单靠外力的压迫和拘役，是走不远的，大多就只能一辈子搁浅在疵境，能进到稳境已是万幸，要达到醇境，没有弘毅的信念和坚强的性格，没有道德、天地境界的召唤，那是可望而不可即的。

以上四个境界的划分只是对人的写作上的一般发展而言。对具体文章类别的学习，也还有其特殊的程序。朱光潜认为，宇宙间一切现象都可以纳到情、理、事、态这四大范畴里。情指喜怒哀乐之类主观的感动，理是思想在事物中所推求出来的条理秩序，事包含一切人物的动作，态指人物的形状。写作的材料就不外乎这四种，所以文章通常可分为言情、说理、叙事、绘态（亦称状物或描写）四大类。四大类文章的写作有难易之分，这也就有了学习安排上的先后顺序。这可以称为"四体"学习观。

朱光潜认为初学者首先不宜于说理，因为说理文需要丰富的学识和谨严的思考，这恰是青年人通常所缺乏的。他们没有说理文所必具的条件而勉强做说理文，势必袭陈腐的滥调，发空洞的议论，且窒息了他们想象力的发展。"青年期想象力较丰富，所谓'想象'是指运用具体的意象去思想，与我们一般成年人运用抽象的概念去思想不同。这两种思想类型的分别恰是文艺与科学的分别。所以有志习文学创作者必须趁想象力丰富时期，学会驾驭具体的情境，让世界本其光热色相活现于眼前，不只是一些无血无肉的冷冰冰的理。舍想象不去发展，只耗精力于说理，结果心里就只会有'理'而不会有'象'，那就是说，养成一种与文艺相反的习惯。"①这告诉我们写作学习要顺应人的心理发展的规律，否则就会事倍功半，甚至是两败俱伤。

朱光潜不是不重视说理文，正相反，他是非常注重说理的。他有一篇《漫谈说理文》，较为深入地讨论了说理文的性质、难处和写作方法。主要针对的是说理文的"零度风格"（没有情感）说的。由于他既对"艺术文"（文学作品）素有研究，又是写"实用文"——说理文的高手，所以说得中肯。他将这两种文打通了，指出了二者的共性："运用语言的人第一要有话说（内容），其次要把话说得好，叫人不但听得懂，而且听得顺耳（形式），这两点是实用文和艺术文都要达到的。"②同时，也专门探讨了说理文的两种写作方式，主张说理文也应该写得生动、亲切、有感情："……说理文的两条道理：一条是所谓零度风格的路，例子容易找，用不着我来举；另一条是有立场、有对象、有情感、有形象的既准确而又鲜明生动的路。这是马克思《神圣家族》、恩格斯《反杜林论》、列宁《唯物主义与经验批判主义》以及我们比较熟悉的《评白皮书》和《尼赫鲁的哲学》这一系列说理文范例所走的路。"③——这既使我们看到了不同文体的共同的要求，也使我们明白了说理文不是只能写得毫无情感。冷冰冰、干巴巴的说理文未必好，鲜明生动的说理文才能使人感兴趣，才能感动人、说服人。这种意见，值得我们在议论文教学中参考，使说理文也能写得鲜活感人才好。

其次，他认为入手就写言情诗文也是不妥当的。其一是因为情感迷离恍惚，不易捉摸。言情必借叙事绘态，如果未有这种准备，言情便只会变成抽象地说悲说喜。其二是因为情感自身也需陶冶熔炼。人生经验愈丰富，事理观察愈深刻，情感才愈深沉，愈易融化于具体的情境。

这样，"为初学写作者说法，说理文可缓作，言情文也可缓作，剩下来的

---

① 朱光潜：《谈文学》，见《朱光潜美学文集》（第二卷），上海文艺出版社1982年版，第280—281页。
② 朱光潜：《漫谈说理文》，见《朱光潜美学文集》（第三卷），上海文艺出版社1982年版，第407页。
③ 同上，第412页。

只有叙事绘态两种。事与态都是摆在眼前的，极具体而有客观性，比较容易捉摸，好比习画写生，模特儿摆在面前，看着它一笔一笔地模拟，如果有一笔不象，还可以随看随改。紧抓住实事实物，决不至堕入空洞肤泛的恶习。叙事与绘态之中还是叙事最要紧。叙事其实就是绘动态，能绘动态就能绘静态。纯粹的绘静态文极易流于呆板，而且在事实上也极少见。事物不能很久地留在静态中，离静而动，即变为事，即成为叙事的对象。因此叙事文与绘态文极不易分，叙事文即于叙事中绘态，绘态文也必夹绘态才能生动。叙事文和绘态文做好了，其他各体文自可迎刃而解。因为严格地说，情与理还是心理方面的动作，还是可以认成'事'，还是有它们的'态'，所不同者它们比较偏于主观的，不如一般外在事态那样容易着笔。在外在事态下过一番功夫，然后再以所得的娴熟的手腕去应付内在的事态（即情理），那就没有多大困难了"①。

由此来看，我们的作文教学，虽然在各体文的训练上也有先后难易的安排，但似乎仍感操之过急。从小学开始就已经接触到抒情文、议论文，有的甚至要求学生普遍地写这些文体，这就使学生容易走入空疏俗滥的路上去。到头来，在表现"外在事态"上没能打下坚实的基础，在表现"内在事态"上又养成了言不由衷、剽袭造作的不良习惯。朱光潜的长处在于把表面上看来自成一体的四体文章分开说，好像它们互不相干似的，但又把它们之间的内在关系理清楚了，使我们豁然开朗。

朱光潜这是从一般学习的程序上说的，既是对现实教学的一种迁就，也是一种想当然的设想，这种设想虽有一定的合理性，但是，无疑是建立在每个学生都要学习这"四种"文体的认识上的。在这一前提下，他的意见不无道理。但是，从今天来看，这种观念也有可商榷之处。因为就学生的言语潜质说，由于每个人优势不一样，他们言语上的学习和发展也不平衡，无须面面俱到，他们没有必要四种文体都会写。固然人的智力、思维的发展有普遍性的规律，但是，人在写作上的发展其实是很个人化的。从小学开始，他们就会显露出不同

---

① 朱光潜：《谈文学》，见《朱光潜美学文集》（第二卷），上海文艺出版社1982年版，第282页。

的写作兴趣和才情，最自然、便捷的方法就是去顺应他们各自写作的天性，放手让他们自由地抒写，因材施教，因势利导。如此，写作教学是无须有统一的内容和"序列"的。共性的要求是有的，但是只须大致上有所了解就可以了，关键的是如何去顺应、养护学生的不同的写作需要，使学生不同的写作潜能和才情都能得到最大的发展，这是对语文教师教学智慧的挑战。——说理文比其他各体文都重要，这是必须明白的。

在写作上，作者对读者的态度也至关重要。读者观，也是朱光潜的一个讨论要点。他否定了自己原先从克罗齐的作者观中形成的"最上乘的文章是自言自语"的观念，认为："用文字传达出来的文艺作品没有完全是'自言自语'的。它们在表面上尽管有时象是向虚空说话，实际上都在对着读者说话，希冀读者和作者自己同样受某一种情趣感动，或是悦服某一点真理。这种希冀克罗齐称之为'实用目的'。它尽管不纯粹是艺术的，艺术却多少要受它的影响，因为艺术创造的心灵活动不能不顾到感动和说服的力量，感动和说服的力量强大也是构成艺术完美的重要成分。"[①]因此，他把作者对读者的态度分为"不视、仰视、俯视、平视"四种。这可以称为"四视"读者观。

他说，"不视"即目中无读者。这种态度可以产生最坏的作品，也可以产生最好的作品。一般空洞议论、陈腐讲章、枯燥叙述之类的作品属于前一种。碰到这种作者，是读者的厄运。另有一种作品，作者尽管不挺身出现在我们面前，只像在自言自语，却不失为最上乘作品。莎士比亚是最显著的例子。他的嬉笑怒骂像是从虚空来的，也像是朝虚空发的。他似无意要专向某一时代、某一国籍或某一类型的人说话，而任何时代、任何国籍、任何类型的读者都可以在他的作品中各见到一种天地，尝到一种滋味。他能使雅俗共赏，他的深广伟大也就在此。像他这一类作者，我们与其说他们不现某一片面的性格，毋宁说他们有多方的丰富的性格；与其说他们"不视"，不如说他们"普视"。他们在看我们每一个人，我们却不容易看见他们。他认为这种"普视"最难，如果没有深广

[①] 朱光潜：《谈文学》，见《朱光潜美学文集》（第二卷），上海文艺出版社1982年版，第336页。

的心灵，光辉不能四达，普视就流于不视。

而一般人须择一个固定的观点，取一个容易捉摸的态度。文书吏办公文，常分"下行上""上行下""平行"三种。作者对读者也可以取三种态度，或仰视、或俯视、或平视。仰视如上奏疏，俯视如颁诏谕，平视则如亲友通信叙家常，道衷曲。"作者视读者或是比自己高一层，或是比自己低一层，或是和自己平行，这几种态度各有适合的时机，也各随作者艺术本领而见成败，我们不能抽象地概括地对于某一种有所偏袒。……它们在文艺上各臻胜境。仰视必有尊敬的心情，俯视必有爱护的心情，平视必有亲密的心情，出乎至诚，都能感动。在仰视、俯视、平视之中，我比较赞成平视。"[①] 理由是：这是人与人之间所应有的友谊的态度。"酒逢知己饮，诗向会人吟"。我们心中有极切己的忧喜，极不可为俗人言的秘密，隐藏着痛苦，于是找知心的朋友去倾泻，我们肯向一个人说心事话，就看得起他这位朋友，知道在他那一方面可以得到了解和同情。文艺所要表现的正是这种不得不言而又不易为俗人言的秘密。你拿它向读者吐露时，就已经假定他是可与言的契友。……凡是第一流的作家，从古代史诗悲剧作者到近代小说家，从庄周、屈原、杜甫到施耐庵、曹雪芹，对于他们的读者大半都持这种平易近人的态度。我们读他们的作品，虽然觉得他们高出我们不知若干倍，同时也觉得他们诚恳亲切，听得见他们的声音，窥得透他们的心曲，使我们很快乐地发现我们渺小的心灵和伟大的心灵也有共通之点。诚恳亲切是人与人相交接的无上美德，也是作者对于读者的最好的态度。

朱光潜又觉得事情并不是这么简单，"平视"之中也有难以克服的矛盾：一个作者需要读者，就不能不看重读者；但是如果完全让读者牵着鼻子走，他对于艺术也决不能有伟大的成就。就一般情形说，读者比作者程度较低，趣味较劣，也较富于守旧性。因此，作者常不免处于两难境遇：如果一味迎合读者，揣摩风气，他的艺术就难超过当时已达到的水准；如果一味立意为高，孤高自赏，他的艺术至少在当时找不到读者。在历史上，作者可以分为两大类，有些甘心在已

[①] 朱光潜：《谈文学》，见《朱光潜美学文集》（第二卷），上海文艺出版社1982年版，第339页。

成立的风气下享一时的成功，有些要自己开辟一个风气让后人继承光大。一是因袭者，守成者；一是反抗者，创业者。不过这只是就粗浅的迹象说，如果看得精细一点，文学史上因袭和反抗两种势力向来并非绝不相谋的。纯粹的因袭者决不能成为艺术家，真正的艺术家也决不能一味反抗而不因袭。所以聪明的艺术家在应因袭时因袭，在应反抗时反抗。他接受群众，群众才接受他；但是他也要高出群众，群众才受到他的启迪。他须从迎合风气去开导风气。——这还是没有穷尽二者关系的复杂性，他进一步分析说：作者与读者携手，一种风气才能养成，才能因袭；作者与读者携手，一种风气也才能破坏，才能转变。作者水准高，可以把读者的水准提高，这道理是人人承认的；读者的水准高，也可以把作者的水准提高，这道理也许不那么浅显，却是同样的正确。

作者与读者的关系，是凡写作必会遇到的。然而，在写作教学中，这个问题是基本缺失的。在写作或文艺理论书中，会提到作者须有"读者意识"，但一般就停留在写作的社会性，或文章的意义生成须有读者参与的层面，作简单的阐述。很少有像朱光潜这么重视、这么透彻地对这一问题进行探讨的。在写作教学中，"读者意识"的培养，本应该是最重要的教学内容之一，在应试情境下，四种视角，这么复杂的相关问题，竟被简单地解读为一种——"仰视"。学生的读者，一般只有老师，而老师代表的是分数，一般来说，分数又取决于社会意识形态或主流趣味，因此，学生的写作只为了一味地迎合教师或评卷者。所以，在言语人格上就很猥琐低下，培育的是奴才心态。朱光潜对这类"仰视"批评说：仰视难免阿谀逢迎。一个作者存心取悦于读者，本是他的分内事，不过他有他的身份和艺术的良心，如果他将就读者的错误的见解、低级的趣味，以佞嬖俳优的身份打诨呐喊，猎取世俗的衒耀，仰视就成为对艺术的侮辱。——这问题不在于学生，其实也不在于教师，而在于社会的教育文化和写作文化对他们的影响，要改变这一状况，首先要纠正的就是应试教育。

所以，读者意识，是作者的态度问题，在这背后是言语人格的养护和培育的问题。只有将学校写作放在真实写作和育人的背景下，才能认识到它的重要性和必要性。"态度决定一切"，态度也就是价值观。语文、写作教育，不从写作的意义、教育的意义上提出问题，我们所做的一切只能是搬起石头砸自己的脚。应试写作教育的最终结果，只能是学生、教师，乃至全社会的人们都成为巧言令色、趋炎附势者。

朱光潜认为四种视角都有其适合的运用之处，在文学写作中，"普视"是天才、"不朽者"所特有的本领，非一般人可及。"仰视"和"俯视"虽然可能很容易获得世俗上的成功，但不可取。唯有"平视"才是应有的态度。在写作教学中，我们要引导学生认识"四视"的恰当用法，同时着重培养"平视"的态度，由写作学为人，使他们和读者之间形成良性互动，这应是语文教师的责任。

一切写作的观念，自然还要落在写作练习上。朱光潜关于写作练习的观点，可以概括为四点：记日记、重模仿、去懒怠、倡苦思。

朱光潜主张遇见新鲜有趣的事物，随时记录摹写，并反复修改，务求其像而后已，以养成爱好精确的习惯和艺术家看事物的眼光。更具体地说，"在初写时，我们必须谨守着知道清楚的和易于着笔的这两种材料的范围。我把这两层分开来说，其实最重要的条件还是知得清楚，知得不清楚就不易于着笔。我们一般人至少对于自己日常生活知得比较清楚，所以记日记是初学习作的最好的方法。普通记日记只如记流水帐（应为"账"——笔者注），或是作干燥无味的起居注，那自然与文学无干。把日记当作一种文学的训练，就要把本身有趣的材料记得有趣。如果有相当的敏感，到处留心，一日之内值得记的见闻感想决不会缺乏。一番家常的谈话，一个新来的客，街头一阵喧嚷，花木风云的一种新变化，读书看报得到的一阵感想，听来的一件故事，总之，一切动静所生的印象，都可以供你细心描绘，成为好文章。……选择是文学的最重要的功夫，你每天选一件最值得记的，把它记得妥妥贴贴，记成一件'作品'出来，那就够了"[1]。以"知道清楚的"和"易于着笔的"为写作练习的范围，主张写日记，注重选择，也是为了使学生养成不肯说谎的习惯，为奠定写作上高尚纯正的趣味打下坚实的基础。

朱光潜很看重写作的模仿：运用语言文字的技巧一半根据对于语言文字的

---

[1] 朱光潜：《谈文学》，见《朱光潜美学文集》（第二卷），上海文艺出版社1982年版，第279–280页。

认识，一半也要靠虚心模仿前人的范作。文艺必止于创造，却必始于模仿，模仿就是学习。最简捷的办法是精选模范文百篇左右（能多固好；不能多，百篇就很够），细心研究每篇的命意布局分段造句和用字，务求透懂，不放过一字一句，然后把它熟读成诵，玩味其中声音节奏与神理气韵，使它不但沉到心灵里去，还须沉到筋肉里去。这一步做到了，再拿这些模范来模仿（从前人所谓"拟"），模仿可以由有意的渐变为无意的，习惯就成了自然。入手不妨尝试各种不同的风格，再在最合宜于自己的风格上多下功夫，然后融合各家风格的长处，成就一种自己独创的风格。从前做古文的人大半经过这种训练，依我想，做语体文也不能有一个更好的学习方法。——这说出了写作学习途径，始于模仿，终于创造。模仿是手段，创造是目的。宋人谢枋得的《文章轨范》，分为放胆文和小心文两类，总共只有69篇，大约就是供模仿用的，把这些篇弄得精熟，而且熟读成诵，怎么写大致就心中有数了。值得注意的是，模仿是为了创造，现在写作教学中的模式化训练，这种把模仿作为目的的教学是不可取的，把人给教死了，而写作教学需要创造力的激活，朱光潜说出了模仿和创造的辩证法，指出了由模仿而达成创造的学习方法，值得我们细心揣摩。假如能编一套由模仿逐步进到创新的教材，想必是一件有意义的事。

　　写作趣味不正，推究习作者心理方面的原因，主要是疏于思考、苟且敷衍。朱光潜认为写作的问题主要是思想（思维）而不是技巧。因为一件作品如果有毛病，无论是在命意布局或是在造句用字，仔细穷究，病源都在思想。思想不清楚的人做出来的文章决不会清楚。而思想的毛病除了精神失常以外，都起于懒惰，遇着应该斟酌时不仔细斟酌，只图模糊敷衍，囫囵吞枣混将过去。所以，他指出："练习写作第一件要事就是克服这种心理的懒怠，随时彻底认真，一字不苟，肯朝深处想，肯向难处做。如果他养成了这种谨严的思想习惯，始终不懈，他决不会做不出好的文章。"[①] 为此，他提倡"苦思"，反对一味地模仿，流于俗滥。

---

① 朱光潜:《谈文学》，见《朱光潜美学文集》（第二卷），上海文艺出版社1982年版，第288页。

他谈到写作时人们常常会思路蔽塞,这时,不应轻易放弃,而要知难而进,"苦思也有苦思的收获"。思路太畅时,我们信笔直书,少控制,常易流于浮滑,而经过苦思,则可得三种好处:一是能剥茧抽丝,鞭辟入里,处处从深一层着想,才能沉着委婉。二是尽管当时也许无所得,但是在潜意识中它的工作仍在酝酿,到成熟时,可"一旦豁然贯通"。三是难关可以打通,且经过这种训练,手腕便逐渐娴熟,思路便不易落平凡,纵遇极难驾驭的情境也可以手挥目送,行所无事。而这种经过艰苦经营所写出的平易畅适的文章,往往要比入手便平易畅适的文章更耐人寻味,更能达到写作的胜境。可见,苦思便意味着创造。

苦思的反面,是模仿因袭。朱光潜说有些原来很新鲜的东西,经许多人一模仿,就成为一种滥调了。他相信一个人应有一个人的独到之处,专去模仿别人的一种独到的风格,这在学童时代做练习,固无不可,如果把它当作一种正经事业做,则大可不必。然而这种因袭模仿在中国写作界是有传统的,扬雄生在汉朝,偏要学周朝人说话,韩愈生在唐朝,偏要学汉朝人说话,这就必为世诟病。写作是人的至性的流露,效仿他人只会变成无个性的浮腔滥调,这就跟东施效颦一样,"西施有心病捧心而颦,自是一种美风姿;东施无心病而捧心效颦,适足见其丑拙"。[①]

当然,写作心理的懒惰不仅表现在寻思上,也表现在寻言上。在朱光潜看来,寻思与寻言不是两回事,而是一回事。寻思习惯于模仿因袭,其言也就势必俗滥不堪。"美人都是'柳腰桃面','王嫱、西施';才子都是'学富五车,才高八斗';谈风景必是'春花秋月',叙离别不离'柳岸灞桥',做买卖都有'端木遗风',到现在用铅字排印书籍还是'付梓'、'杀青'。"[②] 这种情况要完全避免也很难做到,因为人皆有惰性,习惯于走熟路,"熟路抵抗力最低,引诱性

[①] 朱光潜:《论小品文》,见《孟实文钞》,上海良友复兴图书印刷公司1940年版,第203–204页。
[②] 朱光潜:《谈文学》,见《朱光潜美学文集》(第二卷),上海文艺出版社1982年版,第299–300页。

最大，一人走过，人人就都跟着走，愈走也就愈平滑俗滥，没有一点新奇的意味"[①]。针对这种情况，朱光潜赞赏韩愈所说的"惟陈言之务去"，把这看作是一句最紧要的教训。因为你不肯用俗滥的语言，自然也就不肯用俗滥的思想感情，你遇事就会朝深一层去想，你的文章也就真正是"作"出来的，不至落于下乘。

朱光潜认为思想与语言流于俗滥，这就是近代文艺心理学家们所说的"套板反应"(stock response)。一个人的心理习惯如果老是倾向"套板反应"，他就根本与文艺无缘。因为就作者说，"套板反应"和创造的动机是仇敌；就读者说，它引不起新鲜而真切的情趣。这种"套板反应"危害极大，且难以抗拒，以至古今中外的作家能从这个陷阱中爬出来的并不多见。但是，这并不意味着习作者可以不作任何摆脱的努力，相反，写作既然是创造，就不能不去克服心理的怠惰，走出"套板反应"的陷阱。

朱光潜把克服心理的懒怠看作是练习写作的第一件要事，把"套板反应"称为创造的动机的仇敌，这就对写作教学从另一个侧面提出了问题。写作教学一方面须模仿，须讲求规模法度。而另一方面，也许是更重要的方面，则要求创造、突破、推陈出新。由此来看我们的作文教学亦步亦趋于阅读教学，把阅读看作吸收，把写作看作倾吐，这无形中往往导致对学生"套板反应"的强化，似有重新检讨的必要。阅读教学要想在模仿、借鉴中避免陷入"套板反应"，就要打破简单、单一的依仿导致的僵化、模式化，努力加强综合性、创造性成分，保持鲜明的言语个性。

[①] 朱光潜：《谈文学》，见《朱光潜美学文集》（第二卷），上海文艺出版社1982年版，第299页。

> 阅读教育倡导"本行之外下功夫",不能通就不能专,不能博就不能约,先博学而后守约。在具体读法上,强调要读得精,读得集中;读有中心,可以维持兴趣与注意。

不论是文学教育还是写作教育,都离不开阅读。朱光潜的思维触角自然会延伸到阅读上,他的阅读观也很有特色,同样值得研究。

阅读和阅读教学观主要有两种倾向:精读——求甚解,泛读——不求甚解。前面我们说到叶圣陶的观点,或者说整个现代语文教育的阅读观都是主张精读的,叶圣陶说:"'不求甚解'不是方法,反过来,'求甚解'便是方法。要做到'求甚解',第一步,自然从逐词逐句的了解入手。仅仅翻了字典,知道这一词这一句什么意思,还不能算彻底了解,必须更进一步,知道这一词这一句在某种场合才可以用,那才是尤其到家的方法。"[1]"词句既已了解,第二步,便可以从头到底,看通篇讲些什么了,要看通篇讲些什么,只做到逐句解释得清楚的地步是不够的,还得辨明它的主旨在哪里,与它怎样表现它的主旨。主旨是文字的灵魂,不辨明主旨,读如未读。"[2] 另一种阅读法,就是叶圣陶所批评的泛读、浏览。求甚解的精读,自然就读得少,不求甚解的泛读,自然就读得多。当然,从理论上说,二者各有所长,如果将两种方法结合运用是最好的。但是,在语文教育中往往难以做到,现代语文教育就是主张"读透""甚解"的,这么一来,阅读的量势必就少。

阅读教学,从理论上大约可以分为三种情形。

第一种是多读,以量取胜。言语学习实践可以证明这是符合学习语文、获得语感的实际的。读得多的未必就能写,但是能写的一定读得多。对于阅读来说,没有量,也就没有质。阅读水平的提高,是由量变到质变的,是在量中求

---

[1] 叶圣陶:《国文随谈》,见刘国正主编:《叶圣陶教育文集》(第3卷),人民教育出版社1994年版,第72页。
[2] 同上,第73页。

质的。没有量是不可能有质的。有了一定的量，哪怕读的质不是特别高，功到自然成，久之也会见成效。多读，又可以分为两种形态：一是"书读百遍，其义自见"，"旧书不厌百回读，熟读深思子自知"。这指的是对同一读物反复地读，不厌其烦地读，边读边想，常读常新，不断地有所收获和发现。"百遍"固然是极言其多，不是一个确数，然而，真正的研究者，对研究的对象，的确是有读到百遍以上的。这是一种"无意识"的沉淀，读到一定程度，便产生了质的飞跃，恍然大悟。一是"读书破万卷，下笔如有神"，"开卷有益"，是大量地读不同的读物，通过比较品鉴，明了语言运用的规律和方法。语感的形成，知识的扩展，学养的积淀，就需要这种无止境地读，杂学旁收地读，"破其卷取其神"。这两种方法都是必需的、有效的，只是思维一定要跟上，"学而不思则罔，思而不学则殆"。但是，一般在教学中往往不屑于此。也有客观的困难，在教学中难以操作：如果都放给学生读，让他们从读中自悟，教师岂不失业了。

　　第二种是少读，以质取胜，这是当今教法的常态，我们今天的教学就是靠教几百篇课文学语文的，叶圣陶说"课文是例子"已经深入人心，靠这些"例子"学会阅读的方法，去举一反三。这也不是不可行。但是，这是有条件的，一是教师必须教得好，确实读得有质量；二是要使学生有兴趣读，掌握阅读的方法，并能通过教学向课外延伸，由课内的精读，向课外的博览扩展。我们今天的优秀的教师，大约可以满足第一个条件，他们的每一节课都上得很精致，尤其是公开课、观摩课，是不惜代价精雕细刻出来的，甚至只要上好三五节课，就"走遍天下都不怕"，可以享誉全国了。然而，他们往往难以满足阅读的第二个条件，激起学生充沛的阅读热情，学会阅读方法，在课外进行广泛的阅读，大多数的情况是把学生读疲了，读烦了，甚至读废了，读得死去活来、无聊至极，以至害怕读。即便有的教师做到了使学生感兴趣这一点，在今天的应试情境下也没有时间可供学生自由地享受阅读的快乐。——退而求其次，能做到阅读的量少质"优"（"量"少"质"也就难优）也就罢了。因为能做到这样的教师已经不多了。尽管这是违背语文学习规律的。

　　而在教学上最多的是第三种：既没量，也没质。那就是不折不扣地浪费生命。有人提议说在完成识字教学后，就让学生自由阅读也比现在这样讲读、串讲强，不是没有道理。

朱光潜对阅读的认识就比较辩证。他一方面是极力主张扩大阅读视野的。不是一般意义上的多读，而是强调读到本行之外去，迂回曲折地读，不计功利地读。另一方面，在具体读法上，他又是注重精读的，即博览前提下的精读。

古人有"功夫在诗外"之说，意思就是写作所需的修养应是多方面的，不应局限于"写"的狭小范围内。这当是极有见地的。习作者在写作上的种种弊病，显然都跟修养的偏颇欠缺有关。朱光潜的学习观把这种见解发挥得淋漓尽致，他也在这一点上，将写作和阅读打通了。他提供的是一种治学求知的方法。

朱光潜认为写作的修养应包括人品的、学识经验的和文学本身的三个方面。关于人品的修养，他既看到了人品与文品二者似无必然的关系的一面，又看到二者相关的一面，对文品表现人品给予充分的肯定。因为文艺上要取得真正伟大的成就，作者必须有道德的修养，有不同于他人的真挚的性情和高远的胸襟。

学识经验的修养就是指对一般人生世相丰富而又正确的蓄积。这有两个途径：读书和实地观察体验。对于文艺创作来说，后者比前者更为重要。朱光潜认为，文学本身的修养首先是认识语言文字，其次是须有运用语言文字的技巧。这看似容易，因为一般人日常都在运用语言文字，而实际上却是极难的事。从朱光潜对这三个方面修养的具体阐述来看，有两点值得注意：其一是无论哪一方面的修养，他都要求打下极宽极厚的基础，强调在写作之外下功夫；其二是他把阅读的修养只看成是写作诸修养中较次要的一种。但是对于做学问和求知，我以为大约得颠倒过来，读书是第一位的。

朱光潜对治学读书方法的论述是十分充分的。朱光潜在《克罗齐哲学述评·序》里讲道："我因为要研究克罗齐的美学，于是被牵引到他的全部哲学；又因为要研究他的全部哲学，于是不得不对康德以来的唯心主义作一个总检讨。"他还讲到了自己"研究文学"的经验："……'研究文学'这个玩艺儿并不象我原来想象的那么简单，尤其不象我原来想象的那样有趣。文学并不是一条直路通天边，由你埋头一直向前走就可以走到极境的。'研究文学'也要绕许多弯路，也要做许多枯燥辛苦的工作。学了英文还要学法文，学了法文还要学德文、希腊文、意大利文、印度文等等；时代的背景常把你拉到历史、哲学和宗教的范围里去，文艺原理又逼你去问津于图画、音乐、美学、心理学等等学问。这一场官司简直没有方法打得清。"① "文艺像历史、哲学两种学问一样，有如金字塔，要铺下一个很宽广笨重的基础，才可以逐渐砌成一个尖顶出来。如果入手就想造成一个尖顶，结果只有倒塌。"② 在近代，一个文人不但要博习本国古典，还要涉猎近代各科学问，否则见解难免偏蔽。他将读书上升到做研究的高度来认识博览的重要性时说：世间绝没有一科孤立绝缘的学问。比如政治学须牵涉到历史、经济、法律、哲学、心理学乃至外交、军事等等。如果一个人对这些相关学问未曾问津，入手就要专门习政治学，愈前进必愈感困难，如老鼠钻牛角，愈钻愈窄，寻不着出路。其他学问也大抵如此，不能通就不能专，不能博就不能约。先博学而后守约，这是治任何学问所必守的程序。③

他以自己研究文学的实例来说明写作主体建构的广阔性。他从许多哲人和诗人方面借得一双眼睛看世界。有时能学屈原、杜甫的执著，有时能学庄周、列御寇的徜徉凌卢，莎士比亚教会他在悲痛中见出庄严，莫里哀教会他在乖讹丑陋中见出隽妙，陶潜和华兹华斯引他到自然的胜境，近代小说家引他到人心的曲径幽室。因此，他能感伤也能冷静，能认真也能超脱，能应俗随时，也能潜藏非尘世的丘壑。他就是这样通过广泛地涉猎众多的领域，来再造一个文学的自我。

他把"本行之外下功夫"，看作是一切艺术家主体建构的一条通则。他说："艺术家往往在他的艺术范围之外下功夫，在别种艺术之中玩索得一种意象，让它沉在潜意识里去酝酿一番，然后再用他的本行艺术的媒介把它翻译出来。……各门艺术的意象都可触类旁通。书画家可以从剑的飞舞或鹅掌的拨动之中得到一种特殊的筋肉感觉来助笔力，可以得到一种特殊的胸襟来增进书画的神韵和气势。推广一点说，凡是艺术家都不宜只在本行小范围之内用功夫，

---

① 朱光潜：《我与文学》，见《艺文杂谈》，安徽人民出版社1981年版，第277页。
② 同上，第277—278页。
③ 朱光潜：《谈读书》，见《艺文杂谈》，安徽人民出版社1981年版，第48页。

须处处留心玩索,才有深厚的修养。"①

即便是"本行之内的功夫",也远比我们理解的要宽泛得多。朱光潜认为就文学本身的修养来看,也不只是一般的懂得运用语言文字,而且是必须懂得字的形声义、字的组织以及音义与组织对于读者所产生的影响。这要包含语文学、逻辑学、文法、美学和心理学各科知识。

就文学写作而言,朱光潜同时也很重视对生活和实践的感悟,多次谈到写作学习并非只靠阅读、模仿。他说:"作诗是否要多读书?'学'的范围甚广,我们可以从人情世故物理中学,可以从自己写作的辛苦中学,也可以从书本中学,读书只是学的一个节目,一个不可少的而却也不是最重要的节目。许多新诗人的毛病在不求玩味生活经验,不肯耐辛苦去自己摸索路径,而只看报章杂志上的一些新诗,揣摩他们,模仿它们。……学来学去,始终没有学到一个自己的本色行当。我很同情他的努力,却也很惋惜他的精力浪费。"② 这种看法可谓切中现今作文教学的要害。在语文教育界,"阅读是写作的基础"(实际上是唯一的基础)这种指导思想根深蒂固,一旦写作教学独立于阅读教学之外,或以写作为本位,在许多教师的心目中便被视为"大逆不道"。这种"基础"观科学与否另作别论,单就其对写作修养的狭隘化理解这一方面看,显然就值得怀疑。当然,写作教学跟一般的写作学习还是有区别的,学生的年龄、精力等条件与教学情境的限制,使我们不可能"面面俱到",但是,问题的关键是如何认识写作的基础,如果我们在对什么是写作的基础的认识上,出现观念性的偏差,把写作的基础限制在阅读上,将把学生引入歧途。写作的基础远不止于阅读,生活、情感、思想、人格……都是写作的基础。

在具体读法上,他强调要读得精,读得透。他说:"读书并不在多,最重要的是选得精,读得彻底,与其读十部无关轻重的书,不如以读十部书的时间和精力去读一部真正值得读的书;与其十部书都只能泛览一遍,不如取一部书精读

---

① 朱光潜:《"读书破万卷,下笔如有神"》,见《艺文杂谈》,安徽人民出版社1981年版,第55–56页。
② 朱光潜:《给一位写新诗的青年朋友》,见《朱光潜美学文集》(第二卷),上海文艺出版社1982年版,第230–231页。

十遍。……少读如果彻底，必能养成深思熟虑的习惯，涵泳优游，以至于变化气质；多读而不求其解，譬如驰骋十里洋场，虽珍奇满目，徒惹得心花意乱，空手而归。世间许多人读书只为装点门面，如暴发户炫耀家私，以多为贵。这在治学方面是自欺欺人，在做人方面是趣味低劣。"[1] 如何解决博与约、泛与精的关系，他认为每科必须精选三五种来仔细玩索一番。常识课程总共不过十数种，每种选读要籍三五种，总计应读的书也不过50部左右。这不能算是过奢的要求。

他还主张要读得集中，有中心，反对随心所欲地读，凭一时的兴趣滥读。凭兴趣读虽然也不无好处，可以养成一种不平凡的思路与胸襟，但是无所归宿，缺乏专门的训练，产生畸形的发展，不能算是专门学者。有些有趣的书他须得牺牲，也有些初看很枯燥的书他必须咬定牙关去硬啃，一久了他自己还可以啃出滋味来。——这个意见对于学生和自学者很有参考意义。自由阅读常犯的毛病就是听凭兴趣读书，好读的读，不好读的就不读。随心所欲地读当然是人生快事，但是对于人的成长，学问的长进，就没什么益处。

他认为："读书必须有一个中心去维持兴趣，或是科目，或是问题，以科目为中心时，就要精选那一科的要籍，一步一步地从头到尾读，以求对于该科得到一个概括的了解，作进一步高深研究的准备，读文学作品以作家为中心，读史学作品以时代为中心，也属于这一类。以问题为中心时，心中先须有一个待研究的问题，然后采关于这问题的书籍去读，用意在搜集材料和诸家对于这问题的意见，以供自己权衡去取，推求结论。重要的书仍须全看，其余的这里看一章，那里看一节，得到所要搜集的材料就可以丢手。这是一般做研究工作者所常用的方法，对于初学不相宜。不过初学者以科目为中心时，仍可约略采取以问题为中心的微意。"[2] "读书要有中心，有中心才易有系统组织。比如看史书，假定注意的中心是教育与政治的关系，则全书中所有关于这问题的史实都被这中心联系起来，自成一个系统，以后读其他书籍如经子专集之类，自然也常遇着关于政教关系的事实与理论，它们也自然归到从前看史书时所形成的那个系

---

[1] 朱光潜：《谈读书》，见《艺文杂谈》，安徽人民出版社1981年版，第47页。
[2] 同上，第49页。

统了。……大凡零星片段的知识，不但易忘，而且无用。每次所得的新知识必须与旧有的知识联络贯串，这就是说，必须围绕一个中心归聚到一个系统里去，才会生根，才会开花结果。"[①]中学生的读书往往犯这类"跟着感觉走"的毛病，凭兴趣读书，东一本、西一本，看一本、丢一本，虽然也看了不少，可是由于不成系统，对于学养的提高，写作的运用，就没有什么效果，这可以从朱光潜这儿学到系统读书法。

他很推崇"一书作几遍看，每一遍只着重某一方面"的读法，认为这是精读的一个要诀，可以养成仔细分析的习惯。举看小说为例，第一次但求故事结构，第二次但注意人物描写，第三次但求人物与故事的穿插，以至于对话、辞藻、社会背景、人生态度等等都可如此逐次研求。——这可以称为问题读书法，是可以效仿的。

我认为，这些读法，虽然偏重于治学，但是对于中学生的学习也有较高实践价值，经济实惠，不仅课内教学可以按此操作，课外的自学、研究性学习，都可以运用这些读法。在语文教学中一直提倡要授之以"渔"，像这类自学的方法就从来没有作为教学的内容，认真地教给学生，新课标中对"过程与方法"的重视，除了课内的学习方法的传授外，是否可以就"治学求知读书法"给学生开一门选修课呢？

> 慎重讨论了思想、语文的关系。认为二者不可分先后、内外，寻思即寻言，文字含糊，即思想未透彻，情感未凝练。继而论及文、白，雅、俗，说、写，情、辞等一系列问题。

对于语文和思想的关系问题，是朱光潜下大力气思考的问题。他写文章一向使人觉得很轻松，似乎还没有什么问题让他如此地牺牲脑细胞。他在《谈文

[①] 朱光潜：《谈读书》，见《艺文杂谈》，安徽人民出版社1981年版，第50页。

学》的《文学与语文（上）：内容、形式和表现》中，专门在文末加上一个"附注"，说："这问题在我脑中已盘旋了十几年，我在《诗论》里有一章讨论过它，那一章曾经换过两次稿。近来对这问题再加思索，觉得前几年所见的还不十分妥当，这篇所陈述的也只能代表我目前的看法。我觉得语文与思想的关系不很容易确定，但是在未把它确定以前，许多文艺理论上的问题都无从解决。我很愿虚心思索和我不同的意见。"——他的谨慎、执著和谦虚，令人感动。由此也足见这一问题的重要。这是文艺理论的基本问题，也是语文学的基本问题，因此，我们也不妨对此作一讨究，看看朱光潜是怎么看待二者关系的。

朱光潜在《诗论》第四章"论表现——情感思想和语言文字的关系"中，表达了这样的意见：一般人认为，所谓表现就是把在内的"现"出"表"面来，成为形状可以使人看见。被表现者是情感思想，是实质，表现者是语言，是形式，这是流行语言习惯对于"表现"的定义。它对于情感思想和语言指出三种关系——一是被动与主动的关系，二是内外的关系，三是先后的关系。他把矛头对准的是多数论诗者共同采纳的意见："情感思想（包涵意象在内）合为实质，语言组织为形式，表现是用在外在后的语言去翻译在内在先的情感和思想。"[①] 他对此进行反驳，认为情感、思想和语言三者是互相连贯的，不能彼此独立。一般人以为思想全是脑的活动，其实这是不精确的，在运用思想时，我们不仅用脑，全部神经系统和全体器官都在活动。在这些器官活动之中，语言器官对于思想尤为重要。思想是无声的语言，语言也就是有声的思想。思想和语言原来是平行一致的。既是如此，它们的关系就不是先后内外的关系，也不是实质与形式的关系了。思想有它的实质，就是意义，也有它的形式，就是逻辑的条理组织。同理，语言的实质是它与思想共有的意义，它的形式是与逻辑相关的文法组织。换句话说，思想语言是一贯的活动。我们分析情感与语言的关系，也可以得出同样的结论。总之，思想、情感与语言是一个完整连贯的心理反应中的三个方面。心里想，口里说；心里感动，口里说；都是平行一致。我们天天发

[①] 朱光潜：《诗论》，见《朱光潜美学文集》（第二卷），上海文艺出版社1982年版，第76页。

语言，不是天天在翻译。我们根本否认情感、思想和语言的关系是实质和形式的关系，实质和形式所连带的种种纠纷问题也就因而不成其为问题了。我们把情感、思想和语言的关系看成全体与部分的关系，这一点须特别着重。全体大于部分，所以情感、思想与语言虽平行一致，而范围大小却不能完全叠合。凡语言都必伴有情感或思想，但是情感、思想之一部分有不伴着语言的可能。感官所接触的行色声嗅味触等感觉，可以成为种种意象，做思想的材料，而不尽有语言可定名或形容。情感中有许多细微的曲折起伏，虽可以隐约地察觉到而不可直接用语言描写。这些语言所不达而意识所可达的意象思致和情调，永远是无法全盘直接地说出来，好在艺术创造也无须把所察觉到的全盘直接地说出来。① 朱光潜表明了情感、思想和语言三者是密不可分的观点。

这在实践层面涉及了一个重要问题，就是"寻思"与"寻言"的关系。一般的认识是：我们作诗文时，常苦言不能达意，需几经修改，才能碰上恰当字句。"修改"的必要证明"寻思"与"寻言"是两回事，先"寻思"，后"寻言"，是普通的经验。朱光潜不以为然："修改"还是"寻思"问题的一个枝节。"修改"就是调配距离，但是所调配者不仅是语言，同时也还是意境。比如韩愈定贾岛的"僧推月下门"为"僧敲月下门"，并不仅是语言的进步，同时也是意境的进步。"推"是一种意境，"敲"又是一种意境，并非先有"敲"的意境而想到"推"字，嫌"推"字不适合，然后再寻出"敲"字来改它。就我自己的经验说，我作文常修改，每次修改都发现，话没有说清楚，原因都在思想混乱。把思想条理弄清楚了，话自然会清楚。寻思必同时是寻言。寻言亦必同时是寻思。② 这就澄清了在言、意关系上长期存在的错误认识。

他在《谈文学》的《咬文嚼字》中还谈到这个问题："文字上面有含糊，就显得思想还没有透彻，情感还没有凝练。咬文嚼字，在表面上象只是斟酌文字的分量，在实际上就是调整思想和情感，从来没有一句话换一个说法而意味仍

---

① 朱光潜：《诗论》，见《朱光潜美学文集》（第二卷），上海文艺出版社1982年版，第76–80页。
② 同上，第87–88页。

完全不变。"① 这强调的是应该将二者联系起来考虑，纠正了以为表达只是文字上的问题的偏颇认识。

朱光潜后来在《文学与语文（上）：内容、形式和表现》中又一次详细地讨论了这个问题，细致地揭示了思维中二者相互依存的机理和造成误解的原因："语文和它所代表的事物已发生了根深蒂固的联想，想到实物树，马上就联想到它的名谓'树'字。在一般人的思想活动中，语文和实事实物常夹杂在一起，时而由实事实物跳到语文，时而由语文跳到实事实物。概念与形象交互织成思想的内容。因为心理习惯不同，有人侧重用实事实物去想，有人侧重用语文去想，但是绝对只用一种对象去想的人大概不会有。"② "……思想是心理活动，它所借以活动的是事物形象和语文（即意象和概念），离开事物形象和语文，思想无所凭借，便无从进行。在为思想所凭借时，语文便夹在思想里，便是'意'的一部分，是在内的，与'意'的其余部分同时进行的。所以我们不能把语文看成在外在后的'形式'，用来'表现'在内在先的特别叫做'内容'的思想。'意内言外'和'意在言先'的说法绝对不能成立。"③ 他认为流俗的表现说大概不外起于两种误解。第一是把写下来的（或说出来的）语文当作在外的"言"，以为思想原无语文，到写或说时，才去另找语文，找得的语文便是思想的表现。其实在写或说之前，所要写要说的已在心中成就，所成就者是连带语文的思想，不是空洞游离的思想。第二个误解是起于语文有时确须费力寻求，我们常感觉到心里有话说不出，偶然有一阵感触，觉得大有"诗意"，或是生平有一段经验，仿佛是小说的好材料，只是没有本领把它写成作品。这好像是证明语文是思想以后的事。其实这是幻觉。所谓"有话说不出"，"说不出"因为它根本未成为话，根本没有想清楚。我们写作时还另有一种现象，就是心里似有一个意思，须费力搜索才可找到适当的字句，或是已得到的字句还嫌不甚恰当，须费力修改，这也似足证明"意在言先"。其实在寻求字句时，我们并非寻求无意义

---

① 朱光潜：《谈文学》，见《朱光潜美学文集》（第二卷），上海文艺出版社1982年版，第297页。
② 同上，第310页。
③ 同上，第311–312页。

的字句；字句既有意义，所寻求的不单是字句而同时是它的意义。寻字句和寻意义是一个完整的心理活动，统名之为思想，其中并无内外先后的区别。他又进一步分析思想的性质："在文艺创作时，由起念到完成，思想常在生展的过程中，生展的方向是由浅而深、由粗而细，由模糊而明确，由混乱而秩序，这就是说，由无形式到有形式，或是由不完美的形式到完美的形式。起念时常是一阵飘忽的情感，一个条理不甚分明的思想，或是一幅未加剪裁安排的情境。这就是作者所要表现的，它是作品的胚胎，生糙的内容。他从这个起点出发去思想，内容跟着形式，意念跟着语文，时常在变动，在伸展。在未完成时，思想常是一种动态，一种倾向，一种摸索。……谈文艺的内容形式，必须以已完成的作品为凭。在未完成之前，内容和形式都可以几经变更；完成的内容和形式大半与最初所想的出入很大。在完成的作品中，内容如人体，形式如人形，无体不成形，无形不成体，内容与形式不能分开，犹如体与形不能分开。形式未成就时，内容也就没有完全成就；内容完全成就，就等于说，它有了形式；也就等于说，它被表现了。所谓'表现'就是艺术的完成；所谓'内容'就是作品里面所说的话；所谓'形式'就是那话说出来的方式。这里所谓'话'指作者心中想着要说的，是思想情感语文的化合体，先在心中成就，然后用笔记录下来。"[①] 他最后总结说：思想是实体，语文是投影。语文有了完整的形式，思想决不会零落错乱；语文精妙，思想也决不会粗陋。明白这一点，就明白文学上的讲究何以大体上是语文上的讲究，也就明白许多流行的关于内容与形式的辩论——例如"形式重要抑内容重要""形式决定内容，抑内容决定形式"之类——大半缺乏哲理的根据。[②]——这种认识对于阅读和写作都很有启发，有利于纠正片面强调"语言训练"的倾向。

他对思想和语文的关系的认识，没有停留在对旧观念的反驳上，他更深入到创造的层面看二者的关系。这就超越了传统的语言学家的视野。他在《文学

[①] 朱光潜：《谈文学》，见《朱光潜美学文集》（第二卷），上海文艺出版社 1982 年版，第 313–314 页。
[②] 同上，第 315 页。

与语文(中):体裁与风格》中说:"……不过文学作家所能拿来运用的是当时公认的流行的语文,这就是说,他的工具是旁人已经替他造就的,无论它对他合适不合适,他都须用它,他不能凭空地替自己铸造一个崭新的工具。他的使命是创造,而天造地设的局面逼得他要接受传统,要因袭。……语文的已成之局固然可以给他很多的方便,他可以在遗产里予取予求,俯拾即是;但是也可以给他很多的不方便,常使他感觉困难。最显著的是固有的语文不够应付新的需要。人类一切活动,自物质的设施、社会的组织以至于心智的运用,都逐渐由粗趋精,由简趋繁。在每一时代写作者都感觉到语文的守旧性,世界变了,而语文还没有迎头赶上;要语文跟着变,还要他来出力。……流行的语文象流行的货币,磨得精光,捏得污烂,有时须贬值,有时甚至不能兑现。文学作家须凭借这人人公用的东西,来运用他个人在特殊情境的思想。他稍不当心,就会中了引诱,落到陈腐滥调的陷阱里去,他的语文连同他的思想都停滞到人人所能达到的境界,他所要表现的那特殊情境没有到手就溜走。古今中外的作家能从这种陷阱中爬起来的并不多,爬起来的人才真正是创造者,开辟风气者。从开辟风气者人数寥寥看,我们可以知道语文的创造大非易事。它需要极艰苦的努力,取精光烂污的语文加一番揉捏洗炼,给它一种新形样,新生命,新价值,使它变为自己的可适应特殊情境的工具。文学的创造是思想(抽象的连同具体的)的创造,也就是语文的创造。"[1] 这揭示言语因袭和创新的关系,使我们明白学习语言满足于继承是不够的,重在突破陈规,形成自己的言语风格。

在《文学与语文(下):文言、白话与欧化》中,他继续讨论语文中的文言与白话的关系:"从语文的观点看,文言与白话的分别也只是比较的而不是绝对的。活的语文常在生长,常在部分地新陈代谢。在任何一个时期,每一个活的语文必有一部分是新生的,也必有一部分是旧有的。如果全是旧有的,它就已到了衰死期;如果全是新生的,它与过去语文就脱了节,彼此了不相干。我们中国语文虽然变得很慢,却也还是活的,生长的,继续一贯的。这就是说,白

---

[1] 朱光潜:《谈文学》,见《朱光潜美学文集》(第二卷),上海文艺出版社1982年版,第316–317页。

话也还是从文言变来的,文言与白话并非两种截然不同的语文。"① 他虽然是针对"复古派"说,为白话文张目,但是也表明了文言与白话的继承关系。在今天,我们的文章中仍不能排斥文言,相反,能够灵活适当地运用文言,也是语文能力的体现。白话文并不就是口语。这进而就涉及语文的"雅"和"俗",以及思想和语文在写和说中的区别:"'以古为则'者看不起白话文,以为它天生是下贱的,和乡下佬说的话一样粗俗,他们以为用文言才能'雅'。这种误解一半起于他们的固执,不肯虚心研究白话文;一半也起于初期提倡白话文者的'作文如说话'这句带有语病的口号。我们尽管用白话,作文并不完全如说话。说话时信口开河,思想和语文都比较粗疏;写作时有斟酌的时间,思想和语文都比较缜密。这在两方面可以见出。头一点是用字,说话用的字比较有限,作文用的字比较丰富。无论在哪一国,没有人要翻字典去谈话,可是作文和读文却有时要翻字典。作文思想谨慎些,所以用字也比较谨慎些。一篇寻常对话,如果照实记录下来,必定有很多不精确的字。其次是语句组织。通常谈话不必句句讲文法,句句注意到声音节奏,反正临时对方可以勉强懂得就够了。至于作文,我们对于文法及声调不能不随时留意。所以'写的语文'(written language)和'说的语文'(spoken language)在各国都不能完全一致。"② 这对于我们了解书面语和口语的区别与运用也很有帮助。我们不能"作文如说话","写的语文"要遵循"写"的规则,体现书面语的美感。

最后,他在《情与辞》中,探讨的还是所谓的"内容"与"形式"的问题。首先他辨析了情感和思想的关系,认为情感和思想常互相影响,互相融会。除掉惊叹语和谐声语之外,情感无法直接表现于文字,都必借事理物烘托出来,这就是说,都必须化成思想。他认为刘勰在《文心雕龙》的《熔裁》篇中说得透辟,"用现代话来说,行文有三个步骤,第一步要心中先有一种情致,其次要找出具体的事物可以烘托出这种情致,这就是思想分内的事,最后要找出适当

---

① 朱光潜:《谈文学》,见《朱光潜美学文集》(第二卷),上海文艺出版社 1982 年版,第 325 页。
② 同上,第 328–329 页。

的文辞把这内在的情思化合体表达出来"①。一般人常以为由"情"可以直接到"辞",不想到中间须经过一个"思"的阶段。情感不是自然流露的,艺术之所以为艺术,全在"自然"之上加这一番"人为"。情感须经过意象化和文辞化,才算得到表现。"浑身都是情感不能保障一个人成为文学家,犹如满山都是大理石不能保障那座山有雕刻,是同样的道理。"——这说的就是一般人和艺术家的区别。这一点很重要,区别就在于情感是否意象化和文辞化了,这就是写作教学的关键。在写作教学中,教师所重的只是材料、情感或思想,因为这些比较容易"给予",所轻的,或者说是对意象化和文辞化无能为力,这是无法"给予"的,因此,往往就劳而无功。一个人不可能没有生活和情感,所缺的是将其艺术化的本领,教师该关注的不关注,不该关注的却花了大力气,这不能不说是一个教学上的重大失误。

朱光潜把探讨重心放在"情"与"辞"在分量上的分配。他说文学作品可分为三种:"情尽乎辞""情溢乎辞"或是"辞溢乎情"。心里感觉到十分,口里也就说出十分,那是"情尽乎辞";心里感觉到十分,口里只说出七八分,那是"情溢乎辞";心里只感觉到七八分,口里却说出十分,那是"辞溢乎情"。他分析说:就常识说,"情尽乎辞"也应该是文学的理想,不过概括立论,都难免有毛病。"情溢乎辞"也未尝没有它的好处。艺术的作用不在陈述而在暗示,古人所谓"言有尽而意无穷"。含蓄不尽,意味才显得闳深婉约,读者才可自由驰骋想象,举一反三。在普通情境之下,"辞溢乎情"总不免是一个大毛病,它很容易流于空洞、腐滥、芜冗。不过"辞溢乎情"有时也别有胜境。汉魏六朝的骈俪文就大体说,都是"辞溢乎情"。固然也有一派人骂那些作品一钱不值,但真正爱好文艺而不夹成见的虚心读者,必能感觉到它们自有一种特殊的风味。最后他谈到了刘彦和本有"为情造文"与"为文造情"的说法,他觉得后起的"因情生文,因文生情"的说法比较圆满,一般的文字大半"因情生文",而"因文生情"的作品就非极大的艺术家不办。"为初学者说法,脚踏实地最稳妥,

---

① 朱光潜:《谈文学》,见《朱光潜美学文集》(第二卷),上海文艺出版社1982年版,第352页。

只求'因情生文','情见于辞',这一步做到了,然后再作高一层的企图。"[1] 朱光潜虽然探讨的面非常广大,但是最终还是落在了初学者身上,指出了为文的路径始于"情",使"情"文辞化,是最踏实的功夫。有了这种初步的功夫之后,才谈得上是"情尽乎辞""情溢乎辞"还是"辞溢乎情",才能各尽其妙。

可见关于思想和语文的关系,可以说是朱光潜最为重视的问题之一,还很少看到他对一个问题如此反复思考、屡次发表意见,真是到了不厌其烦、精益求精的程度,可见这一问题的重要。的确如他所说,这是文艺理论的一个基本问题,这个问题不解决,其他问题都无从谈起。我以为这也是语文学研究的一个基本问题,它牵涉的理论与实践问题是多方面的。

纯形式的语言学——语法学研究和教学就是个问题。人的思维的发端,就跟创作时的"起念"一样,是起于某种意念(伴随着由语言而言语)的,而不是起于所谓的语言形式的,这所谓的语言形式是人们从思维的结果——话语或文章中"分析"出来的,称其为语言规则,然后,却以为这语言规则是可以脱离人的意念而独立存在的,试图时时用语言规则来规范意念,而不是将二者看作同步生展、无可分离的"体"与"形",于是便产生了一系列问题。例如:

语法教学不但没能促进学生语言运用能力的提高,反而阻碍了言语创造力的发展。因为不论是口语还是写作,都是一个思想和语言相互交融、不断创新的过程,不是先有了情感思想,然后再用语言翻译出来,或将它一成不变地装在语言的套子里。只要你在思维,语言就伴随着你,只要你在写作,思维和语言就在同步发生、推进,不存在先后内外的问题。由于存在"意先言后"的误解,就使语言形式的规范作用被突显出来了,在阅读教学中字、词、句、篇的知识受到了强调,从而使说、写的创新活动受到了抑制。

说话和写作,似乎是分两步进行的。先"寻思",后"寻言",最终是一个"寻言"的过程,以为修改文章,分别有一个独立的"改意"和"改言"的问题。这是一个误解。由此出发,就有了纯粹的"语言基本功训练",而且备受

---

[1] 朱光潜:《谈文学》,见《朱光潜美学文集》(第二卷),上海文艺出版社1982年版,第356页。

重视。所以，在教学和考试中都有专门的一块叫作"语基"。这部分基本上属于"伪能力"，考得好的学生，作文能力未必高，考得不好的同学，不少写作能力是很强的。这就很说明问题了：言是离不开思的，离开具体语境的"言"是没有什么价值的。朱光潜把语言分为"死语言"和"活语言"两种，这类似于语言和言语的区别，他认为学语言要从活语言中学，就是从鲜活的实际运用的语言中学，而今天所谓的"语基"，基本上学的就是"死语言"，劳而无功也就在所难免。

写作的评分标准，也是一个牵涉面最大、影响最严重的问题。长期以来，高考作文评分标准一般总是分为内容和形式两大块，形式中主要又分为语言和结构两方面，特别看重语言。这种内容、语言、结构的"三分法"计分，表面上看好像是注意到评分的科学性和准确性，实际上造成了重复计分或重复扣分。内容的"中心不突出"，这自然会体现为"语言"粗糙和"结构"散漫，反之亦然，内容和形式是密不可分的。这种分析，由于违反了言语的综合性、整体性规律，所以是不科学的。

以往语文界有主张"思维训练"和"语言训练"的两派，这实际上就是不明白二者的关系所致。不论是思维训练还是语言训练，就势必要包含思想和语言，是不可能有纯粹的思维或语言训练的。片面的思维或语言训练是劳而无功的。阅读和写作也一样。阅读的"内容"鉴赏是离不开语言的，写作的语言润色也就是情感、思想的精致化。所以，在语文教学中，切忌片面进行思维和语言的训练。严格说来，孤立地进行思维或语言训练也是不可能的，勉强做去，必定事倍功半，甚至是徒劳。研究表明，语法教学无助于写作能力的提高，这也可以视作片面训练无效的证明。语法上正确无误，可能是一篇很糟糕的文章。

朱光潜对流行语言的陈腐性的批评，使我们有了在语文教学中鼓励言语创造的自觉。他最痛恨语言的俗滥，而今天学生的语言恰恰就是千篇一律的雷同和没有创造性，这是我们过为注重"语言训练"造成的，过为注重对课文用语的模仿与记诵，而忽略对言语创新的提倡与肯定，也是思维、思想、情致没有跟上的缘故。语言学习，固然一定程度的模仿是必要的，但是这只是手段，不是目的，目的是创新，言语创新可能失败，但是虽败犹荣，这是有前途的，比陈陈相因的好。在学生的作文中，我们会发现一些学生因希望突破他人表达的规范，写出自己的句子，而写得不顺畅，这不要紧，这也比老写四平八稳的文章要好。教师要善于区分病句的不同原因，不能一概抹杀，这会伤及无辜、毁掉天才。

他对口语和书面语交流上的区分，也使我们看到了书面语的精致，书面语高于口语。在语文教学中，写作和口语交际都很重要，都应该成为教学的主要目标，但是，写作教学的地位，应该高于口语交际教学，因为它的作用和要求高于口语。使学生写作的"白话文"走出写"大白话"式的低级"写话"阶段，使之符合书面语规范，文、白使用得当、自如，最终追求达成雅俗共赏的审美效果，同时也带动阅读与口语交际教学同步推进，使写作教学真正成为语文教学的核心与龙头，全面提升学生的语文能力，这是我们应追求的目标。

朱光潜尽管尽其所能对思想和语言二者的关系作了深入的分析，但他还是认为可能有不到之处。诚如他所说，"语文与思想的关系不很容易确定"，二者的关系的确是复杂的，是需要反复讨究的。固然语文和思想二者是一体的、同步的，但是，我以为朱光潜说的"语文""语言""言"，实即"言语"，而不是与"言语"对应的"语言"。"语言"是在先的，是思维的载体，它制约着思维，甚至决定着思维。没有足够的词语来承载思维，复杂的思维就无法进行。而当进入运思时，思维和语言经过创造性的组织，生成的是言语。言语负载着作者的情感思想，而语言则没有。语言是作者在起念写作前就必须具备的，而在整个的写作构思至定稿过程中，与情意的深化相伴的是言语的生成，二者是同步地明晰、定型。情意的充沛，是言语的充沛；言语的苍白，是情意的苍白。在对二者关系的认识时，有必要引入"语言"和"言语"的概念。

一定有人会质疑说，有的文章言辞很华丽，而言之无物，反之亦然，这不是表明二者不对应，"寻言"未必是"寻思"吗？朱光潜分析的"情尽乎辞""情溢乎辞""辞溢乎情"的三种情、辞的关系，也足见"言"与"思"的参差，其中的"辞溢乎情""情溢乎辞"说的就是这种情形，不过他没有深入分析何以有这种情形的发生，似乎在他的书中没有很好地回答这个问题。我以为这种情况的确存在，是写作需要克服的弊病。就是孔子说的："质胜文则野，文胜质则史，文质彬彬，然后君子。"(《论语·雍也》)文章的确存在二者不均衡的情况，我以为这不是表明二者的不同步，而是表明了作者这两个方面的修养存在着不平衡，只要有一方面存在欠缺，就会影响到文章整体的表现效果。如果言辞华丽、言之无物，就使文章整体上华而不实，二者还是同一的。情感思想浅陋，言辞华丽，成就的必是空洞的言语，用以掩饰思想浅陋的华丽的言辞，也是空洞的。同样，言辞粗鄙，即便情意深厚典雅，言语整体上也必是粗鄙的，再深厚典雅的情意不复得见，剩下自然只是粗鄙。言语的质量，与言语的技巧、熟练程度和情感思想的充实相关，但是决定言语质量的是二者构成的整体，是整体中有缺陷的方面。只要有一方面欠缺，整体上的效果就被削弱。这就是"短板效应"。当然，这只是一般而论，那些大手笔有意为之的"大辩若讷""大巧若拙"不在此列。——这个补充，不知朱光潜和诸位读者以为然否？

> 结语：一个在现代语文教育中超然于语言学者之上的人文学者。他最懂得文学、写作、阅读，且深谙教育之道，他的语文学观堪称一流。他的语文学理论的非主流和边缘化，是一个不该发生的历史误会。

21世纪的语文教育，应重新认识朱光潜先生的语文学观。21世纪的语文教育，即便不称为朱世纪，他的语文学观也应该成为语文教育思想主流的一个重要构成部分。

在现代中国屈指可数的学界巨擘中，朱光潜就是其中的一个。

任何一个学科的发育成熟，除了历史的阵阵流星雨划过，积淀下了厚实的学养精粹外，还得有几颗永远在天边闪耀的恒星，用它们永久的光芒照耀着整个苍穹。朱光潜就是现代语文教育星空中一颗耀眼的恒星。

朱光潜的贡献是多方面的，毫无疑问，他在语文教育理论上的贡献是其中的一个重要方面。他和黎锦熙先生一样，是被语文教育论者遗忘的一批大学者中，不该被遗忘的一位。如果说叶圣陶是作为作家参与的，黎锦熙、张志公是作为语言学家参与的,而朱光潜则是作为理论家、美学家、文学家参与的。他的优势明显,既没有实践家、经验家的局促,也没有偏执的理论家的隔膜、不得要领,他谈起语文教育的道理特别清晰、精到,丝丝入扣。他说的才是不偏不倚、实实在在的美学、诗学、文学、写作学、阅读学。正是在这个意义上,我们称他为文学、写作教育理论的奠基人,语文学理论的奠基人。

他学贯中西,这使他在语文教育认知上有了大视野。他有哲人的眼光,所以他能看到美学的超俗、文学的趣味、写作的人格,看到文学的种种低级趣味和写作的"四境""四体""四视",看到写作、阅读、语文之蔽;能深究思想和语文的关系。他是美学家、文学家,所以他能对文学、写作、阅读现象作深刻细致的洞察,从方法论到实践论,条分缕析、抽丝剥茧,使我们得窥美学、诗文、写作之堂奥。他的深厚学养,使他看问题较少局限,而能提纲挈领、有的放矢、说到要害。

与叶圣陶、黎锦熙他们这些"正宗"的语文学者不同,朱光潜是"在野"的。他是作为一个"旁观者"出现的,在语文教育这场大戏中偶尔客串一下,友情出演,帮上一把。正由于他是"在野"的,所以,他的观点始终是边缘的、非主流的,很少有人认识到它的价值,遑论在教学中实施了。胡适先生在《中学国文的教授》中说:"'内行'的教育家,因为专做这一项事业,眼光总注射在他的'本行',跳不出习惯法的范围。他们筹划的改革,总不免被成见拘束住了,很不容易有根本的改革。门外旁观的人,因为思想比较自由些,也许有时还能供给一点新鲜的意见,意外的参考材料。"这说得中肯。语文教育,长期以来都是由"圈内人"——所谓的"内行"在操弄,陈陈相因、相互遮蔽、以讹传讹而不自知,久而久之,就成了死水一潭。朱光潜所提供的意见都很实在,绝没有语文教育家的那一套陈腐说辞,他的居高临下、洋洋洒洒的理论,读来却新鲜好懂,也有可供凭依效仿的方法,做起来又不难。这就将语文教育的死水给激活了。是到了重新认识朱光潜、胡适、鲁迅等"圈外"学者对语文教育的贡献的时候了。只有"圈内"和"圈外"的教师、学者不分彼此、携手努力,语文教育才振兴有望。

由朱光潜联想到当今大学者,如果大家都能像他一样关注语文教育——母语教育，都出把力将这潭水搅动起来，搅出旋涡和波浪，语文教育就一定不是今天这种衰腐不堪的面貌了。母语教育关系到民族的精神血脉，是一切教育之本，是最需要大学者的关切的。或者说，如果没有大学者的关切，就无法振兴母语教育，各学科的教育也好不了。我们今天母语教育的落后，是跟研究队伍的低素养和画地为牢有关——语文学科研究队伍学养较低，这是毋庸讳言的，更可怕的还在于自以为是，自我封闭，拒绝、抗拒来自"外部"的智力侵袭，这样下去就无可救药了。母语教育无疑是一件全民族的大事，是"圈内"的事，更是"大家"的事。因此，一方面语文界要敞开胸襟，吸收来自各相关领域的意见；另一方面，大学者能屈尊与师生切磋学问尤显必要。朱光潜的价值，就在于他可以做"象牙塔"中的学问，而且做的是一般人做不了的大学问，却不高高在上，不时地抽身出来，以平辈人的身份和青年朋友谈心，相互印证美学、文学、写作的经验。他的许多著作都不厌其烦地强调这一点。他的文笔是如此的平易体贴、雅俗共赏，师生都可以从中深受教益。我们应该提倡这种大学者的"非主流"、交叉式的研究，对母语教育的关注，是大学者应有的人格风范和社会责任。这些来自不同领域的对母语教育的关切，将极大地拓展我们的学科视野，丰富主流的母语教育理论和实践，推动学科的现代化进程。

　　朱光潜的语文教育观的基本点，立足于语文学习主体基本素养的提高。他不是把文学、写作、阅读简单地看作是语言的掌握与应用，而是把它看作人自为主宰的，既表现情感思想也滋养情感思想的，思想、情感、语言、文字几者密不可分的创造活动。这样，他便能置语文学习于一个全方位的开放的系统中加以认识。如果语文教育界能像朱光潜那样，从基本理论研究做起，把语文教育研究放在对语文学本体研究的基础之上，放在以"人"的言语发展和综合素养的提高上，来认识文学、写作、阅读乃至语文学的一切问题，也许我们的进展会较为踏实稳健。

图书在版编目（CIP）数据

语文：回望与沉思：走近大师 / 潘新和著 . —上海：华东师范大学出版社，2019
 ISBN 978－7－5675－8802－8

Ⅰ.①语… Ⅱ.①潘… Ⅲ.①语文教学－教学理论 Ⅳ.① H09

中国版本图书馆 CIP 数据核字（2019）第 023629 号

大夏书系·与大师同行

语文：回望与沉思
——走近大师

著　　者	潘新和
策划编辑	朱永通
审读编辑	张思扬
封面设计	奇文云海·设计顾问
出版发行	华东师范大学出版社
社　　址	上海市中山北路3663号　邮编　200062
网　　址	www.ecnupress.com.cn
电　　话	021－60821666　行政传真　021－62572105
客服电话	021－62865537
邮购电话	021－62869887　地址　上海市中山北路3663号华东师范大学校内先锋路口
网　　店	http://hdsdcbs.tmall.com/
印刷者	北京季蜂印刷有限公司
开　　本	700×1000　16开
插　　页	1
印　　张	18.5
字　　数	281千字
版　　次	2019年6月第一版
印　　次	2023年11月第二次
印　　数	6 101－7 100
书　　号	ISBN 978－7－5675－8802－8/G·11833
定　　价	55.00元
出版人	王焰

（如发现本版图书有印订质量问题，请寄回本社市场部调换或电话021-62865537联系）